[リスクアセスメント担当者研修用テキスト]

厚生労働省指針に対応した
労働安全衛生マネジメントシステム

リスクアセスメント担当者の実務

中央労働災害防止協会

はじめに

労働災害の発生状況をみると、長期的には減少してきていますが、今なお多数の労働者が被災し、その減少率に鈍化の傾向がみられます。

また、最近、労働災害が多発した時代を経験し、労働災害防止のノウハウを蓄積したベテラン担当者の退職等に伴い、安全衛生管理のノウハウが事業場において十分に継承されないことにより、事業場の安全衛生水準が低下し、労働災害の発生につながることが危惧されています。これまで無災害であった職場であっても、それは「労働災害の危険性のない職場」であることを意味するものではなく、労働災害の危険性が潜在しているおそれがあることから、この潜在的危険性をなくすための継続的な努力が求められています。

今後、労働災害を減少させていくためには、事業場において安全衛生担当者等のノウハウが確実に継承されるようにするとともに、労働災害の潜在的危険性を低減させること等により、事業場の安全衛生水準を向上させる必要があります。

このため、「計画－実施－評価－改善」という一連の過程を定めて、継続的に行う自主的な安全衛生管理に係る仕組みである労働安全衛生マネジメントシステムを確立し、生産管理等と一体的に運用することが重要となっており、厚生労働省では、平成11年４月30日に「労働安全衛生マネジメントシステムに関する指針」を制定し、事業者が労働安全衛生マネジメントシステムを構築して行う自主的活動の促進を図ることとされました。この指針は平成17年11月に労働安全衛生法が改正（平成18年施行）され、危険性又は有害性等の調査等の実施（リスクアセスメントの実施）が努力義務となったこと等を踏まえて、平成18年３月10日に見直されました。すなわち、この法改正では労働安全衛生法に第28条の２として、危険性又は有害性等の調査等の実施が事業者の努力義務として規定されるとともに、同条第２項の規定に基づき平成18年３月10日に「危険性又は有害性等の調査等に関する指針」が制定され、第28条の２に基づく措置の基本的な考え方及び実施事項が定められています。

本書は、事業場において労働安全衛生マネジメントシステムを構築する際に、リスクアセスメントの実務を担当する人に対して、その実務に必要な知識等を付与することを目的として編集し、労働安全衛生マネジメントシステムを構成する要素の概要について解説するとともに、リスクアセスメントの具体的な方法を示しました。

その後、平成30年３月12日に、労働安全衛生マネジメントシステムの国際規格としてISO45001が発行され、これを受けて日本産業規格として、同年９月28日にJIS Q 45001（労働安全衛生マネジメントシステム－要求事項及び利用の手引）及びJIS Q 45100（同－安全衛生活動などに対する追加要求事項）が制定されました。そして、これら新たな労働安全衛生マネジメントシステム規格の制定や健康確保への関心の高まりといった国内外の安全衛生に関する状況の変化に呼応して、厚生労働省は「労働安全衛生マネジメントシステムに関する指針」を令和元年７月に一部改正しました。

本書では、これらを踏まえ、厚生労働省の指針に対応した解説に加えて、ISO/IEC Guide51をはじめとする国際安全規格についても、用語の定義などリスクアセスメントを実施していくうえで共有化すべき情報として、必要なポイントの説明を加えました。本書が厚生労働省の指針に基づくリスクアセスメントを実施している事業場だけでなく、ISO45001の認証取得を目指す事業場などを含めて、より多くのリスクアセスメントを実施する方々に広く活用されることを祈念しております。

令和６年３月

中央労働災害防止協会

目　　次

第３部　リスクアセスメントの実施時の準備から職場の改善まで（運用）

第1部
総　論

第１章　労働安全衛生マネジメントシステムの概要

1　労働安全衛生マネジメントシステムとは

1. 1　労働安全衛生マネジメントシステムの必要性

労働安全衛生マネジメントシステムは、事業者が労働者の協力の下に、「計画（P: Plan）―実施（D: Do）―評価（C: Check）―改善（A: Act）」（以下「PDCA」という。）という一連の過程を定めて、継続的に行う自主的な安全衛生管理の活動を促進することにより、事業場における労働災害の潜在的な危険性を低減するとともに、労働者の健康の増進及び快適な職場環境の形成の促進を図り、事業場における安全衛生水準の向上に資することを目的とした安全衛生管理の仕組みである。

こうした仕組みが必要とされる背景には、労働災害の減少率に鈍化がみられる中で、安全衛生管理のノウハウを蓄積したベテランの担当者が定年等により退職することなどにより、事業場において安全衛生管理のノウハウが十分に継承されず、その結果、事業場の安全衛生水準が低下し、労働災害の発生につながるのではないかという危惧がある。

このような中で、今後、労働災害の一層の減少を図っていくためには、事業場においてPDCAという一連の過程を定めて、組織的かつ継続的に実施する安全衛生管理に関する仕組みを確立し、安全衛生管理を生産管理等の事業実施に係る管理に関する仕組みと一体となって適切に実施し、運用することが重要である。

⑴　潜在的な危険性や有害性の存在

労働災害の発生件数は年々減少し、製造業では度数率が1.0程度まで下がっている。これは、労働者500人の事業場で１年間に１件程度の労働災害が発生していることを表している。しかし、このことは必ずしも事業場における安全衛生水準が満足できるものになったことを意味するものではない。厚生労働省の平成27年労働安全衛生調査（実態調査）では、労働災害には至らなかったがヒヤリ・ハットを過去１年間に体験した労働者の割合が全産業では37.8％であり、製造業では調査した労働者の46.9％がヒヤリ・ハットを体験していることが判明した。

今日、事業場の安全衛生水準は昭和30年代、40年代の水準と比較すれば相当のレベルアップが図られたとはいえ、潜在的な危険性又は有害性は事業場の中に数多く存在しており、その中には技術革新等に伴って新しく生じたものもある。これらが積み重なる等によって、何年かに１回の割合で大きな労働災害、悪くすると死亡災害の発生につながることが容易に想定される。

⑵　安全衛生ノウハウの継承困難

事業場では、安全衛生パトロール、ヒヤリ・ハット報告、ＫＹ(危険予知)活動など、さまざまな安全衛生活動により、職場に密着した労働災害防止活動が進められてきている。しかし、従来これらの活動を組織的かつ継続的に改善し、維持していくためのシステムが不十分であったため、その時その場の対策で終わってしまっていたことも否めない実態であった。また、職場の管理者が熱心である場合は的確な安全衛生対策がなされるが、管理者の安全衛生への関心が低かったり、安全衛生管理・活動の経験がない管理者が配置された場合などでは、これまでの安全衛生対策が継続されなくなることがあった。労働災害が最も多発していた昭和30～40年代を経験した労働者、安全衛生担当者の多くは定年等により既に職場を離れており、続く50年代を経験した人々も職場を離れる時期を迎えていることから、これらの労働者、担当者の有する貴重なノウハウを組織的に引き継いでいくための取組みが急務となっている。

1．2　労働安全衛生マネジメントシステムの基本的考え方

厚生労働省では、平成10年に「労働安全衛生管理システム検討会」を設置し、労働安全衛生マネジメントシステムを導入することの意義、その基本的考え方、その内容等について、以下の８項目にまとめた。

①　労働災害の防止を目的とし、安全衛生水準の向上を図るために導入するものであって、具体的な安全衛生対策をより効果的かつ効率的に実施するためのものとする。

②　現行の労働安全衛生法等を前提とし、これまでの労働安全衛生法を中心にした体系及び内容を変更しないものとする。

③　事業者が安全衛生対策を自主的に行うための指針であって、強制的な指針ではないものとする。

④　すべての規模の事業場、すべての業種の事業場を対象としたものとする。

⑤　ＫＹ（危険予知）活動、ヒヤリ・ハット活動等、従来からの現場の安全衛生活動の積み重ねを尊重する考え方を盛り込んだものとする。

⑥　労使の協議と協力による全員参加の理念を基本とし、その趣旨に反してまで導入されるものではない。このため、労働安全衛生マネジメントシステムの導入に当たっては、労働者の代表の意見を聞くものとする。

⑦　労働安全衛生マネジメントシステムに関係する国際的な動向に適切に対応するとともに、国内外の既存の基準にも配慮したものとする。

⑧　安全衛生対策の実施事項の特定について、健康管理等も実施事項の対象とする。

これらを踏まえて「労働安全衛生マネジメントシステムに関する指針」（平成11年４月30日付け労働省告示第53号　以下「マネジメントシステム指針」という。）が制定さ

れた。その後、平成13年にILO（国際労働機関）において国際規格である労働安全衛生マネジメントシステムガイドラインが制定されたことから、平成18年にこのガイドラインとの整合性の観点から条文の構成などが見直され、平成18年３月10日付け厚生労働省告示第113号により同指針の一部改正がなされた。

さらに令和元年７月１日に厚生労働省告示第54号により同指針の一部改正がなされた。この改正は、ISO（JIS Q）45001及びJIS Q 45100などの新たなOSHMS規格の制定や健康確保の取組みへの関心の高まりといった国内外の安全衛生に関する状況の変化に対応するものである。

1．3　労働安全衛生マネジメントシステムの特徴

労働安全衛生マネジメントシステムは、以下の４つの特徴を持っている。

⑴　PDCAサイクルの自律的システム

⑵　手順化、明文化及び記録化

⑶　危険性又は有害性等の調査及びその結果に基づく措置

⑷　全社的な推進体制

⑴　PDCAサイクルの自律的システム

労働安全衛生マネジメントシステムは、計画―実施―評価―改善という連続的な過程を継続的に実施することにより、安全衛生計画が適切に実施されることを基本としている。これに加えて従来の安全衛生管理ではなじみが薄い「システム監査」というチェック機能を働かせることにより、労働安全衛生マネジメントシステムが効果的に運用されれば、安全衛生目標の達成を通じ、事業場の安全衛生水準がスパイラル状に向上することが期待される（図１）。

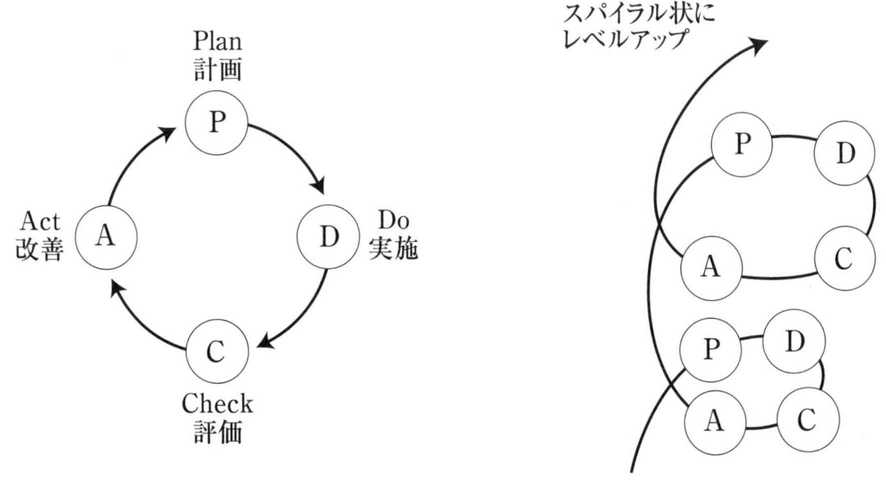

図１　PDCAサイクル

⑵　手順化、明文化及び記録化

労働安全衛生マネジメントシステムを的確に運用していくためには、事業場において関係者の役割、責任及び権限を明確にする必要がある。

マネジメントシステム指針第８条（付録１参照）では、次に示す項目を文書により定めるものとしている。これらは、安全衛生管理のノウハウが適切に継承されることに役立つもので、手順を重視する労働安全衛生マネジメントシステムの特徴である。

①　安全衛生方針

②　安全衛生目標

③　安全衛生計画

④　システム各級管理者の役割、責任及び権限

⑤　各種手順（危険性又は有害性等を調査する手順等９つの手順）

さらに、労働安全衛生マネジメントシステムの実施、運用に関し必要な事項を記録し、保管しておくことも重要であり、これについてはマネジメントシステム指針第９条において定められている。

⑶　危険性又は有害性等の調査及びその結果に基づく措置

マネジメントシステム指針第10条においては「労働安全衛生法第28条の２第２項に基づく指針及び法第57条の３第３項に基づく指針に従って危険性又は有害性等を調査する手順を定めるとともに、この手順に基づき、危険性又は有害性等を調査するものとする。調査の結果に基づき労働者の危険又は健康障害を防止するため必要な措置を決定する手順を定めるとともに、この手順に基づき、実施する措置を決定するものとする」とされている。これはリスクアセスメントの実施とその結果に基づく必要な措置の実施を求めているものである。

⑷　全社的な推進体制

労働安全衛生マネジメントシステムでは、事業者によって安全衛生方針の表明がなされる。また、職制ごとに労働安全衛生マネジメントシステムを担当する者と、その役割、責任及び権限が定められ、労働安全衛生マネジメントシステムを適正に運用する体制が整備される。さらに、事業者により定期的に労働安全衛生マネジメントシステムの見直しがなされる。このようにして、安全衛生を経営と一体化して推進する仕組みが組み込まれ、トップの指揮の下に全社的に安全衛生が推進されるものとなっている。

また、平成18年４月から施行となった改正労働安全衛生法では、総括安全衛生管理者の業務等に労働安全衛生マネジメントシステムの内容である安全衛生に関する方針の表明、安全衛生に関する計画の作成、実施、評価及び改善に関する事項等が盛り込まれ、安全管理者選任時に労働安全衛生マネジメントシステムやリスクアセスメントに関する

教育が義務付けられるなど、法律的にも組織のそれぞれの職制等に応じた取組みが盛り込まれ、全社的な推進体制の充実が図られた。

さらに、令和元年７月のマネジメントシステム指針の改正により、同一法人の複数事業場を一つの単位として、より柔軟に労働安全衛生マネジメントシステムを運用できることが明記された。従前の指針では、事業場ごとに運用することを基本としていたが、小売業や飲食店のような多店舗展開型企業では、店舗単位でシステムを運用することは困難であり、本社等が定めたシステムを各店舗が運用するほうが現実的であるという背景がある。

1．4　労働安全衛生マネジメントシステムの有効性とその効果

労働安全衛生マネジメントシステムは、事業場が抱えるリスクを低減させ、安全衛生管理を経営と一体化させ、安全衛生管理のノウハウを適切に継承し、その効果的かつ継続的な実施を可能とする仕組みである。つまり、事業場でこれを効果的に運用することにより、労働災害のさらなる減少、そして安全衛生水準の一層の向上が実現できることとなる（図２）。

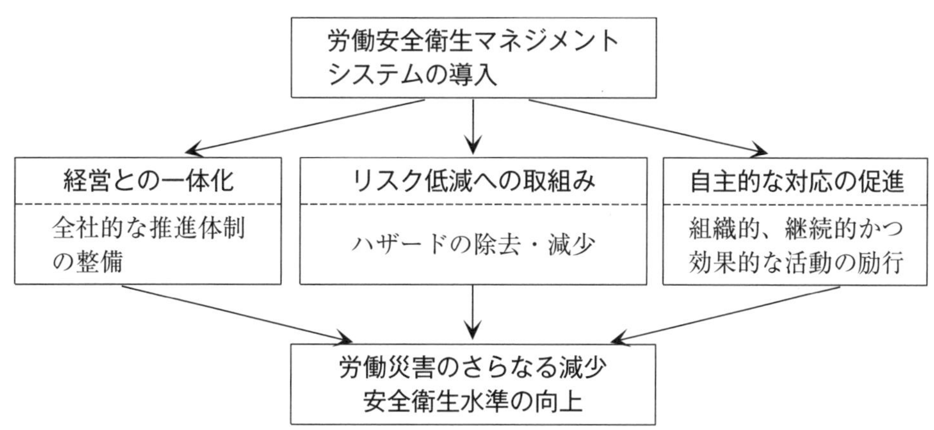

図２　労働安全衛生マネジメントシステムの導入の意義

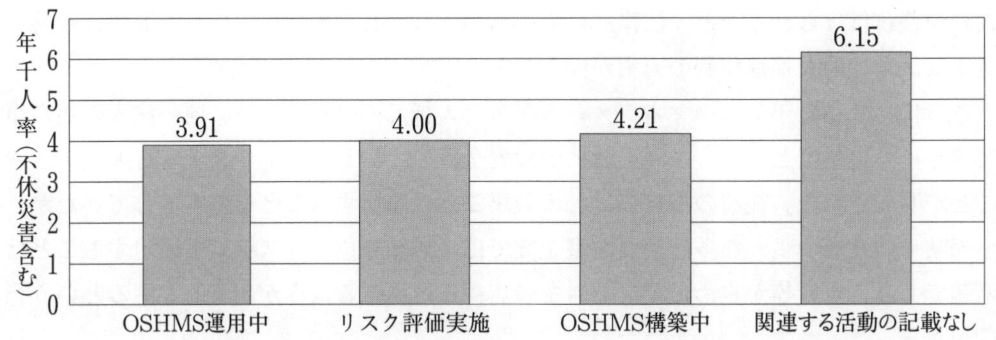

図３　労働安全衛生マネジメントシステムに関連する活動の有無による災害発生率（年千人率）の比較

なお、厚生労働省が平成16年２月に発表した「大規模製造業における安全管理体制等に係る自主点検」（都道府県労働局を通じ原則労働者500人以上の約2,000の事業場が対象）によると、労働安全衛生マネジメントシステムを運用、構築中、あるいは、設備・作業のリスク評価を実施している事業場は、これらの取組みを実施していない事業場に比べて、災害発生率（年千人率）が３割以上低いという結果が出ている（図３）。

2　労働安全衛生マネジメントシステムに関する指針

2．1　労働安全衛生マネジメントシステムに関する指針の概要

厚生労働省（制定当時は労働省）が公表したマネジメントシステム指針は、事業者が事業場において労働安全衛生マネジメントシステムを確立しようとする際に必要とされる基本的事項を定めたもので、事業者が労働者の協力の下に行う自主的な安全衛生活動を促進し、事業場における安全衛生水準の向上に資することを目的としている。

このマネジメントシステム指針の構成は次のとおりである（図４）。

①　事業者が安全衛生方針を表明する（第５条）。

②　機械、設備、化学物質等の危険性又は有害性等を調査し、その結果に基づき、それを除去又は低減するための実施事項を決定する。併せて、労働安全衛生関係法令等に基づき実施事項を決定する（第10条）。

③　安全衛生方針に基づき、安全衛生目標を設定する（第11条）。

④　②の実施事項と③の安全衛生目標等に基づき、安全衛生計画を作成する（第12条）。

⑤　安全衛生計画を実施する（第13条）。

⑥　安全衛生計画の実施状況等の日常的な点検及び改善を行う（第15条）。

⑦　定期的に労働安全衛生マネジメントシステムについてシステム監査を行い、点検

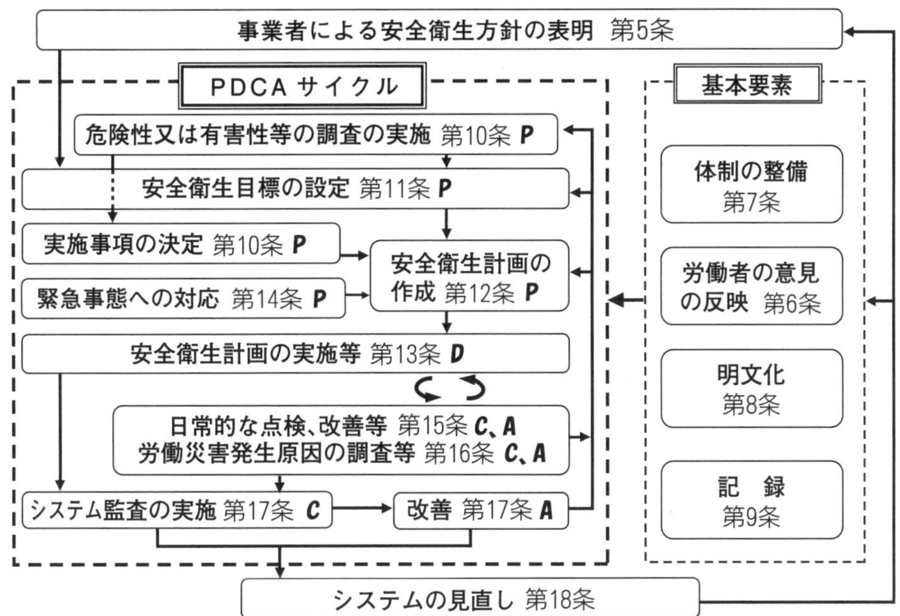

図４　労働安全衛生マネジメントシステムに関する指針の概要

及び改善を行う（第17条）。

⑧　事業者が定期的に労働安全衛生マネジメントシステムの見直しを行う（第18条）。

①～⑧を繰り返して、継続的にPDCAを実施する。

また、PDCAという一連の過程を定めて、継続的に実施するため、

①　労働安全衛生マネジメントシステムに必要な要件を手順化、明文化及び記録化する（第８条、第９条）。

②　システム各級管理者の指名等の体制の整備を行う（第７条）。

③　安全衛生計画の作成、実施、評価及び改善に当たり労働者の意見を反映する（第６条）。

こととなっている。

2. 2　労働安全衛生マネジメントシステムに関する指針の根拠法令

労働安全衛生規則

第８節の２　自主的活動の促進のための指針

第24条の２　厚生労働大臣は、事業場における安全衛生の水準の向上を図ることを目的として事業者が一連の過程を定めて行う次に掲げる自主的活動を促進するため必要な指針を公表することができる。

1　安全衛生に関する方針の表明

2　法第28条の２第１項又は第57条の３第１項及び第２項の危険性又は有害性等の調査及びその結果に基づき講ずる措置

3　安全衛生に関する目標の設定

4　安全衛生に関する計画の作成、実施、評価及び改善

平成11年３月30日の労働安全衛生規則の改正により、「第８節の２　自主的活動の促進のための指針」が設けられ、第24条の２が追加された。さらに、同条を根拠として同年４月30日にマネジメントシステム指針が公表された。同指針は、平成18年施行の労働安全衛生法の改正によりリスクアセスメントの実施が努力義務化されたこと等を受けて見直しが行われた（付録１参照）。

また、平成18年３月17日付け基発第0317007号及び令和元年７月１日付け基発0701第３号により、同指針の周知、運用に関しての留意事項が示されている（付録１参照）。

2. 3　労働安全衛生マネジメントシステムに関する指針の目的

（目的）

第１条　この指針は、事業者が労働者の協力の下に一連の過程を定めて継続的に行う自主的な安全衛生活動を促進することにより、労働災害の防止を図るとともに、労働者の健康の増進及び快適な職場環境の形成の促進を図り、もって事業場における安全衛生の水準の向上に資することを目的とする。

（解説）

本条は、マネジメントシステム指針の目的を規定したものである。

マネジメントシステム指針は、事業者が事業場において労働安全衛生マネジメントシステムを確立しようとする際に必要とされる基本的事項を定め、事業者が労働者の協力の下に行う自主的な安全衛生活動を促進し、事業場における安全衛生水準の向上に資することを目的としている。

なお、基本的事項とは、次のとおりである。

［基本的事項］

① 労働者の協力の下……………………労働者の理解と協力を得て推進
② 一連の過程を定めて継続的に行う…PDCAサイクルの繰り返し
③ 自主的な安全衛生活動………………自ら運用し、自ら改善する活動
④ 労働災害の防止を図る………………リスクの除去・低減が活動の柱
⑤ 安全衛生水準の向上…………………システムの有効性を追求

2. 4　労働安全衛生マネジメントシステムに関する指針の性格

第２条　この指針は、労働安全衛生法（昭和47年法律第57号。以下「法」という。）の規定に基づき機械、設備、化学物質等による危険又は健康障害を防止するため事業者が講ずべき具体的な措置を定めるものではない。

（通達）

第２条関係

（平成18年３月17日付け基発第0317007号）

指針は、事業者が講ずべき機械、設備、化学物質等についての具体的な措置を定めるものではなく、安全衛生管理に関する仕組みを示すものであること。

（解説）

マネジメントシステム指針は、自主的に安全衛生管理を進めるための仕組みを示したものであり、具体的な措置を求めるものでないことを明記したものである。

なお、機械、設備、化学物質等による危険又は健康障害を防止するため事業者が講ずべき具体的な措置とは、例えば、「機械の原動機、回転軸、歯車等の労働者に危険を及ぼすおそれのある部分には、覆い、囲い等を設けなければならない。」や「屋内作業場等において、有機溶剤業務に労働者を従事させるときは、当該作業場所に局所排気装置等を設けなければならない。」等の定めをいう。

2. 5　労働安全衛生マネジメントシステムに関する指針における主な用語の定義

（定義）

第３条　この指針において次の各号に掲げる用語の意義は、それぞれ当該各号に定

めるところによる。

1　労働安全衛生マネジメントシステム　事業場において、次に掲げる事項を体系的かつ継続的に実施する安全衛生管理に係る一連の自主的活動に関する仕組みであって、生産管理等事業実施に係る管理と一体となって運用されるものをいう。

イ　安全衛生に関する方針（以下「安全衛生方針」という。）の表明

ロ　危険性又は有害性等の調査及びその結果に基づき講ずる措置

ハ　安全衛生に関する目標（以下「安全衛生目標」という。）の設定

ニ　安全衛生に関する計画（以下「安全衛生計画」という。）の作成、実施、評価及び改善

2　システム監査　労働安全衛生マネジメントシステムに従って行う措置が適切に実施されているかどうかについて、安全衛生計画の期間を考慮して事業者が行う調査及び評価をいう。

（解説）

これまでの労働安全衛生関係法令に基づく具体的な安全衛生対策とは異なる新しい仕組みであるため、これまでに法令等で使われていなかった用語について定義している。

第1号　労働安全衛生マネジメントシステム

PDCAサイクルをまわす仕組みとして定義している。事業者が事業を展開する上で生産管理などほかの事業実施に係る管理と一体となって実施、運用されるべきものとしている。

イ　安全衛生方針

安全衛生方針は事業者が自らの安全衛生に関する基本的な考え方（理念）や重点課題を表明するもので、安全衛生目標を設定する際の基となるほか、労働安全衛生マネジメントシステム全体を支える基礎となるものである。

ロ　危険性又は有害性等の調査及びその結果に基づき講ずる措置

リスクアセスメントの実施とその結果に基づくリスク低減措置の実施を示している。労働安全衛生法第28条の2第2項の規定に基づいて定められた「危険性又は有害性等の調査等に関する指針（以下「リスクアセスメント指針」という。）」（付録2参照）においては、その「1　趣旨等」において、『本指針は、「労働安全衛生マネジメントシステムに関する指針」（平成11年労働省告示第53号）に定める危険性又は有害性等の調査及び実施事項の特定の具体的実施事項としても位置付けられるものである。』とされている。

ハ　安全衛生目標

労働安全衛生マネジメントシステムは事業者をはじめ管理者自らが目標を設定して、

それに向かって取り組むものであり、この目標は設定期間中の到達点を表している。実際にどの程度達成したのかという評価を容易にするために、できるだけ数値化することが必要である。

ニ　安全衛生計画

安全衛生目標を達成するための具体的な実施事項と、日程、担当等を定めたものである。安全衛生計画は事業場レベルの年間計画が基本的であるが、事業場の規模等を勘案し、必要に応じて、部門の計画、職場の計画などをあわせて作成することも有効である。また、年間計画のほかに、中長期的な計画を作成することもある。

本テキストでは、以下のように用語を定義している。

用語解説・・・職場、部門、関係部署について・・・

職　　場：その範囲の安全衛生目標、安全衛生計画を定めてPDCAをまわす単位（組織）をさす。

部　　門：上記職場の上位にある集合体（例えば、製造部門、設計部門、技術部門等）をさす。なお、文中で使用している「安全衛生担当部門」と「被監査部門」は、上記の「部門」とは関係なく、「安全衛生を担当している組織」と「システム監査の監査対象となる組織」をさす。

関係部署：マネジメントシステム指針の解釈通達（平成18年３月17日付け基発第0317007号）で使用されている用語であり、その（関係部署の）規模や範囲とは無関係に事業場の組織の一部をさす。

第２号　システム監査

労働安全衛生マネジメントシステムに従って行う措置が適切に実施されているかをチェックする監査をいう。この監査は、事業場内部の者が行うことが望ましい。

2. 6　労働安全衛生マネジメントシステムに関する指針の適用

（適用）

第４条　労働安全衛生マネジメントシステムに従って行う措置は、事業場又は法人が同一である二以上の事業場を一の単位として実施することを基本とする。ただし、建設業に属する事業の仕事を行う事業者については、当該仕事の請負契約を締結している事業場及び当該事業場において締結した請負契約に係る仕事を行う事業場を併せて一の単位として実施することを基本とする。

（通達）

第４条（適用）関係

（平成18年３月17日付け基発第0317007号）

⑴　指針は、事業場を一の単位として実施することを基本とするが、建設業にあっては、有期事業の事業場ではシステムに従って行う措置を継続的に実施し、安全衛生水準を段階的に向上させることが困難であることから、店社及び当該店社が締結した契約の仕事を行う事業場を単位として実施することを基本としたこと。

⑵　事業者は、指針を踏まえ、業種、業態、規模等に応じたシステムを定めることができること。

（令和元年７月１日付け基発0701第３号）

システムに従って行う措置を実施する単位として、小売業や飲食業といった第三次産業などの多店舗展開型企業をはじめとする様々な業態・形態において導入されることを想定し、法人が同一である複数の事業場を併せて一の単位とすることができることとしたこと。

（解説）

従前の指針では、事業場ごとに労働安全衛生マネジメントシステムを運用することを基本としていたが、令和元年７月の改正により、法人が同一である複数の事業場を一つの単位として実施できるように改められた。

これは、小売業や飲食業のような多店舗展開型企業では店舗単位でシステムを運用するのは困難であり、本社が定めたシステムを各店舗が運用する方が実際的であるという背景がある。このように改正された指針は第三次産業でも導入しやすいものとなっている。また、平成30年に発行された労働安全衛生マネジメントシステムの国際規格であるISO45001においても、システムの実施単位である「組織」の概念に、企業、その一部又はそれらの組合せが含まれることが示されており、今回の改正はこのような国際的な動きにも配慮したものとなっている。

なお、上記の概念は、あくまでもシステム運用上に限ったものであって、安全衛生法令等の法的要求事項については、従来同様、それぞれの事業場に要求される事項を順守することに何ら変わりはない。

一般に建設業にあっては、受注生産であり、工事が終了した場合にはその事業場（現場）自体が消滅するという有期事業であることから、その事業場で労働安全衛生マネジメントシステムを運用した結果を継続的に翌年の運営に反映させ、スパイラルアップを図っていくという取組み自体が不可能である。このため、建設業にあっては、継続的に存続している店社を事業場として実施することが基本とされている。

また、労働安全衛生マネジメントシステムは本来、画一的なものではなく、その事業場の業種、業態、規模に応じた適切な仕組みが存在するものである。本来、マネジメントシステム指針は、事業場が自社にふさわしい労働安全衛生マネジメントシステムを構築しようとするときに、盛り込むことが望まれる一般的な内容を示したものであり、より具体的な労働安全衛生マネジメントシステムの構築が効果的であることは言うまでもない。つまり、マネジメントシステム指針の各項目を網羅したシステムが構築されればそれがベストの労働安全衛生マネジメントシステムというわけではなく、労働安全衛生マネジメントシステム自身も逐次改善されていくことが必要である。

3　労働安全衛生マネジメントシステムに関する指針における危険性又は有害性等の調査等

3．1　労働安全衛生マネジメントシステムにおける危険性又は有害性等の調査及び実施事項の決定

（危険性又は有害性等の調査及び実施事項の決定）

第10条　事業者は、法第28条の２第２項に基づく指針及び法第57条の３第３項に基づく指針に従って危険性又は有害性等を調査する手順を定めるとともに、この手順に基づき、危険性又は有害性等を調査するものとする。

②　事業者は、法又はこれに基づく命令、事業場安全衛生規程等に基づき実施すべき事項及び前項の調査の結果に基づき労働者の危険又は健康障害を防止するため必要な措置を決定する手順を定めるとともに、この手順に基づき、実施する措置を決定するものとする。

（通達）

第10条（危険性又は有害性等の調査及び実施事項の決定）関係

（平成18年３月17日付け基発第0317007号）

第１項の「危険性又は有害性等の手順」の策定及び第２項の「労働者の危険又は健康障害を防止するために必要な措置」の決定に当たっては、法第28条の２第２項の規定に基づく「危険性又は有害性等の調査等に関する指針」（平成18年３月10日付け危険性又は有害性等の調査等に関する指針公示第１号）及び別途定められる予定である「化学物質等による労働者の危険及び健康障害を防止するため必要な措置

に関する指針」(編注1)並びに「機械の包括的な安全基準に関する指針」（平成13年6月1日付け基発第501号）(編注2)に従うこと。

（令和元年7月1日付け基発0701第3号）

労働安全衛生法等の一部を改正する法律（平成26年法律第82号）により化学物質等による危険性又は有害性等の調査等が義務化されたことを踏まえ、第1項の「危険性又は有害性等を調査する手順」の策定及び第2項の「労働者の危険又は健康障害を防止するため必要な措置」の決定に当たっては、労働安全衛生法（昭和47年法律第57号）第57条の3第3項の規定に基づく「化学物質等による危険性又は有害性等の調査等に関する指針」（平成27年9月18日付け危険性又は有害性等の調査等に関する指針公示第3号）に従うことを追加したこと。

（編注1）「化学物質等による危険性又は有害性等の調査等に関する指針」（平成27年9月18日付け公示第3号）

（編注2）改正　平成19年7月31日付け基発第0731001号

（参考－1）

労働安全衛生法

（事業者の行うべき調査等）

第28条の2　事業者は、厚生労働省令で定めるところにより、建設物、設備、原材料、ガス、蒸気、粉じん等による、又は作業行動その他業務に起因する危険性又は有害性等（第57条第1項の政令で定める物及び第57条の2第1項に規定する通知対象物による危険性又は有害性等を除く。）を調査し、その結果に基づいて、この法律又はこれに基づく命令の規定による措置を講ずるほか、労働者の危険又は健康障害を防止するため必要な措置を講ずるように努めなければならない。ただし、当該調査のうち、化学物質、化学物質を含有する製剤その他の物で労働者の危険又は健康障害を生ずるおそれのあるものに係るもの以外のものについては、製造業その他厚生労働省令で定める業種に属する事業者に限る。

②　厚生労働大臣は、前条第1項及び第3項に定めるもののほか、前項の措置に関して、その適切かつ有効な実施を図るため必要な指針を公表するものとする。

③　厚生労働大臣は、前項の指針に従い、事業者又はその団体に対し、必要な指導、援助等を行うことができる。

労働安全衛生法

（第57条第１項の政令で定める物及び通知対象物について事業者が行うべき調査等）

第57条の３　事業者は、厚生労働省令で定めるところにより、第57条第１項の政令で定める物及び通知対象物による危険性又は有害性等を調査しなければならない。

②　事業者は、前項の調査の結果に基づいて、この法律又はこれに基づく命令の規定による措置を講ずるほか、労働者の危険又は健康障害を防止するため必要な措置を講ずるように努めなければならない。

③　厚生労働大臣は、第28条第１項及び第３項に定めるもののほか、前二項の措置に関して、その適切かつ有効な実施を図るため必要な指針を公表するものとする。

④　略

本条では、労働安全衛生法第28条の２に基づく指針及び第57条の３第３項に基づく指針に従って危険性又は有害性等を調査する手順を定め、この手順に基づき調査を行うこと、法令、事業場安全衛生規程等に基づき実施すべき事項及び前述の調査の結果に基づき労働者の危険又は健康障害を防止するために必要な措置を行う手順を定め、手順に従い実施することとされている。

この労働安全衛生法第28条の２は、リスクアセスメントの実施に係る努力義務を定めるとともに、第２項において、厚生労働大臣はリスクアセスメントの適切かつ有効な実施を図るための指針を公表するものとされている。

さらに、同法第57条の３において、一定の危険有害性のある化学物質についてリスクアセスメントの実施が義務として定められるとともに、この適切かつ有効な実施を図るための指針を公表するものとされている。

リスクアセスメントに関する指針としては、次の３つが定められている。

・「危険性又は有害性等の調査等に関する指針（平成18年３月10日付け公示第１号）」付録２参照（以下、「リスクアセスメント指針」という）

・「化学物質等による危険性又は有害性等の調査等に関する指針（平成27年９月18日付け公示第３号）」付録３参照

・「機械の包括的な安全基準に関する指針（平成19年７月31日付け基発第0731001号）」付録４参照

また、労働安全衛生法第28条の２第１項に基づくリスクアセスメントの実施に関しては労働安全衛生規則第24条の11において実施すべき時期と実施すべき業種が定められている（なお、同法第57条の３第１項に基づくリスクアセスメントの実施時期については、同規則第34条の２の７に規定されている）。

(参考－２)

労働安全衛生規則

（危険性又は有害性等の調査）

第24条の11　法第28条の２第１項の危険性又は有害性等の調査は、次に掲げる時期に行うものとする。

１　建設物を設置し、移転し、変更し、又は解体するとき。

２　設備、原材料等を新規に採用し、又は変更するとき。

３　作業方法又は作業手順を新規に採用し、又は変更するとき。

４　前三号に掲げるもののほか、建設物、設備、原材料、ガス、蒸気、粉じん等による、又は作業行動その他業務に起因する危険性又は有害性等について変化が生じ、又は生ずるおそれがあるとき。

②　法第28条の２第１項ただし書の厚生労働省令で定める業種は、令第２条第１号に掲げる業種及び同条第２号に掲げる業種（製造業を除く。）とする。

労働安全衛生規則

（調査対象物の危険性又は有害性等の調査の実施時期等）

第34条の２の７　法第57条の３第１項の危険性又は有害性等の調査（主として一般消費者の生活の用に供される製品に係るものを除く。次項及び次条第一項において「調査」という。）は、次に掲げる時期に行うものとする。

１　令第18条各号に掲げる物及び法第57条の２第１項に規定する通知対象物（以下この条及び次条において「調査対象物」という。）を原材料等として新規に採用し、又は変更するとき。

２　調査対象物を製造し、又は取り扱う業務に係る作業の方法又は手順を新規に採用し、又は変更するとき。

３　前二号に掲げるもののほか、調査対象物による危険性又は有害性等について変化が生じ、又は生ずるおそれがあるとき。

②　調査は、調査対象物を製造し、又は取り扱う業務ごとに、次に掲げるいずれかの方法（調査のうち危険性に係るものにあつては、第１号又は第３号（第１号に係る部分に限る。）に掲げる方法に限る。）により、又はこれらの方法の併用により行わなければならない。

１　当該調査対象物が当該業務に従事する労働者に危険を及ぼし、又は当該調査対象物により当該労働者の健康障害を生ずるおそれの程度及び当該危険又は健康障害の程度を考慮する方法

２　当該業務に従事する労働者が当該調査対象物にさらされる程度及び当該調査

対象物の有害性の程度を考慮する方法
3　前二号に掲げる方法に準ずる方法

上記（参考－2）で示した労働安全衛生規則第24条の11の第1項においては、リスクアセスメントの実施時期として4つの場合を規定している。これを受けてリスクアセスメント指針においては、事業者が、次のアからオまでに掲げる作業等の時期に行うこととされている。

ア　建設物を設置し、移転し、変更し、又は解体するとき
イ　設備を新規に採用し、又は変更するとき
ウ　原材料等を新規に採用し、又は変更するとき
エ　作業方法又は作業手順を新規に採用し、又は変更するとき
オ　その他、次に掲げる場合等、事業場におけるリスクの変化が生じ、又は生ずるおそれがあるとき
　(ア)　労働災害が発生した場合であって、過去の調査等の内容に問題がある場合
　(イ)　前回の調査等から一定の期間が経過し、機械設備等の経年変化による劣化、労働者の入れ替わり等に伴う労働者の安全衛生に係る知識経験の変化、新たな知見の集積等があった場合

また、第2項においては、労働安全衛生法第28条の2第1項ただし書の厚生労働省令で定める業種として、労働安全衛生法施行令第2条第1号に掲げる業種及び同条第2号に掲げる業種（製造業を除く。）とされ、具体的には安全管理者の選任義務のある業種が対象となっている。つまり、化学物質及び化学物質を含有する製剤等に関するリスクアセスメントはすべての業種、それ以外のリスクアセスメントは安全管理者の選任義務のある業種の事業場が実施することとなる。ここで注意すべきは、リスクアセスメントは規模の大小を問わず、すべての事業場がその実施を求められているということである。

なお、同法第57条の3第1項に基づくリスクアセスメントの実施時期については、同規則第34条の2の7に規定されている。

（参考－3）

労働安全衛生法施行令

（総括安全衛生管理者を選任すべき事業場）

第2条　労働安全衛生法（以下「法」という。）第10条第1項の政令で定める規模の事業場は、次の各号に掲げる業種の区分に応じ、常時当該各号に掲げる数以上の労働者を使用する事業場とする。

1　林業、鉱業、建設業、運送業及び清掃業　100人

2　製造業(物の加工業を含む。)、電気業、ガス業、熱供給業、水道業、通信業、各種商品卸売業、家具・建具・じゆう器等卸売業、各種商品小売業、家具・建具・じゆう器小売業、燃料小売業、旅館業、ゴルフ場業、自動車整備業及び機械修理業　300人

3　その他の業種　1,000人

リスクアセスメントが法制化されたことに伴い、総括安全衛生管理者が統括管理する業務（労働安全衛生規則第３条の２）、安全管理者の資格（労働安全衛生規則第５条）、安全委員会の付議事項（労働安全衛生規則第21条）、衛生委員会の付議事項（労働安全衛生規則第22条）及び職長等の教育（労働安全衛生規則第40条）にも関連規定が整備された。

（参考－４）

労働安全衛生規則

（総括安全衛生管理者が統括管理する業務）

第３条の２　法第10条第１項第５号の厚生労働省令で定める業務は、次のとおりとする。

1　安全衛生に関する方針の表明に関すること。

2　法第28条の２第１項又は第57条の３第１項及び第２項の危険性又は有害性等の調査及びその結果に基づき講ずる措置に関すること。

3　安全衛生に関する計画の作成、実施、評価及び改善に関すること。

労働安全衛生規則

（安全管理者の資格）

第５条　法第11条第１項の厚生労働省令で定める資格を有する者は、次のとおりとする。

1　次のいずれかに該当する者で、法第10条第１項各号の業務のうち安全に係る技術的事項を管理するのに必要な知識についての研修であつて厚生労働大臣が定めるものを修了したもの

以下略

平成18年２月16日付け厚生労働省告示第24号

「労働安全衛生規則第５条第１号の規定に基づき厚生労働大臣が定める研修」

労働安全衛生規則第５条第１号の厚生労働大臣が定める研修は、次の各号に定

めるところにより行われる学科研修（これに相当する研修であって平成18年10月１日前に開始されたものを含む。）とする。

１　次に掲げる科目について、それぞれに定める時間以上行われるものであること。

イ　略

ロ　事業場における安全衛生の水準の向上を図ることを目的として事業者が一連の過程を定めて行う自主的活動（危険性又は有害性等の調査及びその結果に基づき講ずる措置を含む。）　３時間

ハ、ニ　略

以下略

労働安全衛生規則

（安全委員会の付議事項）

第21条　法第17条第１項第３号の労働者の危険の防止に関する重要事項には、次の事項が含まれるものとする。

１　略

２　法第28条の２第１項又は第57条の３第１項及び第２項の危険性又は有害性等の調査及びその結果に基づき講ずる措置のうち、安全に係るものに関すること。

３　安全衛生に関する計画（安全に係る部分に限る。）の作成、実施、評価及び改善に関すること。

４、５　略

労働安全衛生規則

（衛生委員会の付議事項）

第22条　法第18条第１項第４号の労働者の健康障害の防止及び健康の保持増進に関する重要事項には、次の事項が含まれるものとする。

１　略

２　法第28条の２第１項又は第57条の３第１項及び第２項の危険性又は有害性等の調査及びその結果に基づき講ずる措置のうち、衛生に係るものに関すること。

３　安全衛生に関する計画（衛生に係る部分に限る。）の作成、実施、評価及び改善に関すること。

４～11　略

労働安全衛生規則

（職長等の教育）

第40条　法第60条第３号の厚生労働省令で定める事項は、次のとおりとする。

1　法第28条の２第１項又は第57条の３第１項及び第２項の危険性又は有害性等の調査及びその結果に基づき講ずる措置に関すること。

2、3　略

②　法第60条の安全又は衛生のための教育は、次の表の上欄（編注：左欄）に掲げる事項について、同表の下欄（編注：右欄）に掲げる時間以上行わなければならないものとする。

事　項	時　間
略	
前項第１号に掲げる事項 1　危険性又は有害性等の調査の方法 2　危険性又は有害性等の調査の結果に基づき講ずる措置 3　設備、作業等の具体的な改善の方法	４時間
略	

③　略

3. 2　マネジメントシステム指針とリスクアセスメント指針の関係

生産工程の多様化・複雑化が進展するとともに、新たな機械設備・化学物質が導入されていること等により、労働災害の原因が多様化し、その把握が難しくなっている。

このような現状において、事業場の安全衛生水準の向上を図っていくためには、労働安全衛生関係法令に規定される最低基準としての危害防止基準を順守するだけでなく、事業者が自主的に個々の事業場の建設物、設備、原材料、ガス、蒸気、粉じん等による、又は作業行動その他業務に起因する危険性又は有害性等の調査を実施し、その結果に基づいて労働者の危険又は健康障害を防止するため必要な措置を講ずることが重要である。

このため、労働安全衛生法第28条の２にリスクアセスメントの実施が努力義務規定として設けられ、同条第２項の規定に基づき、当該措置が各事業場において適切かつ有効に実施されるよう、その基本的な考え方及び実施事項を定めるものとして、リスクアセスメント指針が制定された。

また、リスクアセスメント指針はマネジメントシステム指針の中で、マネジメントシステムに盛り込まれた危険性又は有害性等の調査等の実施事項の特定に関する具体的実施事項としても位置付けられるものである。

3. 3　リスクアセスメント指針の構成

リスクアセスメント指針は、次の11の項目により構成されている。

1　趣旨等
2　適用
3　実施内容
4　実施体制等
5　実施時期
6　対象の選定
7　情報の入手
8　危険性又は有害性の特定
9　リスクの見積り
10　リスク低減措置の検討及び実施
11　記録

第2章　リスクアセスメントの基本

労働者の安全と健康を確保するために、単に「労働安全衛生法令を順守すればよい」といった時代は過去のものとなっている。今日、事業者は労働者の安全と健康の確保にできる限り努めなければならないというのが社会の当然の要請になっている。この要請に応えるためには、事業者は「可能な限り事業場における安全衛生水準を最大限に高めることができる方法」を組み込んだ安全衛生管理を行う必要があり、これを実現するための有力な方法の1つがリスクアセスメントである。

1　リスクアセスメントの考え方、意義

1．1　リスクアセスメントの考え方

リスクアセスメントは

① 事業場のあらゆる危険性又は有害性の特定

② それらに起因するリスクの大きさを想定し、評価

③ 労働者保護の観点から優先的に対処しなければならないものを個別に具体的に明確化

④ 具体的に明らかになったリスクに対してリスクを低減させるための措置を検討

⑤ リスク低減措置を実施し、事業場の安全衛生水準を向上

することを体系的に進めていく先取り安全の手法である。

現在、多くの事業場で職場に存在するリスクを見つけだし、事前に安全衛生対策を立てるために、安全衛生パトロール、ヒヤリ・ハット報告、KY（危険予知）活動などが一般的に行われている。これらの取組みは広い意味ではリスクアセスメントの1つといえるが、リスクアセスメントは、これらの経験的な活動に対し、体系的、論理的に進める点に特徴がある。

1．2　リスクアセスメントの意義と効果

従来、事業場における労働災害防止対策は、発生した労働災害の原因を調査し、同種、類似の災害の再発防止対策を樹立し、各職場に徹底していくというアプローチが基本であった。しかし、現在では事業場における労働災害が減少し、1年以上無災害という事業場も珍しくない。従って、従来の災害事例に学ぶという再発防止対策のアプローチだけでは有効な労働災害防止対策を展開することができず、労働災害のさらなる減少、安全衛生水準の一層の向上が難しくなっている。

そこで、潜在的危険性にまで目を向け、それらの対策を図っていくリスクアセスメントを導入し効果的に運用していくことにより、職場に存在するハザードの除去、リスク

低減につながり、職場の本質安全化が促され、安全衛生水準の向上に結びついていく。

また、リスクアセスメントを導入することにより、次のような効果が期待できる。

ア　リスクに対する認識を共有できる

リスクアセスメントは現場の作業者の参加を得て、管理監督者とともに進めるので、職場に存在するリスクに対する共通の認識を持つことができるようになる。

イ　リスクに対する感受性が高まる

リスクアセスメントを実施することによって、リスクをリスクと感じる感受性が高まり、従前には見過ごしがちであったリスクにも十分対応できるようになる。

ウ　本質安全化を主眼とした技術的対策への取組みができる

リスクアセスメントではリスクレベルに対応した安全対策を選択することが必要となるため、本質安全化を主眼とした技術的対策への取組みを進めることになる。特に、リスクレベルの高い場合は本質安全化に向けた安全衛生対策への取組みを進めることになる。

エ　安全衛生対策の合理的な優先順位が決定できる

リスクアセスメントではすべてのリスクを受け入れ可能なリスクレベル以下にするよう低減対策を実施するが、リスクの評価結果等によりその優先順位を決定することができる。

オ　費用対効果の観点から合理的な対策が実施できる

リスク低減対策ごとに緊急性と人材や資金など、必要な経営資源が具体的に検討され、費用対効果の観点から合理的な対策を実施することができる。

カ　残留リスクに対して「守るべき決めごと」の理由が明確になる

技術的、時間的、資金的にすぐにリスク低減ができない場合、必要な管理的な措置を講じた上で、対応を作業者の注意に委ねることになる。この場合、リスクアセスメントに作業者が参加していると、なぜ、注意して作業しなければならないかの理由が理解されているので、守るべき決めごとが守られるようになる。

2　リスク等の考え方

2. 1　用語の定義

リスクアセスメントにおいて使用する用語は、事業場全体として統一して使用する必要がある。各用語の意味や定義を全員が同一に理解するために、「実施要領」の中などに詳細に記述し、各種のリスクアセスメント教育の中でその都度確認していくことが必要である。

平成18年４月施行の法改正により、リスクアセスメントの実施が努力義務化されたこと及びその実施の基本的な考え方がリスクアセスメント指針として公表されたことを踏まえ、可能であればこの用語の定義に沿って実施することが望まれる。

リスクアセスメント指針において、用語はそれぞれ次のように定義されている。

○ **「調査」**については、「1　趣旨等」において次のように規定されている。

「事業場の建設物、設備、原材料、ガス、蒸気、粉じん等による、又は作業行動その他業務に起因する危険性又は有害性等の調査」を「調査」という。

なお、リスクアセスメント指針の解釈通達では『「危険性又は有害性等の調査」は、ILO等において「リスクアセスメント」等の用語で表現されているものであること。』とされている。

本書においては、以降、原則として「調査」を「リスクアセスメント」という。

○ **「危険性又は有害性」**については、「2　適用」において次のように規定されている。

「建設物、設備、原材料、ガス、蒸気、粉じん等による、又は作業行動その他業務に起因する危険性又は有害性」を「危険性又は有害性」という。

なお、リスクアセスメント指針の解釈通達では『「危険性又は有害性」とは、労働者に負傷又は疾病を生じさせる潜在的な根源であり、ISO、ILO等においては「危険源」、「危険有害要因」、「ハザード」等の用語で表現されているものであること。』とされている。

すなわち、「危険性又は有害性」とは、負傷又は疾病を発生させるおそれがある危険性を持っているもので、設備・機械、化学物質ばかりでなく、環境要因、人的要因なども含まれる。

なお、本書においては、以降、原則として「危険性又は有害性」を「ハザード」、「負傷又は疾病」を「ケガ」という。

○ **「調査等」**については、「3　実施内容」において次のように規定されている。

「調査及びその結果に基づく措置」を「調査等」という。

○ **「リスク」**については、「3　実施内容」において次のように規定されている。

「危険性又は有害性によって生ずるおそれのある負傷又は疾病の重篤度及び発生する可能性の度合」を「リスク」という。

（参考）

国際安全規格であるISO/IEC　Guide51では、「リスク」を“危害の発生確率及びその危害の度合いの組合せ”と定義し、さらにこの危害の発生確率には、“危険源へのばく露及び時間”、“危険事象の発生確率”及び“危害の回避又は制限の可能性”を含むとしている。

○ **「リスク低減措置」**については、「3　実施内容」において次のように規定されている。

「リスクを低減するための措置」を「リスク低減措置」という。

なお、以下の用語は、リスクアセスメント指針が定める用語の定義には含まれないが、リスクアセスメントに関する重要な用語であることから、指針の解釈通達や国際安全規格等（ISO/IEC Guide51、ISO12100/JIS B 9700）の用語定義を参考にして次に示す。

○ **「危険性又は有害性の特定」**

リスクアセスメント指針の解釈通達では、『「危険性又は有害性の特定」は、ISO等においては「危険源の同定」等の用語で表現されているものであること』とされている。

なお、本書においては、以降、原則として「危険性又は有害性の特定」を「ハザードの特定」という。

○ **「危険状態」**

人が「ハザード」にさらされる状態のこと。ISO12100/JIS B 9700では、『人が少なくとも一つの「危険源」に暴露される状況』と定義している。

○ **「危険事象」**

ISO/IEC　Guide51では、『危害を引き起こす可能性がある事象』と定義している。また、ISO12100/JIS B 9700では、『危害を起こし得る事象』としている。

2. 2 「ハザード」と「リスク」と「危険状態」の関係

「ハザード」とは、ケガを発生させる恐れがある危険性を持っているもので、設備・機械、化学物質ばかりでなく、環境要因、人的要因なども含まれる。しかし、このハザードだけが職場にいくらあってもケガは起こらない。このハザードに作業者がさらされる状態となって、初めてケガが発生する可能性が出てくる。この“ハザードによって生じるおそれのあるケガの重大性（重篤度）及び発生する可能性の組合せ”を「リスク」という。したがって、ハザードが存在しても、作業者が存在しなかったり、作業者の関与がない場合には、リスクは存在しないということになる。

リスクアセスメントは、このリスクがどのくらいの大きなケガに至るのか、どのくらいの可能性でケガが発生するのか等を指標にした「リスクの大きさ」を評価する方法である。

図5は、この状況を示したものである。上の図はライオンがいるというハザードがあるが、これだけではケガには結びつかない。しかし、下の図は、そこに人が存在することで人がライオンに襲われてケガをする可能性が生ずる。これがリスクであり、ハザードとは明確に区別して理解する必要がある。

ハザード（危険性又は有害性）

ここには人がいないので、ライオンに襲われることはない。
（ハザードはあるが、リスクは存在しない状態）

リスク

ここには人がいるので、ライオンに襲われる可能性がある。
（ハザードがあり、災害が発生する可能性がある状態）

図5　ハザードとリスクの概念

次に、「危険状態」について考えてみる。**図６(a)**は、人とハザードとの関係から捉えた危険状態を表す概念図である。

この図のように、人がハザードの影響が及ぶ危険区域に入り込むと、“人がハザードにさらされる状態”となる。この状態を「危険状態」という。しかし**図６(b)**に示すように、人とハザードが存在していても、人の存在する領域と危険区域とが完全に空間的に分離していたり、人が危険区域に入ることができないように、しっかりと隔離されていれば、人がハザードにさらされる状態が生じないので、「危険状態」にはならない。

なお、「危険状態」については、この用語の語感から“安全対策や設備上の不具合があって、ケガの可能性がある危険な状態”とか“機械や物の「不安全状態」（事故が発生しうる状態又は事故の発生原因が作り出されている状態）”と解釈しがちであるが、これは間違いである。

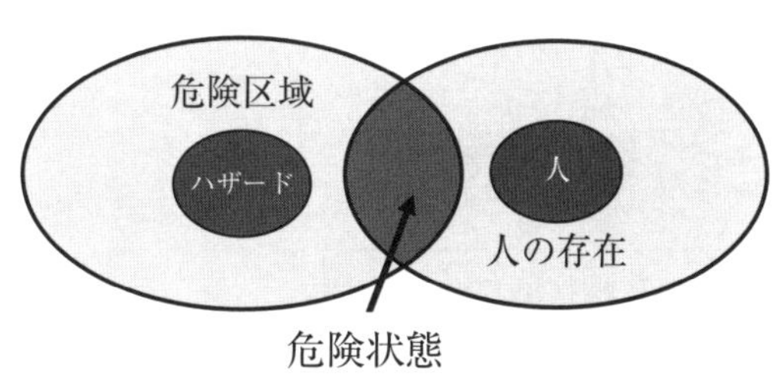

図６(a)　危険状態が生じる状態

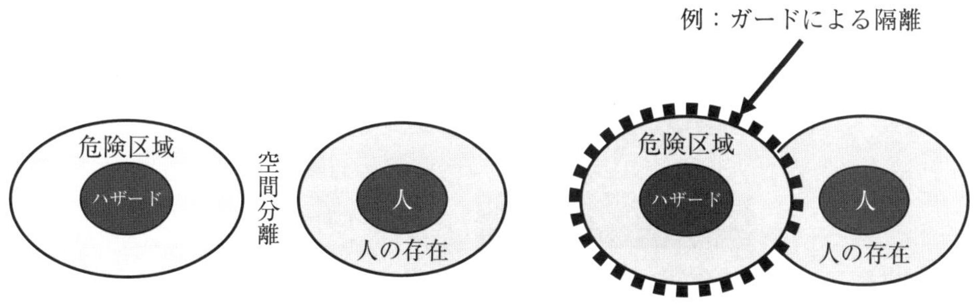

図６(b)　危険状態が生じない状態例

2. 3　ハザードによりケガに至るプロセス

労働災害は、図7のように人とハザードが関与して発生する。この考え方は、ＫＹ（危険予知）活動で現状を把握するときにも用いられている。なお、この図は、人がハザードにさらされると、必ず「危険事象」が発生して、ケガに至るということを示すものではない。あくまでも「ハザードの存在と人の関与からケガに至るプロセス」を説明しているものである。

人がハザードにさらされると「危険状態」となり、その時に「安全衛生方策の不足、不適切、不具合」があると「危険事象」が発生する。さらに、この時に「回避」に失敗するとケガに至ることになる。すなわち、ケガを発生させないためには、“ハザードをなくす”、“人を排除する”、“人がハザードにさらされないようにする”、あるいは、“十分な安全衛生方策を備える”ことや“回避に成功する”ことなどが必要となる。言い換えれば、これらのうちの１つでも実現することができれば、ケガの発生を防ぐことができることになる。

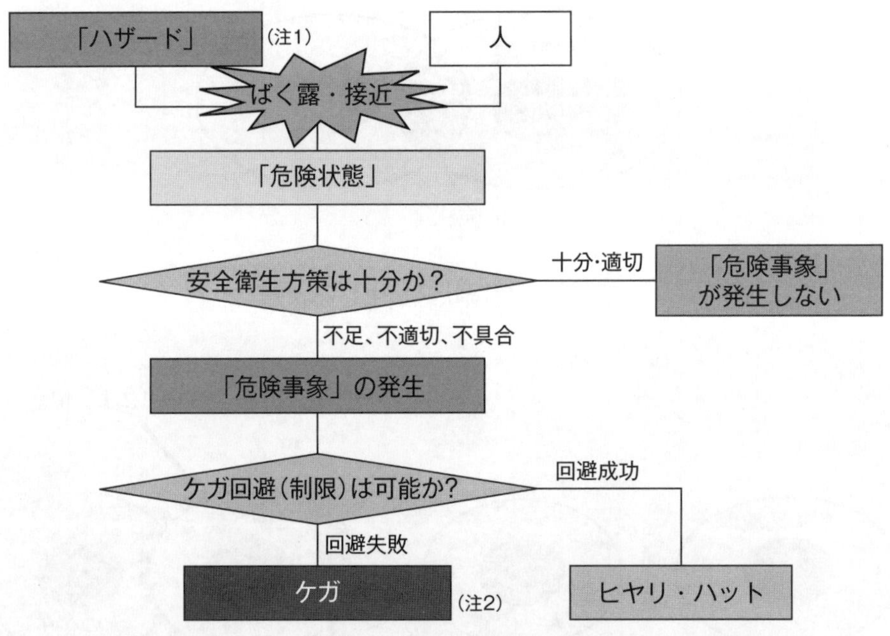

図7　ハザードによりケガに至るプロセス

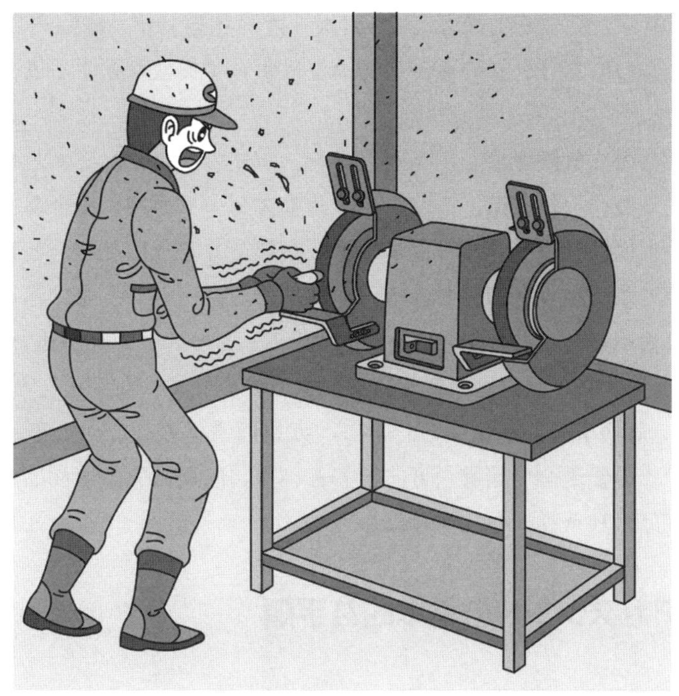

図8　両頭グラインダー作業

ハザードは、「危険状態」「安全衛生方策の不足、不適切、不具合」「危険事象」「回避の可能性」の各プロセスが想定できることによってより具体的に特定される。

例えば、両頭グラインダーを使って、小物の金属部品のバリ取りを行う作業で考えてみる（図8）。まず、「回転する研削砥石に指が接触して負傷する」というプロセスにおいては、ハザードは“回転する研削砥石”、人は“研磨作業者”となり、「危険状態」は“研磨作業者が回転する研削砥石で小物の金属部品のバリ取り作業を行う状態”となる。

また、「研削された金属粉じんが飛んできて目に入り角膜を損傷する」というプロセスにおいては、ハザードは、“研磨で生じた金属粉じん”であり、人は“研磨作業者”となる。したがって、「危険状態」は“研磨で生じた金属粉じんが飛び散っている範囲に研磨作業者がいる”状態となる。

このプロセスにおける「安全衛生方策の不足、不適切、不具合」とは、被研磨材や砥石等の飛散防止カバー不備（カバーがない、カバーされていない面が広い）などとなる。

次に、これらの事例における「危険事象」について考えてみる。先の事例では“研磨作業中に、（保持用具と研削砥石の間隔が基準以上に広く開いていたので力を入れたとき、研削砥石に金属部品が巻き込まれ、）作業者の指が回転する研削砥石に接触する”こととなり、後の事例では“研磨で生じた金属粉じんが（保護眼鏡を装着していなかった作業者の目の方向に飛んできたので）目に入る”こととなる。なお、これらの事例において（○○○・・・○○○）で示したのは、「危険状態」が「危険事象」に至る原因の一例を表したものであり、この原因は一つとは限らず複数存在する場合もあるので注意が必要である。

さらに、これらの「危険事象」が発生しても、前述のとおり、必ずしもケガの発生に直結するとは限らない。例えば、ハザードの移動スピードが遅い場合などであれば、たとえ人がハザードに触れるという「危険事象」が起こりそうになったとしても、とっさに逃げることができ、ケガを回避できる可能性がある。一方で、先に示した両頭グラインダー作業の事例や爆発などの場合のように、ハザードのスピードが速い場合などでは、「危険事象」が発生すると回避は困難で直ちにケガの発生につながることになる。

このように、「危険事象」が発生した時にケガを回避することができるか否かの判断要素が存在し、この要素を「回避の可能性」という。回避に失敗すれば、ケガに至り、回避に成功すれば、ヒヤリ・ハットとなる。

3　リスクアセスメントの基本的な手順

リスクアセスメントの基本的な手順は次のとおりである（図9参照）。

（準備）　リスクアセスメントの実施準備（情報の入手）

リスクアセスメントの実施に当たっては、リスクアセスメント指針「7　情報の入手」などで例示された資料等を事前に入手し、その情報を活用する。特に、新たな機械設備等を外部から導入する場合には、「機械の包括的な安全基準に関する指針」の第3「機械を労働者に使用させる事業者の実施事項」の定めに従い、機械の製造等を行う者から当該機械の「使用上の情報」の提供を受ける。

手順1　ハザードの特定

リスクアセスメントの対象となる機械・設備、原材料、作業行動や環境などについて、どのような危ないところがあるかを洗い出すこと。このハザードを特定することは、最も大事な作業である。

手順2　ハザードごとのリスクの見積り

次に、特定したすべてのハザードについて、それぞれに関係するリスクの見積りを行う。リスクの見積りはリスクの大きさを事業場等で独自に設定した見積り基準に基づいて把握することである。

（確認Ⅰ）リスク低減措置検討の要否判定

リスクの見積り結果が、事業場が独自に設定した「広く受け入れ可能なリスク」より小さければ、さらなるリスク低減措置の検討は必要なく、残留リスクを明らかにすることで終了とする。

一方、見積り結果が、「広く受け入れ可能なリスク」より大きければ、次の手順3に進む。

手順3　リスク低減のための優先度の設定及びリスクを低減するための措置（リスク低減措置）の検討

それぞれのハザードについて見積りを行ったすべてのリスクのうち、「広く受け入れ可能なリスク」より大きいものを対象に、リスク低減措置に着手する優先度（順番）の設定方法（設定基準）に従って優先度を決定する。

さらに、決定された着手の優先度に基づき、各リスクに対するリスク低減措置の具体的な内容を優先順位に従って検討し決定する。

手順4　リスク低減措置の実施

手順3で決定されたリスク低減措置に着手する優先度に従って、それぞれのリスクに対して決定されたリスク低減措置を実施する。

（確認Ⅱ）リスク低減措置実施後の残留リスク再評価、妥当性確認

リスク低減措置を実施した後、改めてもう一度残留リスクに対するリスク見積りを行い、リスクが「広く受け入れ可能なリスク」より小さなレベルまで低減されたかどうかを確認する。もし、低減が不十分なときは、原則として再度手順3に戻って再検討するが、技術的・経費的にさらなる低減策の実施が困難な場合は、管理的対策や個人用保護具の使用等をもって暫定対応とする場合がある。また新たなハザードが生じていないかについても確認する。

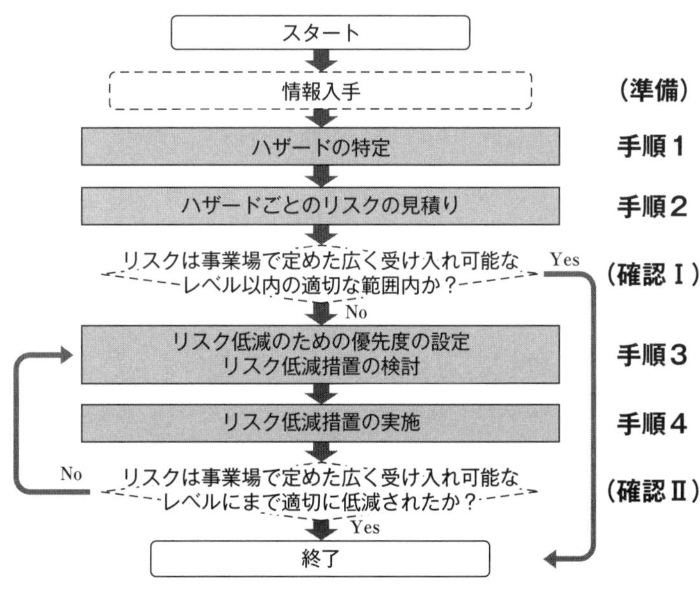

図9　リスクアセスメントの基本的な手順

4　リスクアセスメントの実施時期

労働安全衛生法第28条の2第1項に基づくリスクアセスメントの実施に関しては、労働安全衛生規則第24条の11第1項に実施すべき時期が定められており、4つの場合を規定している。

これを受けてリスクアセスメント指針の「5　実施時期」において、事業者が、次のアからオまでに掲げる作業等の時期にリスクアセスメントを実施し、さらにアからエまでの作業を開始する前には、リスク低減措置を実施することが必要であるとするとともに、アからエまでの計画を策定するときには、その計画を策定するときにおいてもリスクアセスメントの実施とリスク低減策の実施が望ましいとしている。

ア　建設物を設置し、移転し、変更し、又は解体するとき

イ　設備を新規に採用し、又は変更するとき

ウ　原材料等を新規に採用し、又は変更するとき

エ　作業方法又は作業手順を新規に採用し、又は変更するとき

オ　その他、次に掲げる場合等、事業場におけるリスクの変化が生じ、又は生ずる恐れがあるとき

(ア)　労働災害が発生した場合であって、過去の調査等の内容に問題がある場合

(イ)　前回の調査等から一定の期間が経過し、機械設備等の経年変化による劣化、労働者の入れ替わり等に伴う労働者の安全衛生に係る知識経験の変化、新たな知見の集積等があった場合

また、上記オ(イ)については、リスクアセスメント指針の解釈通達において「実施した調査等について、設備の経年変化等の状況の変化に対応するため、定期的に再度調査等を実施し、それに基づくリスク低減措置を実施することが必要であること」から設けられたものである。なお、ここでいう『一定の期間』については、「事業者が設備や作業等の状況を踏まえ決定し、それに基づき計画的に調査等を実施すること」とされている。

したがって、職場の安全衛生水準を継続的に向上させるためには、法令に基づき実施するリスクアセスメントに加えて、毎年1回程度、定期的にリスクアセスメントを行い、ハザードを特定し、リスクの除去・低減を図っていくことが必要である。

第2部
リスクアセスメントの立上げ時の準備（導入）

第3章　リスクアセスメントの実施体制

1　リスクアセスメント導入のための準備

事業者は、労働安全衛生マネジメントシステムにおけるリスクアセスメントの意義を理解した上で、以下の事項について準備を計画的に進めていく必要がある。

① リスクアセスメントの実施体制

② リスクアセスメント実施手順の作成

③ リスクアセスメントに関する教育の実施

これらの準備のための業務は、リスクアセスメント統括管理者の指示の下に、事業場全体の運用を行う事務局（一般的には、安全衛生担当部門）が担当することとなり、事業場全体にリスクアセスメントをスムーズに導入し、定着させていくために十分な準備を行う。

なお、上記①、③は、リスクアセスメント指針の「4　実施体制等」に規定されている事項であり、全てのリスクアセスメント活動を行う事業場に求められるものである。

一方、②については、マネジメントシステム指針の第10条に規定された事項であり、労働安全衛生マネジメントシステムの構築・運用を行っている事業場では不可欠な事項であるが、同システムの運用を行っていない事業場においてもリスクアセスメント実施手順の作成を行うのは効果的である。

2　リスクアセスメントの実施体制

リスクアセスメントの実施体制は労働安全衛生マネジメントシステム整備の一環と位置付け、その整備体制との一元的な関係の下、リスクアセスメントを実施するための実施体制を明確化する必要がある。実施体制は、事業場全体の運用を行う担当部門と、実際にリスクアセスメントを実施する実行責任部門から構成される。

事業場全体の運用を行う担当部門は安全衛生担当部門であり、安全衛生担当部門のスタッフは事業場の運営を図っていく。一方、リスクアセスメントを実際に実施するのは各職場であり、各課の長（課長など）は職場における実行状況について、さらに部門の長（部長など）は部門における実行状況についてそれぞれ責任を負うことになる。

なお、各課の長が、業務内容の異なる複数の職場（例えば、係など）を管理している場合もあるので、実際のリスクアセスメントは業務内容等を勘案して、さらに細分化した職場単位で実施することとしても差し支えない。また、図10にリスクアセスメントの実施体制（例）を示す。

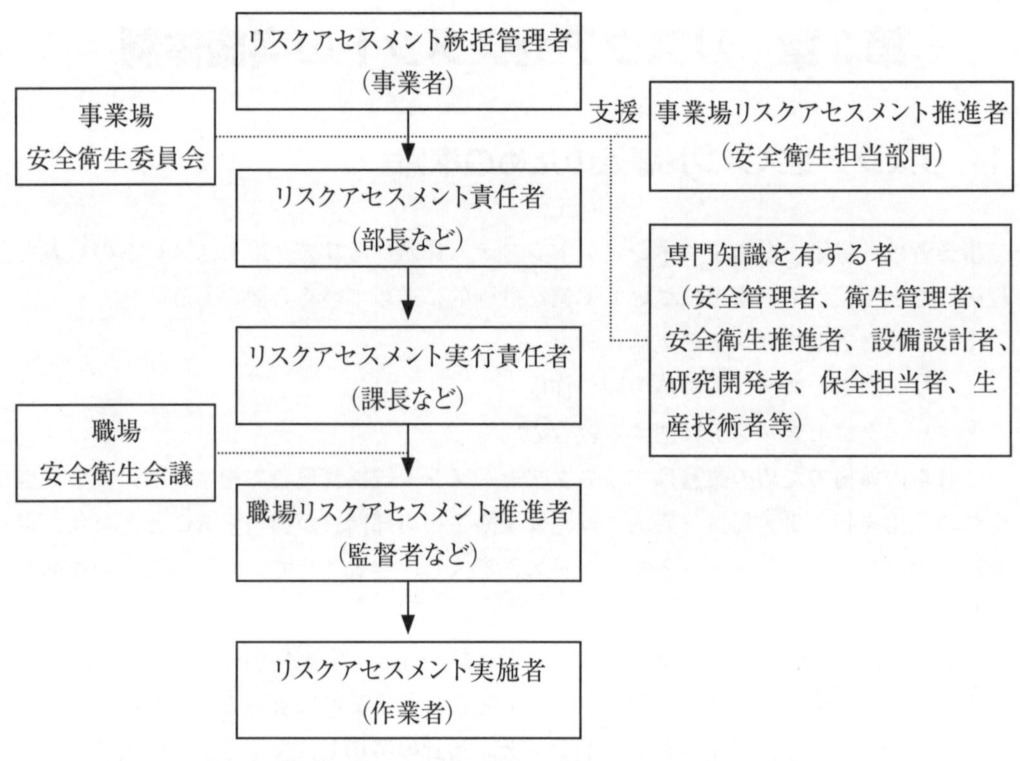

図10　リスクアセスメントの実施体制（例）

2. 1　リスクアセスメントの実施体制の役割分担

リスクアセスメントを実施する各担当の役割を、「(参考) リスクアセスメント（RA）における役割（例）」（46頁）に示す。

(1)　リスクアセスメント統括管理者(事業者)の役割

リスクアセスメント統括管理者は、事業場のリスクアセスメント実施、結果の全ての統括責任の役割を担う。

(2)　事業場リスクアセスメント推進者(安全衛生担当部門)の役割

事業場リスクアセスメント推進者は、事業場全体のリスクアセスメントについて、その実行状況や実施レベル等を調整し推進する者をいい、事業場全体の運用を行う安全衛生担当部門のスタッフ等が該当する。事業場の規模が大きい場合など１人で全体を担当することが難しいときは、複数の事業場リスクアセスメント推進者を指名することも考慮する。

⑶ リスクアセスメント責任者（部長など）・リスクアセスメント実行責任者（課長など）の役割

リスクアセスメントを実施する部門の長（部長など）はリスクアセスメント責任者として、また、実施する課の長（課長など）はリスクアセスメント実行責任者として、自部門及び自課のリスクアセスメントの実施状況について責任を負う立場にある。自部門、自課のリスクアセスメント実施結果についてチェックを行い、実施手順に基づいて適切にリスクアセスメントが実施されているかを確認し、もし、リスクアセスメントの実施に支障がある場合には、問題点を把握しそれを解決していくことが必要である。

また、リスクアセスメント責任者、リスクアセスメント実行責任者は、リスクアセスメントの実施結果から、職場において優先的に対処しなければならないリスクが存在し、リスクの除去・低減措置が必要であると判断した場合には、必要に応じ専門知識を有する者の参画や対策費の確保などについても考慮しながら、適正かつ効果的な対策を検討し、確実に実施していくことが大切である。

⑷ 職場リスクアセスメント推進者（監督者など）の役割

職場リスクアセスメント推進者は、リスクアセスメント実行責任者が自課の管理監督者（課長自身の場合もある。）の中から指名する。リスクアセスメントを実施する職場がその長の下に分割されている場合は、その分割された職場ごとに指名する。職場リスクアセスメント推進者の担当する業務は、課長の指示の下、実務担当者として実際のリスクアセスメントを行うときの実務的な推進業務を担当することになる。

⑸ リスクアセスメント実施者（作業者）の役割

リスクアセスメント実施者は、リスクアセスメント手順書に基づき職場におけるリスクアセスメントの実施に協力し、全ての作業を対象にリスクアセスメントを体系的、組織的に行うものとする。

（参考）リスクアセスメント（RA）における役割（例）

表　題	リスクアセスメント（RA）における役割	文書番号	ＪＩＳＨＡ０００６－０２
目　的	リスクアセスメントの実施に関し、構成員の役割を明確にし、リスクアセスメント実施を円滑運用することを目的とする。		
履　歴	○○○○年○月○日制定 ○○○○年○月○日改正		

担　当	役　割
リスクアセスメント統括管理者	◇リスクアセスメントの事業場の統括管理 ・リスクアセスメント実施報告書の承認 ・安全衛生関係法令に基づく実施に関する管理 ・事業場のリスクアセスメント実施手順の決定 ・事業場レベルでのリスク低減措置に関する決定、実施　他
事業場リスクアセスメント推進者	◇リスクアセスメントの事業場の実行管理 ・リスクアセスメント実施に参考となる関係資料（災害事例、ヒヤリ・ハット報告など）の収集・整理と周知 ・職場リスクアセスメント推進者への教育、支援、指導、調整等 ・事業場全体で対応が必要なリスクの水平展開の推進 ・事業場安全衛生委員会等への報告　他
リスクアセスメント責任者	◇リスクアセスメントの部門管理 ・リスクアセスメント実施報告書の審査 ・部門安全衛生目標、計画への反映 ・部門レベルでのリスク低減措置の決定、実施　他
リスクアセスメント実行責任者	◇リスクアセスメントの課の実行、管理 ・リスクアセスメント実施報告書の作成 ・課安全衛生目標、計画への反映 ・課レベルでのリスク低減措置の決定、実施 ・リスク低減措置経費の確保　他
職場リスクアセスメント推進者	◇リスクアセスメントの職場（係単位等）の実行管理 ・リスクアセスメントの実施に参考となる関係資料の収集・整理と関係者への連絡、周知 ・リスクアセスメントの実施と進行管理 ・作業者への教育と指導 ・管理者や事業場リスクアセスメント推進者との連絡・調整 ・職場安全衛生会議等への報告　他
リスクアセスメント実施者	◇リスクアセスメントの実施 ・職場のヒヤリ・ハット、危険予知情報の提供 ・ハザードの特定、リスクの見積り評価の実施 ・リスク低減措置及び残留リスク対応の順守 ・リスク低減措置実施後の情報提供　他

2. 2 リスクアセスメントの手順ごとの実施者

リスクアセスメントを実施するメンバーについては、事前準備段階及び実施段階において誰が何を担当するのか、その役割や職務を明確にしておく。リスクアセスメントは原則として職場ごとに実施するので、職場のリスクアセスメント推進者を中心に管理監督者はもとより、関係する作業者も参加して職場全体で実施するようにする。職場の長はリスクアセスメント推進者や管理監督者の意見を聞いて、あらかじめ以下の段階ごとに実施メンバーとそれぞれの役割等について定めておくとよい。

リスクアセスメントの手順ごとの実施メンバー（例）について**表１**に示す。

表１　職場におけるリスクアセスメントの実施メンバー（例）

	ハザードの特定	リスクの見積り	措置の検討	措置の決定
作業者	◎	◎	◎ （意見の反映）	○
監督者（リーダー）	◎	◎	◎	○
管理者	○	○	◎	◎
専門知識を有する者（＊）	○	○	○	○

注）◎：必ず関わる　○：必要に応じて関わる

（＊）専門知識を有する者とは、安全管理者、衛生管理者、安全衛生推進者、設備設計者、製品研究開発者、保全担当者、生産技術者等。

⑴　事前準備

リスクアセスメントを実施するためには、事前にリスクアセスメントの実施方法等の詳細事項を定め、トライアルを実施し、実施手順として明確にした後、各職場に教育の場を通じて周知する。これらの準備事項は、事業場リスクアセスメント推進者を中心に各職場のリスクアセスメント推進者が参加して検討することが望ましい。

⑵　ハザードの特定

ハザードの特定の際は、職場リスクアセスメント推進者が中心になって、関係する作業者はもちろん、それ以外の作業者もできる限り多数参加させ、特定を行う。このようにすることによって、一体感を持たせ、積極的な協力を得ることができ、また広い視野からの特定に役立たせることができる。

なお、職場の関係者だけではハザードの特定が不十分になってしまう場合には、専門知識を有する者（安全管理者、衛生管理者、安全衛生推進者、設備設計者、製品研究開発者、保全担当者、生産技術者等）の参加や助言を得ることが大切である。

(3) リスクの見積り

見積りは、職場リスクアセスメント推進者が中心になって、関係する作業者、監督者が参加して実施する。しかし、リスク低減の優先度は、その後のリスク低減措置の検討・実施につながっていくため、職場の長をはじめ職場の管理監督者が中心となって実施していく必要がある。この際、検討するリスクの大きさ、種類等に応じて専門知識を有する者を必要の都度参加させ、助言を得るようにするとよい。

(4) リスクの見積り結果の確認

リスクの見積り結果を事業場で設定した「広く受け入れ可能なリスク」と比較する確認作業は、監督者（リーダー）が管理者の同意を得ながら統一的に実施する。

(5) リスク低減措置の検討

リスク低減措置については、リスク低減の優先度と同様、職場の管理監督者が中心になって検討する。この際、専門知識を有する者の協力を得るようにする。さらにリスク低減措置の内容が作業マニュアルによる管理や保護具の使用である場合には、作業者を交えて検討することが必要である。

(6) リスク低減措置の決定

措置の決定は、経営資源（人、物、金等）の決裁権限のある管理者が決定する。その際、確実なリスク低減を図るためにできるだけ本質的対策、工学的対策の実施で対応することを目指す。なお、リスク低減措置が管理的対策、個人用保護具の使用で行う場合は、その実施あるいは使用を確実に担保するような仕組みとすることが望ましい(なお、リスク低減措置の解説は98頁以降を参照)。

(7) リスク低減措置実施後の残留リスク再評価、妥当性確認

残留リスクの再評価とリスク低減措置の妥当性確認は、措置の決定と同様、決裁権者である管理者とリーダーである監督者を中心に作業を行う。ただし、残留リスクが大きい場合には、上位の管理者の最終決裁を求めることも必要となる。

なお、さらなるリスク低減措置の検討に際しては、必要に応じて専門的知識を有する者の協力を得るようにする。また、暫定対応として管理的対策や個人用保護具の使用を採用する場合には、作業者を交えて検討するとともに、確実な実施・使用が行われるような仕組みを取り入れることとする。

3　リスクアセスメント実施手順の作成

リスクアセスメント実施手順の作成に当たっては、リスクアセスメント指針を踏まえながら、事業場、職場の実態を踏まえて効果的、効率的に実施可能なリスクアセスメント実施手順を作成することが必要である。また、このリスクアセスメント実施手順には法令に基づき実施することとされている新規及び変更時の機械・設備、原材料、作業方法等の導入時の実施に関わる実施手順とともに、職場の安全衛生水準を継続的に向上させていくために定期的に実施するリスクアセスメントについても具体的に定めておくことが必要であるが、これらの手順について、共通のものとするか、別々のものとするかは各事業場の実態に応じて検討することになる。

なお、リスクアセスメント実施手順の具体的な作成等については第５章で触れる。

4　リスクアセスメントに関する教育の実施

リスクアセスメントをチームで実施する際に、責任者やリーダーはリスクアセスメントを十分に理解し、習熟している必要がある。また、チームメンバーもリスクアセスメントに関する基本的な知識や意義を正しく理解しておく必要がある。このため、各担当者等の役割に応じた教育の実施が必要である。

リスクアセスメント教育の一般的な目的として、以下のようなことが挙げられる。

① リスクアセスメントの考え方及びその有効性を、正しく理解すること。

② リスクアセスメントの手法を理解し、正しく、効率よく、リスクアセスメントを実施できるようにすること（ハザードを漏らさず特定し、リスクの見積り及び優先度の設定が的確に実施できること）。

③ リスク低減のための優先度の設定に基づいて、自部門担当分のリスク低減措置を進めることができること。

リスクアセスメントの実施に関与するメンバーに対して、以下のような教育が必要である。

4．1　リスクアセスメント責任者・リスクアセスメント実行責任者への教育

リスクアセスメントを実施する部門の長（部長など）は、リスクアセスメント責任者として、自部門のリスクアセスメントの実行状況について責任を担う立場にある。また、リスクアセスメントを実施する職場の長（課長など）は、リスクアセスメント実行責任者として、職場リスクアセスメント推進者を指揮するとともに、その実施の実行責任の立場にある。したがって、両者ともリスクアセスメントの内容等について熟知している

必要がある。これらの教育は外部機関の研修会の受講や社内研修会等で実施することになるが、社内研修は事業場リスクアセスメント推進者が講師となって実施することが考えられる。

リスクアセスメント責任者・リスクアセスメント実行責任者に対する教育項目については、以下のように考えるとよい。

① 労働安全衛生マネジメントシステムにおけるリスクアセスメントの位置付け及び意義
② リスクアセスメント実施の狙いとその効果
③ リスクアセスメントの基本的な考え方及び手法
④ 事業場としてのリスクアセスメントを実施する基本姿勢
⑤ 日常の職場安全衛生活動とリスクアセスメントとの関係
⑥ リスクアセスメント実施手順の内容
⑦ 作業者へのリスクアセスメント教育を行う際の留意点
⑧ リスクアセスメント結果に基づくリスク低減措置の方法
⑨ 実効あるリスクアセスメント実施のための留意点
⑩ リスクアセスメントの検討結果についての作業者のフォロー（伝達）方法

4. 2 職場リスクアセスメント推進者への教育

職場リスクアセスメント推進者は実際にリスクアセスメントを実施する単位（原則として職場単位）ごとに配置し、リスクアセスメント実行責任者（課長など）の指示の下、実際のリスクアセスメントを行うときの実務的な業務を担当することになる。これらの職場リスクアセスメント推進者には、社内研修や外部機関の研修会の受講等を実施し、職場リスクアセスメント推進者として必要な知識、技術を習得させるようにする。

職場リスクアセスメント推進者に対する教育項目は、「4.1 リスクアセスメント責任者・リスクアセスメント実行責任者への教育」の項目のうち、①〜⑦などが考えられる。社内研修で教育する場合は、事業場リスクアセスメント推進者又はリスクアセスメント実行責任者が講師となって、実施することが考えられる。

4. 3 リスクアセスメント実施者への教育

リスクアセスメントを適切かつ効率的に行うには、作業者一人ひとりへの教育が欠かせない。作業者への教育は、職場の長（課長など）であるリスクアセスメント実行責任者又は職場リスクアセスメント推進者が中心となって、リスクアセスメントに関するテキスト等の教材を使用する知識教育（ハザードの特定方法、見積り・評価基準など）と現場で実際に行ってみる実践教育の両方を実施する。

作業者に対するリスクアセスメント教育では、リスクアセスメントの考え方及び事業場のリスクアセスメント実施手順を十分に理解し、正しくリスクアセスメントを実施できるようにする。ハザードを漏らさず特定し、効率よくリスクの見積り及び優先度の設定ができるようにすることが必要である。

作業者に対する教育項目を以下に示す。

① 労働安全衛生マネジメントシステムにおけるリスクアセスメントの位置付け及び意義

② リスクアセスメント実施の狙いとその効果

③ リスクアセスメントの基本的な考え方及び手法

④ 事業場としてのリスクアセスメントを実施する基本姿勢

⑤ 日常の職場安全衛生活動とリスクアセスメントとの関係

⑥ リスクアセスメント実施手順の内容

などが考えられるが、必要に応じて項目の追加・削減を行い、より実際的な教育を行うようにする。

4.４　事業場リスクアセスメント推進者への教育

事業場リスクアセスメント推進者は、事業場全体のリスクアセスメントの実施状況や実施レベル等を調整し管理するのに必要な知識、技術を習得しておく必要がある。このため事業場リスクアセスメント推進者は外部機関の研修会を受講すると同時に、事業場のリスクアセスメントへの取組みについても十分に理解しておくことが大切である。

事業場リスクアセスメント推進者に対する教育項目は、基本的なリスクアセスメント責任者・リスクアセスメント実行責任者と同じ項目、内容でもよいが、事業場全体のリスクアセスメントを運用するための教育であることを意識しておくことが重要である。

（参考）職場リスクアセスメント推進者養成研修カリキュラム例

教　育　項　目	内　　容	時間(分)
リスクアセスメントの要点	リスクアセスメントの考え方	50
	リスクアセスメント活用の意義	20
リスクアセスメントの実施方法及び留意点	リスクアセスメントの実施方法	70
	リスクアセスメントの留意点	20
リスクアセスメントの実施に当たっての推進者の役割、責任及び権限	推進者としての心構え	20
	役割、責任及び権限	60
合計		４時間

(参考) リスクアセスメント教育要領例

表　題	リスクアセスメント（RA）教育要領	文書番号	ＪＩＳＨＡ００１１－２４
目　的	リスクアセスメントの実施に関し、管理者、推進者、実施者、担当者に必要な知識を与え、リスクアセスメントを適切に実施することを目的とする。		
履　歴	年　月　日制定 年　月　日改正		
適　用	○○事業場において行うリスクアセスメント教育について適用する。		

教育の種類	目的	対象者	実施主管課	時間	内　容	講　師	備　考
職場リスクアセスメント推進者研修	リスクアセスメントを各職場において推進する者（推進者）としての必要な知識の付与	ラインにおける係長、職長	安全衛生推進部	4時間	・リスクアセスメントの要点 ・リスクアセスメントの実施方法及び留意点 ・リスクアセスメントの実施に当たっての推進者の役割、責任及び権限	安全衛生推進課長	初年度については、係長及び職長全員を対象。その後は新任が対象。
リスクアセスメント責任者・実行責任者研修	リスクアセスメントを実施する上での管理者として必要な知識の付与	ラインにおける課長等の管理者	安全衛生推進部	4時間	・リスクアセスメントの要点 ・リスクアセスメントの実施方法及び留意点 ・リスクアセスメントの実施に当たっての管理者の役割、責任及び権限	安全衛生推進部長、安全衛生推進課長	初年度については、課長以上の管理職全員を対象。その後は新任が対象。
リスクアセスメント実施者研修	リスクアセスメントの実施方法、留意点等についての知識の付与	作業者	安全衛生推進部	2時間	・リスクアセスメントの内容 ・リスクアセスメントの実施方法及び留意点	安全衛生推進課員	初年度は全作業者が対象。その後は新入時教育で実施。
事業場リスクアセスメント推進者研修	事業場全体のリスクアセスメントを取りまとめ、中心的に推進する者として必要な知識の付与	安全衛生推進部等の担当予定者	中災防	1日間	・リスクアセスメントの内容 ・事業場におけるリスクアセスメントの導入の仕方 ・事業場におけるリスクアセスメントの実施方法及び留意点	中災防講師	

第４章　リスクの見積り・優先度の設定の方法

１　リスクの見積り・優先度の内容

リスクアセスメントでは、職場に存在するハザードによって、どのようなケガがどの程度の割合で発生するのか（可能性又は可能性の度合い）、発生した場合にどの程度の大きな災害や健康障害になりうるのか（重大性又は重篤度）という観点から、そのハザードによるリスクの大きさを見積もり、見積もったリスクの大きさからリスクを低減する優先度を判断した後、その優先度に従ってリスクを除去する、あるいは低減させるための措置を行うことになる。

したがって、リスクアセスメントを適切に運用し、リスクの除去・低減措置までつなげていくためには、あらかじめリスクアセスメントにおけるリスクの「可能性」、「重大性」及び「リスクを低減するための措置の優先順位」等について基準を決めておく必要がある。

１．１　リスクの見積り・優先度の設定の考え方

リスクは、ハザードによるケガ（負傷や疾病）の発生の可能性とそれが発生したときのケガの重大性を組み合わせて考えるものであり、可能性の度合いと重大性の大きさはそれぞれその程度により数段階に区分して考える。

さらに、リスクの見積りから得られた可能性と重大性の区分の大きさから、当該ハザードによって生じるリスクの大きさ、すなわちリスクレベルが決定されることになり、可能性が高くなるほど、また重大性が大きくなるほどリスクレベルは高くなる。また、そのレベル分けは、数段階程度にするのが一般的であり、リスクレベルの高いものほどリスクを低減するための優先度が高いものとなる。

リスクの見積りを行う方法については、リスクアセスメント指針において「危険性又は有害性により発生するおそれのある危害の重大性及びそれらの発生の可能性をそれぞれ考慮して、リスクを見積もるものとする。ただし、化学物質等による疾病については、化学物質等の有害性及びばく露の量をそれぞれ考慮して見積もることができる。」とされ、その具体的な進め方として次の３つの方法が示されている。

①　ケガの重大性とそれらが発生する可能性を相対的に尺度化し、それらを縦軸と横軸とし、あらかじめ重大性及び可能性に応じてリスクが割り付けられた表を使用してリスクを見積もる方法

②　ケガの発生する可能性とその重大性を一定の尺度によりそれぞれ数値化し、それらを加算又は乗算等してリスクを見積もる方法

③　ケガの重大性及びそれらが発生する可能性等を段階的に分岐していくことによりリスクを見積もる方法

ただし、解釈通達で「①から③までに掲げる方法は、代表的な手法の例であり、柱書きに定める事項を満たしている限り、他の手法によっても差し支えないこと。」とされている。このため、「ハザードにより発生するおそれのある危害の重大性」と「それらの発生の可能性」を用いて優先度の設定が行われていればよいこととなる。また、同解釈通達では「リスクの見積りは、優先度を定めるために行うものであるので、必ずしも数値化する必要はなく、相対的な分類でも差し支えないこと。」とされている。

2　リスクの見積り・優先度の設定方法

リスクを見積もり、優先度の設定をするために使われている方法は、リスクの要素の区分について、数値を用いない方法と数値で表現する方法とに大別される。主に使われている方法は以下のとおりである。

①　数値を用いない方法

1)　重大性と可能性をマトリクスにしたもの

2)　リスクを序列化したもの

②　数値化する方法

1)　重大性と可能性を組み合わせたもの

2)　重大性と危険状態が生じる頻度と危険状態が生じたときにケガに至る可能性を組み合わせたもの

以下、数値を用いない方法及び数値化する方法について例を挙げる。

2. 1　数値を用いないリスクの見積り・優先度の設定方法

ケガの重大性と発生の可能性をそれぞれ数段階に区分し、各段階における判定の基準を具体的に決める。これを重大性と可能性の組合せからなる表にし、表中のすべての枠にあらかじめ決めておいたリスクレベルを当てはめていき、リスクの見積り・優先度の設定の基準表を作成する。併せて、リスク低減の優先度にはそのレベルに応じて実施する措置の進め方を含め決めておく。

例えば、**表2**①、②のように、発生の可能性とケガの重大性をそれぞれ3段階に区分し、3×3の9つの枠の表を作成し、可能性と重大性のすべての組合せについてリスクのレベル分けと措置の進め方の基準を設定する。この例では、リスクレベルが高い「Ⅳ」からリスクレベルが低い「Ⅰ」までの4段階にレベル分けをしている。この**表2**①においては、「重傷」であって「発生の可能性がある」リスクは、リスクレベル「Ⅲ」となり、**表2**②において、「安全衛生上問題がある」と評価される。また**表2**②においてリスクレベル「Ⅲ」は「低減措置を速やかに行う」こととなる。

表2①　数値化しない見積り・優先度の設定の基準（例）

可能性＼重大性	重度の障害	重　傷	軽　傷
可能性が高い	Ⅳ	Ⅲ	Ⅱ
可能性がある	Ⅳ	Ⅲ	Ⅰ
可能性がほとんどない	Ⅲ	Ⅱ	Ⅰ

表2②　リスクレベルの内容と措置の進め方（例）

リスクレベル	リスクの内容	リスク低減措置の進め方
Ⅳ	安全衛生上重大な問題がある	リスク低減措置を直ちに行う 措置を行うまで作業を停止する注1
Ⅲ	安全衛生上問題がある	リスク低減措置を速やかに行う
Ⅱ	安全衛生上多少の問題がある	リスク低減措置を計画的に行う
Ⅰ	安全衛生上の問題はほとんどない	必要に応じてリスク低減措置を行う注2

注1：「リスクレベルⅣ」は、事業場として許容不可能なリスクレベルであり、リスク低減措置を講じるまでは、作業中止が必要となる。しかし、技術的課題等により、適切なリスク低減の実施に時間を要する場合には、事業者の判断により、それを放置することなく、実施可能な暫定的な措置を直ちに実施した上で、作業を行うことも可能とする。

注2：「リスクレベルⅠ」は、事業場として広く受け入れ可能なレベルであり、追加のリスク低減措置の実施は原則として不要である。ただし、安全対策が後戻りしないように、適切なリスク管理は必要となる。

2. 2　数値を用いるリスクの見積り・優先度の設定方法

⑴　2要素による方法

リスクを2要素で見積もる方法は、「ケガの可能性」と「ケガの重大性」で評価する。前者は、どの程度の可能性でケガに至るかを示す要素であり、後者がケガに至った場合のケガの程度を示す要素である。

ア　「ケガの可能性」の区分の設定

ケガに至る諸々の条件（“危険状態が生じる頻度や時間”、“「危険事象」の発生確率”、“ケガの回避の可能性”等）を総合的に考慮し、どの程度の可能性をもってケガに結びつくかを見積もることとなる。3～4段階程度に区分するとよい。

例えば、「確実である」「可能性が高い」「可能性がある」「可能性がほとんどない」のような区分例がある。

イ 「ケガの重大性」の区分の設定

ハザードによって起きることが予想されるケガの程度を重大性として把握する。その場合の重大性の区分の設定は

① ケガの影響を受ける身体の部分

② ケガの具体的な内容

等を考慮し、3～4段階程度に区分する。例えば、表3のように区分する。

表3 重大性の区分例

重大性	判定の基準	事例
致命傷	死亡や永久的労働不能につながるケガ 障害が残るケガ	致死外傷、腕・足の切断、失明等 著しい難聴、視力低下
重 傷	休業災害（完治可能なケガ）	骨折、筋断裂等
軽 傷	不休災害	ねんざ、裂傷等
微 傷	手当後直ちに元の作業に戻れる微小なケガ	打撲、表面的な障害、ダスト・異物の目への飛入等

重大性の区分を設定する際は、見積りしやすいように判定の基準や考え方をわかりやすく示し、事業場や職場の実態に応じたものとして設定する。簡易に区分する方法として「致命傷」「重傷」「軽傷」「微傷」とする方法もあるが、リスクアセスメント指針では「共通の尺度を使うことが望ましいことから、基本的にケガによる休業日数等を尺度として使用すること」とされており、通達では「等」には後遺障害の等級や死亡が含まれることとされている。また、見積りに当たっては

① 予想されるケガの対象者と危害の内容を明確に予測すること。

② 過去に実際に発生したケガの重大性ではなく、起こりうる最も重篤なケガの重大性を見積もることが必要である。

としている。

ただし、②の重大性の見積りに当たっては、極端なケースまで想定すると、すべての災害が死亡災害となってしまうことが考えられる。これでは重大性を見積もっている意味がなくなることから、非常識なケースまでを想定することなく、常識的な範囲で想定することでよい。

⑵ 3要素による方法

リスクを3要素で見積もる方法は、2要素のうちの「ケガの可能性」を「危険状態（人がハザードにさらされる）が生じる頻度」と「危険状態が生じたときにケガに至る可能性」の2つの要素に分けて、より具体的にリスクを把握し、見積もることを目指したも

のである。なお、「ケガの重大性」については、２要素による方法、３要素による方法とも同じ考え方である。

３要素による方法は、まず「危険状態が生じる頻度」を把握し、次に「危険状態が生じたときにケガに至る可能性」を考え、最後に、ケガに至るとすればどのようなケガになるのかという「ケガの重大性」を考えることになるので、作業に従事している作業者にとって、ケガに至るプロセスに対応していることなどから考えやすいという特徴がある。

また、３要素ごとにリスクの除去・低減措置を検討できるので具体的に議論がしやすいことなどの特徴もある。

ア　危険状態が生じる頻度の区分の設定

ケガの発生の可能性の度合い（ケガの発生確率）を見積もる方法として、ハザードにさらされる頻度を、リスクの１つの要素である「危険状態が生じる頻度」として取り扱うことにより、実態に即した効果的なリスクアセスメントが実施できることになる。

「危険状態が生じる頻度」をリスクの一要素としてその区分を設定する場合は、作業内容を分析し、ハザードにさらされる時間・回数や人数などを考慮して、例えば表４のように「頻繁」、「時々」、「滅多にない」などに区分する。区分ごとの判定の基準に具体的な例示を示しておくと、見積りがしやすくなり、統一性が確保された見積り結果が得られることになる。

表４　危険状態が生じる頻度の区分の設定例

危険状態が生じる頻度	内　容
頻　繁	日に１回以上（単独の場合） あるいは 週に１回以上（複数人の場合※）
時　々	日に１回未満～月に１回以上（単独の場合） あるいは 半年に１回以上（複数人の場合※）
滅多にない	月に１回未満（単独の場合） あるいは 半年に１回未満（複数人の場合※）

※ ハザードにさらされる人数が複数人の場合をさす

危険状態が生じる頻度は、作業者が特定したハザードに近づいたり、触れようとする行動をとるなどの、人がハザードにさらされる状態となる頻度から判断するものである。

例えば、37頁に示した両頭グラインダーでの小物の金属部品のバリ取り作業を想定した場合、「回転する砥石に指が接触して負傷する」というケガに至るプロセスが考えられる。この場合においては、ハザードは、“回転する砥石”となり、「危険状態が生じる頻度」は、“小物の金属部品の研磨作業を行う頻度”と考える。また、「両頭グラインダーで研磨作業中に砥石が割れて飛散片が飛んできて目に当たり負傷する」というプロセスも考えられる。このプロセスにおいては、ハザードは、“割れて飛散した砥石”となり、「危険状態が生じる頻度」は、研磨作業の作業頻度ではなく“作業中に砥石が割れて飛散する頻度”ということになる。このように特定したハザードの特性を理解し、「危険状態が生じる頻度」を判断することが正しい見積りを行ううえで求められる。

イ　危険状態が生じたときにケガに至る可能性の区分の設定

予想されるケガに至る可能性は、作業者がハザードにさらされることによりケガにつながるような危険状態が生じたときに、どの程度、労働災害に至るかを判断して設定する。これは、安全対策の不足、不適切、不具合などが生じて、人がケガに至る事態となる「危険事象の発生確率」と、たとえ危険事象が発生しても、人がケガから逃れられるかを判定する「回避の可能性」の２つの要素で判断することになる。なお、この「回避の可能性」の判断要件は、危険事象の発生速度、作業者の特性、リスクの認識、個人用保護具の使用状況等などである。これらを判断材料として総合的に評価して「回避の可能性」を決定する。

例えば、前述の両頭グラインダーの２つのケースでは、先例であれば、「危険状態」である“小物の金属部品の研磨作業を行う”ときに回転する砥石に作業者の指が接触して負傷する可能性を判断することであり、後例であれば、「危険状態」の“作業中に砥石が割れて飛散する”ときに割れて飛散した砥石片が目に当たって負傷する可能性を判断することになる。

なお、このときに人間は本来間違いを犯すものであるという前提に立ち、不安全行動なども考慮して判断することが必要である。

これらに留意する必要がある背景、要因等としては、次のような点がある。

① 予防措置（安全装置）の信頼性、妥当性

② ユーティリティの停止の可能性と影響、例えば、電気又は水の停止

③ 設備及び機械類の故障の可能性と影響

④ 次のような作業者による不安全行動

ア　危険がどんなものか知らない作業者

イ　作業を実施するための知識、肉体的能力、又は技能を持たない作業者

ウ　リスクを軽んじる作業者

エ　安全な作業方法の実用性及び有用性を軽んじる作業者

オ　疲労や単調作業により注意力が低下している作業者

カ　保護具を必要とする作業において保護具を使用しない作業者

リスクアセスメント指針では見積りに当たって留意すべきものとして次の**表５**の事項が示されている。

表５　見積りに当たって留意すべき事項

ア　安全装置の設置、立入禁止措置その他の労働災害防止のための機能又は方策（以下「安全機能等」という。）の信頼性及び維持能力
イ　安全機能等を無効化する又は無視する可能性
ウ　作業手順の逸脱、操作ミスその他の予見可能な意図的・非意図的な誤使用又は危険行動の可能性

一般的に可能性の見積りは、個人の主観や感受性に左右されやすいので、見積りしやすいように、また見積り時のばらつきを抑えるためにも、各区分の判定の基準の内容を事業場の実態に合わせて充実しておくことが必要である。**表６**は可能性について区分した例であるが、可能性についても３～５段階程度に区分したうえで、判定の基準とする内容を設備対策の実施状況に基づいて行うこととしている。これは、管理的対策や個人用保護具の使用といった“人に依存した対策”では、リスク見積りを下げないことが望ましいという考え方に基づいたものである。

表６　危険状態が生じた時にケガに至る可能性の区分例

ケガの可能性	内容（危険事象の発生確率＆回避の可能性）
確実である	**“常に注意を払っていてもケガをすることがある”　なお、回避の可能性には関わらない。** ～ハザードを低減する措置、ガード・インターロック・安全装置・局所排気装置の設置等の措置がなされていない。
可能性が高い	**“注意を払っていないとケガをする”　ただし、回避の可能性がある場合とする。**[注1] ～ハザードを低減する措置、ガード・インターロック・安全装置・局所排気装置の設置等の措置がなされているが、その措置に相当不備がある（なお、これらの措置の除去・無効化の可能性がある場合を含む）。
可能性がある	**“うっかりするとケガをする”　ただし、回避の可能性がある場合とする。**[注2] ～ハザードを低減する措置、ガード・インターロック・安全装置・局所排気装置の設置等の措置がなされているが、その措置に、軽微な不備がある（なお、これらの措置の維持管理が不十分な場合を含む）。
可能性はほとんどない	**“特別に注意していなくてもケガをしない”　なお、回避の可能性には関わらない。** ～ハザードを低減する措置、ガード・インターロック・安全装置・局所排気装置の設置等の措置がなされており、かつ適切な維持管理が行われている。

注１：回避が困難な場合は、「確実である」とする
注２：回避が困難な場合は、「可能性が高い」とする

⑶　数値を用いるリスクの見積り・優先度の設定の解説

ア　２要素による見積り・優先度の設定と計算方法等

①　重大性、可能性の区分への配点

ケガの重大性、発生の可能性の区分を設定したら、次で述べるリスクポイントの計算方法を前提にして、表７①、②のように重大性、可能性の各区分に配点を行い、数値による重み付けをする。

一般的に、可能性の区分に比べ重大性の区分の配点を高く設定するのは、より大きな危害を及ぼすハザードについて、優先的にリスクの除去・低減措置を検討していくというリスクアセスメントの趣旨によるものである。

②　重大性と可能性の組合せの計算方法

ケガの重大性と発生の可能性の見積り結果は、前記の表の配点により点数として示すことができる。またリスクの大きさは、重大性と可能性の組合せであるため、重大性、可能性の各点数を用いた計算式により数値として求めることができる。一般的に、計算方法には足し算方式と掛け算方式があり、その計算式から算定される数値をリスクポイントといい、リスクの大きさを表す。

例えば、足し算によりリスクポイントを求める場合は次の計算式により算定する。

リスクポイント＝重大性の点数＋可能性の点数

この計算式で決定した各区分の配点により

重大性：「重傷」

可能性：「可能性がある」

の場合について計算すると

リスクポイント＝６（重傷）＋２（可能性がある）＝８

となる。

一方、掛け算方式は足し算方式に比べリスクの差がより大きく表されるが、暗算での計算が難しく、リスクの大きさを直感的に共感しづらいことがある。

表７①　重大性の各区分への配点例

重大性	評価点	内　　容
致命傷	10点	死亡や永久的労働不能につながるケガ、障害が残るケガ
重　傷	６点	休業災害（完治可能なケガ）
軽　傷	３点	不休災害
微　傷	１点	手当後直ちに元の作業に戻れる微小なケガ

表７②　可能性の各区分への配点例

ケガの可能性	評価点	内容（頻度＆可能性）
確実である	６点	**“常に注意を払っていてもケガをすることがある”　なお、回避の可能性には関わらない。** ・ハザードを低減する措置、ガード・インターロック・安全装置・局所排気装置の設置等の措置がなされていない。 ・ハザードに頻繁にさらされている。
可能性が高い	４点	**“注意を払っていないとケガをする”　ただし、回避の可能性がある場合とする。**[注1] ・ハザードを低減する措置、ガード・インターロック・安全装置・局所排気装置の設置等の措置がなされているが､その措置に相当不備がある(なお、これらの措置の除去・無効化の可能性がある場合を含む)。 ･日常的にハザードにさらされる可能性がある。
可能性がある	２点	**“うっかりするとケガする”　ただし、回避の可能性がある場合とする。**[注2] ・ハザードを低減する措置、ガード・インターロック・安全装置・局所排気装置の設置等の措置がなされているが、その措置に、軽微な不備がある（なお、これらの措置の維持管理が不十分な場合を含む)。 ・非定常な作業に伴いハザードに接近する可能性がある。
可能性はほとんどない	１点	**“特別に注意していなくてもケガをしない”　なお、回避の可能性には関わらない。** ・ハザードを低減する措置、ガード・インターロック・安全装置・局所排気装置の設置等の措置がなされており、かつ適切な維持管理が行われている。 ・まれにしか行われない作業でハザードに接近する可能性がごく低い。

上記内容を参考にして、頻度や安全衛生方策の状況などを総合的に判断して評価する。
注１：回避が困難な場合は、「確実である」とする
注２：回避が困難な場合は、「可能性が高い」とする

③　リスクのレベル分け及びリスクポイントの対応付け

例えば、**表７③**のように、足し算方式によりリスクのレベルをⅠからⅣまでの４段階にレベル分けを行う。さらに、**表７①**、②のすべての組合せから算定されるリスクポイントとリスクレベルとを突き合わせて、リスクレベルとリスクポイントの対応関係を決めておく必要がある。

この表において､前述の②の計算例で求めたリスクポイントの**8**を当てはめてみると、リスクレベルⅢの「安全衛生上問題がある」となる。

なお、リスクの優先度の判定が適切に行われるように、**表７③**のようにリスクレベルに対応するリスク低減措置の進め方を明示しておくことが望ましい。

表7③　リスクレベルとリスクポイントの対応付け表（例）

リスクレベル	リスクポイント	リスクの内容	リスク低減措置の進め方
Ⅳ	12～16	安全衛生上重大な問題がある	リスク低減措置を直ちに行う 措置を行うまで作業を停止する注1
Ⅲ	8～11	安全衛生上問題がある	リスク低減措置を速やかに行う
Ⅱ	5～7	安全衛生上多少の問題がある	リスク低減措置を計画的に行う
Ⅰ	2～4	安全衛生上の問題はほとんどない	必要に応じてリスク低減措置を行う注2

注1：「リスクレベルⅣ」は、事業場として許容不可能なリスクレベルであり、リスク低減措置を講じるまでは、作業中止が必要となる。しかし、技術的課題等により、適切なリスク低減の実施に時間を要する場合には、事業者の判断により、それを放置することなく、実施可能な暫定的な措置を直ちに実施した上で作業を行うことも可能とする。

注2：「リスクレベルⅠ」は、事業場として広く受け入れ可能なレベルであり、追加のリスク低減措置の実施は原則として不要である。ただし、安全対策が後戻りしないように、適切なリスク管理は必要となる。

イ　3要素による見積り・優先度の設定と計算方法等

①　頻度、可能性、重大性の区分への配点

危険状態が生じる頻度、可能性、重大性の評価点について、**表8①～③**に、足し算方式によるリスクレベル評価について**表8④**に示す。

②　頻度、可能性、重大性の組合せの計算方法

2要素方式による場合と同様に、リスクの大きさは、頻度、可能性、重大性の組合せで決定でき、足し算によりリスクポイントを求める場合は、次の計算式により算定する。

リスクポイント＝頻度の点数＋可能性の点数＋重大性の点数

この計算式で決定した各区分の配点により

頻　度：「時々」
可能性：「可能性が高い」
重大性：「重傷」

の場合について計算すると

リスクポイント＝2（時々）＋4（可能性が高い）＋6（重傷）＝12

となる。

リスクレベルは、**表8④**より、Ⅲとなる。

表８①　危険状態が生じる頻度（例）

頻度	評価点	内　　容
頻繁	４点	１日に１回程度
時々	２点	週に１回程度
滅多にない	１点	半年に１回程度

表８②　「危険状態」が生じた時にケガに至る可能性（例）

ケガの可能性	評価点	内容（危険事象の発生確率＆回避の可能性）
確実である	６点	**“常に注意を払っていてもケガをすることがある”　なお、回避の可能性には関わらない。** ～ハザードを低減する措置、ガード・インターロック・安全装置・局所排気装置の設置等の措置がなされていない。
可能性が高い	４点	**“注意を払っていないとケガをする”　ただし、回避の可能性がある場合とする。**注1 ～ハザードを低減する措置、ガード・インターロック・安全装置・局所排気装置の設置等の措置がなされているが、その措置に相当不備がある（なお、これらの措置の除去・無効化の可能性がある場合を含む）。
可能性がある	２点	**“うっかりするとケガをする”　ただし、回避の可能性がある場合とする。**注2 ～ハザードを低減する措置、ガード・インターロック・安全装置・局所排気装置の設置等の措置がなされているが、その措置に、軽微な不備がある（なお、これらの措置の維持管理が不十分な場合を含む）。
可能性はほとんどない	１点	**“特別に注意していなくてもケガをしない”　なお、回避の可能性には関わらない。** ～ハザードを低減する措置、ガード・インターロック・安全装置・局所排気装置の設置等の措置がなされており、かつ適切な維持管理が行われている。

注１：回避が困難な場合は、「確実である」とする
注２：回避が困難な場合は、「可能性が高い」とする

表８③　ケガの重大性（例）

重大性	評価点	内　　容
致命傷	10点	死亡や永久的労働不能につながるケガ、障害が残るケガ
重　傷	６点	休業災害（完治可能なケガ）
軽　傷	３点	不休災害
微　傷	１点	手当後直ちに元の作業に戻れる微小なケガ

表８④　リスクレベルとリスクポイントの対応（例）

リスクレベル	リスクポイント	リスクの内容	リスク低減措置の進め方
Ⅳ	13～20	安全衛生上重大な問題がある	リスク低減措置を直ちに行う 措置を講じるまで作業を停止する注1
Ⅲ	9～12	安全衛生上問題がある	リスク低減措置を速やかに行う
Ⅱ	6～8	安全衛生上多少の問題がある	リスク低減措置を計画的に行う
Ⅰ	3～5	安全衛生上の問題はほとんどない	必要に応じてリスク低減措置を行う注2

注１：「リスクレベルⅣ」は、事業場として許容不可能なリスクレベルであり、リスク低減措置を講じるまでは、作業中止が必要となる。しかし、技術的課題等により、適切なリスク低減の実施に時間を要する場合には、事業者の判断により、それを放置することなく、実施可能な暫定的な措置を直ちに実施した上で作業を行うことも可能とする。

注２：「リスクレベルⅠ」は、事業場として広く受け入れ可能なレベルであり、追加のリスク低減措置の実施は原則として不要である。ただし、安全対策が後戻りしないように、適切なリスク管理は必要となる。

⑷　リスク低減のための優先度の設定

リスク低減のための優先度の設定は、リスクレベルで決定されるのが一般的である。２要素の場合は、「ケガに至る可能性」と「ケガの重大性」で、３要素の場合は、「危険状態が生じる頻度」「危険状態が生じたときにケガに至る可能性」と「ケガの重大性」でリスクレベルが決められる。実際のレベル分けは、あまり細分化せず**表９**のように３～５段階程度にするのがよい。またリスクレベルごとに、その内容と取るべき措置の進め方も併せて明確に決めておくことも必要である。

なお、リスク低減の優先度の設定において、リスクレベルだけでなくリスクポイントも考慮している場合もみられる。

3　リスクの見積り・優先度の設定方法の選択・基準作成時のポイント

数値を用いる見積り・優先度の設定の方法は、数値を用いない方法に比べ、リスクの大きさの比較やリスクの除去・低減措置の効果を具体的に実感できる良さがある。

なお、人がハザードにさらされる危険状態が生じる頻度および可能性等の各区分への数値の配点、リスクの大きさを表すリスクポイントの計算方式、リスクポイントとリスクレベルとの関係には、科学的な根拠や裏付けはない。これまでの経験をよりどころにし、リスクの感じ方を便宜的に数字で置き換えていることに注意しなければならない。

表９　リスクのレベル分け表（例）

リスクレベル	リスクレベルの内容	リスク低減措置の進め方
Ⅳ	安全衛生上、重大な問題がある	・リスク低減措置を直ちに行う ・措置を行うまで作業を停止する注1 ・十分な経営資源を投入する
Ⅲ	安全衛生上、問題がある	・リスク低減措置を速やかに行う ・措置を行うまで作業を停止するのが望ましい ・優先的に経営資源を投入する
Ⅱ	安全衛生上、多少の問題がある	・リスク低減措置を計画的に行う ・措置の実施まで適切に管理する ・十分検討し経営資源を投入する
Ⅰ	安全衛生上の問題は、ほとんどない	・必要に応じて、リスク低減措置を行う注2

注１：「リスクレベルⅣ」は、事業場として許容不可能なリスクレベルであり、リスク低減措置を講じるまでは、作業中止が必要となる。しかし、技術的課題等により、適切なリスク低減の実施に時間を要する場合には、事業者の判断により、それを放置することなく、実施可能な暫定的な措置を直ちに実施した上で、作業を行うことも可能とする。

注２：「リスクレベルⅠ」は、事業場として「広く受け入れ可能なリスク」の大きさであり、追加のリスク低減の実施は、原則として不要である。ただし、安全対策が後戻りしないように、適切なリスク管理は必要となる。

したがって、これらの設定等においては、その数値や計算方式等に経験等に基づく裏付けがあり、かつ事業場でコンセンサスの得られるものであることが必要である。このため、リスク評価の方法について事前に実証的な検討－トライアルの実施－を行い、かつ、できるだけ客観的な妥当性を何らかの形で担保することが望まれる。

リスクの見積り、リスクのレベル分け及びリスクの除去低減をするための検討の対象の優先度の設定は、事業場で最適なものを考えていくことが重要である。事業場として十分に検討し、リスクの見積り方法、リスクレベルの決定方法及びリスクを除去低減するため検討するリスクの優先度を設定し、優先度が高いリスクから優先的にリスクの低減措置を検討することとなる。

第５章　リスクアセスメント実施手順の作成と見直し

１　トライアルの実施

事業場としてリスクアセスメント実施手順（リスクの見積り・優先度の設定の基準等を含む）を決定するに当たって、その方法が適切かどうかを確認するためにトライアル（試行）を実施する。トライアルはできる限り繰り返し実施し、問題点を把握して手順書の改善を行う。

1．1　トライアルの意義

リスクアセスメントを導入するに当たり、作成する「実施手順」の善し悪しが、リスクアセスメント導入が順調に進行するかどうかの重要な要件となる。「実施手順」は、その原案の作成時にできる限りトライアルを行い、「実施手順」の問題点を特定し、改善しておくことがリスクアセスメントの本格的な導入の前に必要なステップである。また、トライアルを実施することは、トライアルに関わる実地訓練の場ともなるので、可能な限り多くの作業者を対象に、より多くの職場で実施し問題点の改善確認を完了していることが望ましい。

トライアルを行う場合は、対象職場を選択して実施することになるが、単に実施職場からの実施報告書や意見をもらうだけでなく、実際のリスクアセスメントの場に関係者が同席して、その時の検討状況や進行方法等について直接確認することが望ましい。

1．2　トライアルの手順

トライアルの手順を、図11トライアルの実施及び教育（例）に示す。

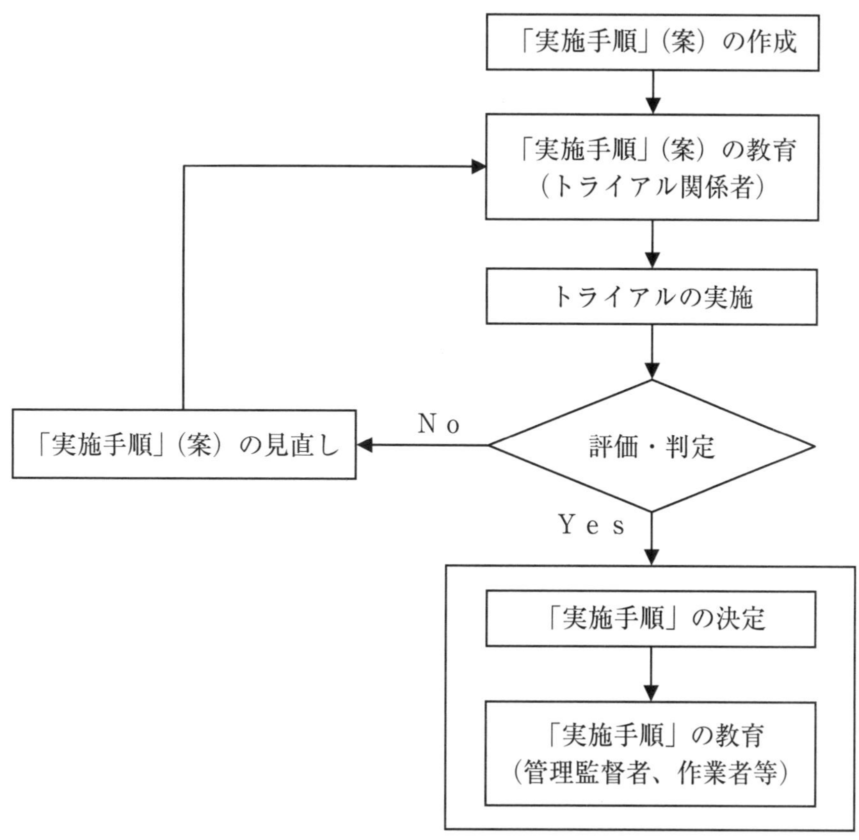

図11　トライアルの実施及び教育（例）

2　リスクアセスメント実施手順の作成

十分なトライアルを実施し、リスクアセスメントの実施手順を適切に実施できるものへと改善を加えることにより、事業場の全職場において統一的にリスクアセスメントが実施できるような「リスクアセスメント手順書」に仕上げていくことが重要である。実施手順書の作成は、事業場全体の運用を行う事業場リスクアセスメント推進者（安全衛生担当部門のスタッフ等）が中心になって行うこととなるが、実施手順には、以下の内容が含まれるように作成する。

①　実施の時期・機会（いつ）
②　実施の対象（職場、作業、設備など）
③　実施者、確認者（誰が）
④　専門知識を有する者の関与の仕方
⑤　実施の手順、見積り、優先度の設定の基準（どのように）

なお①、②については労働安全衛生法第28条の２、労働安全衛生規則第24条の11で実施が定められている新規の導入等の場合を網羅することが必要である。

3　トライアル実施の留意点

事業場リスクアセスメント推進者は、リスクアセスメントの円滑導入を目的として「リスクアセスメント実施手順案」に基づき、トライアルを実施することが必要である。その留意点について以下に示す。

ア　モデル職場選定の留意点

①　大きなリスクが存在することが想定される職場
②　トライアル実施時間の確保が容易な職場
③　管理者が安全衛生管理活動に理解があり協力的な職場
④　正規社員の在籍職場
⑤　その他

イ　トライアル後の留意点

①　目的に適った結果が得られたか（予測も含む）
②　手順内容の理解が容易か
③　実施者が順守できる手順内容か
④　評価基準に誤解を招く箇所がないか
⑤　その他

4　リスクアセスメント実施手順の周知

リスクアセスメント実施手順が作成されたときはもちろん、見直しがされた場合にも、事業場の全職場において統一的に適正なリスクアセスメントが実施できるように、実施手順に基づく手順、見積り・優先度の設定基準を各職場の関係者に正しく、確実に周知しておくことが必要である。リスクアセスメントは関係者全員が関わって進めていくことが重要なポイントであるため、リスクアセスメントに関する教育の場などを活用して、実施手順の内容を関係者全員に理解させておく。

5　リスクアセスメント実施手順の見直し

リスクアセスメントの実施を重ねていく中で、導入目的や事業場の安全衛生水準の向上や社会の価値観等、社会の情勢に変化があれば、それに応じてリスクアセスメント実施手順をその都度及び定期的に見直し、現実に即した形で効果的・効率的にリスクアセスメントを運用していくことが大切である。実施手順の見直しの検討は、事業場全体で運用を行うため、事業場リスクアセスメント推進者が中心となって行うことになるが、その際、各職場のリスクアセスメント推進者やリスクアセスメント責任者・実行責任者等からの意見、安全衛生委員会における審議の内容、リスクアセスメント実施結果なども参考とする。

見直し内容としては、効果的・効率的でやりやすい実施手順への見直し、見積り・優先度の設定基準の重大性、可能性、頻度の目安や判定基準の見直し、リスクレベルの範囲の見直しなどが考えられる。

リスクアセスメント実施要領（例）

承認	工場長
起案	安全衛生課長

○○工業株式会社　□□工場		文書番号○○○○－□□
大分類	安全衛生管理規程	制定：○○○○年○○月○○日
小分類	リスクアセスメント実施要領	改訂：□□□□年□□月□□日

1章　総則

1.1　目的

リスクアセスメントは、厚生労働省による「危険性又は有害性等の調査等に関する指針」に基づき実施する。工場全域におけるハザードの特定及びこれらによるリスクを見積もり、これらのリスクを除去又は低減するために必要な措置を検討し、実施することで“より安全で、安心して働くことができる職場環境”を実現することを目的とする。

1.2　適用

□□工場全域（製造現場、搬送エリア、研究開発エリア及び管理部門事務所）におけるすべての作業のリスクを対象とする。

1.3　用語の定義

本規程で用いる用語の定義は、「危険性又は有害性等の調査等に関する指針」に準拠するほか、関係法令及び社内規程に定めるところによる。

2章　実施及び運用

2.1　実施体制

(1)　リスクアセスメント実施の役割

実施体制は、全員参加により次のとおりとする。（RA：リスクアセスメント）

役　　職	RA実施の役割	安全衛生管理体制の役割
工場長	RA統括管理者	総括安全衛生管理者
安全衛生課長	RA工場推進者	安全管理者、衛生管理者
安全衛生担当課、設備（保全）課、産業医ほか	RA専門的指導者	安全管理者、衛生管理者、産業医
部長	RA責任者	部安全衛生管理者
課長	RA実行責任者	課安全衛生管理者（安全管理者）
係長、職長	RA職場推進者	職長等監督者
作業者	RA実施者	－

(2)　教育

リスクアセスメントに関する教育は、別途定める安全衛生教育規程に基づき計画的に実施することとする。

2.2　実施時期

⑴　定期のリスクアセスメント

リスクアセスメントの実施計画は、対象となる建設物、設備、作業手順書の量等を考慮し、安全衛生課長が各課長との協議により４月末日までに立案し、各部長の確認を経て工場長の承認を得る。

⑵　随時のリスクアセスメント

以下のような建設物、設備、作業方法等に変更が生じた場合は、その都度リスクアセスメントを実施する。その際は、各課長は実施結果を安全衛生課長に報告する。

・建設物を設置し、移転し、変更し、又は解体するとき。
・設備を新規に採用し、又は変更するとき。
・作業方法又は原材料を新規に採用し、又は変更するとき。
・労働災害又は重大ヒヤリ・ハットの発生など、過去のリスクアセスメントの内容に問題がある場合。
・その他（他社・他工場における類似災害、重大ヒヤリ・ハットの発生時）

2.3　対象の選定

建設物、設備、原材料、ガス、蒸気、粉じん等による、又はその他業務に起因するハザードで、次に掲げる労働者の就業に係る大きなリスクが想定される以下の作業を対象とする。

⑴　対象とする作業

・過去に労働災害が発生した作業
・危険な事象が発生した作業
・重大ヒヤリ・ハット事例
・労働者が日常不安に感じている作業
・過去に事故のあった設備等の操作
・操作が複雑な機械設備等の操作
・設備と作業の観点から災害の発生が合理的に予見し得るもの

⑵　除外する作業など

・明らかに軽微な負傷又は疾病しかもたらさないと予想されるもの
・労働者の交通関係及び関係請負人が実施する請負工事

2.4　情報の入手

課長は、職場におけるハザードを特定するために必要な次の情報を収集し整理する。

①　作業標準（作業手順書、操作説明書、作業マニュアル）
②　仕様書、取扱説明書、化学物質の安全データシート（SDS）等の使用する機械設備、材料に関する情報
③　機械設備等のレイアウト等、作業の周辺環境に関する情報
④　作業環境測定結果、健康診断結果
⑤　混在作業による危険性等、複数の事業者が同一の場所で実施する作業に関する情報
⑥　災害事例、災害統計等(ヒヤリ・ハット報告、トラブル記録、他社・他工場災害)

2.5　リスクアセスメントの実施

ハザードを特定し、それによるリスクの見積りを以下により行う。

⑴　ハザードの特定

係長は、作業者全員でハザードの特定を行い、それぞれのハザードと作業者がどのような状況で、どのように接触するか（労働災害に至るプロセス）を明確にして「リスクアセスメント記録票」（様式１）に記録する。

なお、ハザードの特定に漏れのないように次の事項に留意して実施する。

・別表１「ハザード特定のためのガイドワード」を活用する。
・作業手順のステップごとに特定する。
・実際の作業を十分に観察し、作業者の意見を可能な限り聞く。
・2.4の職場におけるハザードに関する情報を詳細に把握する。
・作業における特異な状態（作業手順と異なるとき、設備の停止復旧時など）になることを十分想定する。
・作業者の疲労などハザードへの付加的影響（単純作業の連続、深夜労働の居眠りなど）を考慮する。

⑵　リスクの見積り

係長は、特定したリスクについて、作業者全員で別表２「リスク評価基準」に基づきリスクの見積りを行い、「リスクアセスメント記録票」（様式１）に記録する。見積りは、以下の手順により複数メンバー（３～６名）のグループで実施する。

①　（個人作業）メンバーは各自、ハザードの特定及びリスクの見積りを実施する。
②　（以下、グループ作業）①の結果を各自持ち寄り、見積りを決定する。
③　①の結果にばらつきがある場合は、最も大きな見積りとした者の考え方から順に話し合い、メンバー全員が合意できる数値を探す。
④　③でいずれの数値でも合意できなければ、メンバーの中の最も大きな見積りの数値を採用する。
⑤　メンバーで話し合った結果は、「リスクアセスメント実施報告書」（様式２）に記録する。

【注意事項】

・上記⑴及び⑵は、課長の承諾のもとに安全衛生担当課長と協議し、必要と認める場合はリスクアセスメント専門的指導者の助言を得て実施する。
・上記⑴及び⑵は、多数決や代表者の意見により決定せず、メンバー同士の話し合いにより合意形成を図った上で見積りを決定する。

2.6　リスク低減のための優先度の設定及びリスク低減措置の検討

リスク低減措置は、以下により検討する。

⑴　リスク低減のための優先度の設定

課長は、リスクレベルの高いものから優先的にリスク低減措置の検討対象とする。

⑵　関係法令及び社内規程等の検証

課長は、係長とともに労働安全衛生法又はこれに基づく命令若しくは社内規程等その他要求事項に適合しているかを検証し、満たしていない場合は部長に報告の上、速やかに改善を図る。

⑶　リスク低減措置の検討

課長は、作業者及び係長とともに2.5で見積もったリスクのうちリスクレベルⅡ以上のものについて別表３「リスク低減措置の優先順位」によりリスク低減措置の検討を行い、リスク低減措置とそれぞれの措置後の見積り（予測）を「リスクアセスメント実施報告書」（様式２）に記録する。

【注意事項】

・新たなリスクの有無を確認し、リスク低減措置前のリスクより大きくなっていないかを検証する。

・作業者の判断や行動のみに依存する対策による措置、リスク低減の根拠が不明確な措置等によりリスクを下げて評価していないかを検証する。

・作業性・生産性に支障がないか、品質に問題がないか等を聞き取りにより作業者に確認する。

・この段階では、現場におけるノウハウやアイディアを積極的に活用するようにする（技術面、費用面、運用面等を考慮した実現性は次の段階で検討）。

2.7　リスク低減措置の決定及び実施

リスク低減措置は、以下により実施する。

⑴　リスク低減措置の決定

課長は、 次の事項を確認した上で部長の承認を受けてリスク低減措置を決定する。その際、2.6の【注意事項】が適切に実施されているかを確認する。

・実現性（技術面、費用面、運用面等）及びリスク低減措置の費用対効果

・関係法令及び社内規程等への適合

・適切な措置を直ちに実施できないものへの暫定的な対策の実施

⑵　リスク低減措置の実施

課長は、決定されたリスク低減措置を計画的に実施して、実施状況（実施完了日又は実施予定日）を「リスクアセスメント実施報告書」（様式２）に記録し、把握したリスクの状況管理及びリスク低減措置の進捗状況を管理するため部長に報告する。

2.8　リスク低減措置の効果の確認

リスク低減措置の実施は、以下により効果を確認する。

⑴　リスクの再評価

課長は、リスク低減措置の効果を検証するため、改めて係長とともに実際の作業状況、作業者の意見等を踏まえてリスクを再評価し、「リスクアセスメント実施報告書」（様式２）に記録する。

⑵　低減措置の徹底

⑴の結果、課長が当該リスク低減措置は十分でないなどの効果に問題があると認めるときは、係長に措置の再検討を指示することができる。

３章　管理

3.1　記録の作成

2.8までに実施したリスクアセスメントの実施結果は、以下により記録を作成し、報告する。

⑴　リスク管理台帳の作成

課長は、「リスクアセスメント実施報告書」（様式２）のうち措置後のリスクレベルがⅢ以上となったものを残留リスクとして「リスク管理台帳」（様式３）に記載し、この残留リスクを適切に管理する。

⑵　リスク管理台帳の報告

課長は、部長に「リスク管理台帳」（様式３）によりリスクアセスメントの実施結

果を報告し承認を受けるとともに、安全衛生担当課長に様式3の写しを提出する。安全衛生担当課長はとりまとめた様式3を工場長に報告し、承認を受ける。

(3) 残留リスクの周知

課長は、リスクレベルがⅢ以上となった残留リスク及びその対策について課安全衛生会議で労働者に説明するとともに、構内の関係請負人に周知して順守事項の徹底を図る。

(4) 安全衛生委員会での審議

安全衛生担当課長は、提出された様式3を安全衛生委員会で報告し、審議する。

3.2 記録の管理

リスクアセスメントの実施結果は、安全衛生記録管理規程に準じて保管し、以下により管理する。

(1) 職場ごとの記録の管理

係長は、様式1を保管し、管理する。

(2) 課ごとの記録の管理

課長は、様式2及び様式3を保管し、これにより残留リスクを適切に管理する。

(3) 事業場全体の記録の管理

安全衛生担当課長は、様式3により事業場全体の状況を把握した上で、残留リスクへの対応等の課題について必要に応じ当該課長に情報提供を行う。

3.3 手順の見直し

安全衛生担当課長は、文書管理規程に基づき年に1回の頻度で定期的に本要領の見直しを行い、改訂に当たっては見直し案を労働者の意見の反映を行った上で、改訂版を各課長あてに配付し周知する。

別表1 「ハザード特定のためのガイドワード」

事故の型	内　容
墜落・転落	人が樹木、建築物、足場、機械、乗物、はしご、階段、斜面等から落ちることをいう。
転　倒	人がほぼ同一平面上で転ぶ場合をいい、つまずき又は滑りにより倒れた場合等をいう。
激　突	墜落、転落及び転倒を除き、人が主体となって静止物又は動いている物に当たった場合をいい、つり荷、機械の部分等に人からぶつかった場合、飛び降りた場合等をいう。
飛来・落下	飛んでくる物、落ちてくる物等が主体となって人に当たった場合をいう。
崩壊・倒壊	堆積した物（はい等も含む)、足場、建築物等が崩れ落ち又は倒壊して人に当たった場合をいう。
激突され	飛来・落下、崩壊、倒壊を除き、物が主体となって人に当たった場合をいう。
はさまれ・巻き込まれ	物にはさまれる状態及び巻き込まれる状態でつぶされ、ねじられる等をいう。

切れ・こすれ	こすられる場合、こすられる状態で切られた場合等をいう。
踏み抜き	くぎ、金属片等を踏み抜いた場合をいう。
おぼれ	水中に墜落しておぼれた場合を含む。
高温・低温との接触	高温又は低温の物との接触をいう。
有害要因との接触	放射線による被ばく、有害光線による障害、CO中毒、酸素欠乏症並びに高気圧、低気圧等有害環境下にばく露された場合を含む。
感　電	帯電体に触れ、又は放電により人が衝撃を受けた場合をいう。
爆　発	圧力の急激な発生又は開放の結果として、爆音を伴う膨張等が起こる場合をいう。
破　裂	容器、又は装置が物理的な圧力によって破裂した場合をいう。
火　災	建築物、設備、材料等が燃える場合をいう。
交通事故（道路）	交通事故の内、道路交通法適用の場合をいう。
交通事故（その他）	交通事故の内、船舶、航空機及び公共輸送用の列車、電車等による事故をいう。
動作の反動・無理な動作	上記に分類されない場合であって、重い物を持ち上げてぎっくり腰を起こしたというように身体の動き、不自然な姿勢、動作の反動などが起因して、すじをちがえる、くじく、ぎっくり腰及びこれに類似した状態になる場合をいう。
その他	分類する判断資料に欠け、分類困難な場合をいう。

別表２　「リスク評価基準」

表２－１　「危険状態が生じる頻度」基準

頻　度	評価点	内　容
頻　繁	４点	１日に１回程度
時　々	２点	週に１回程度
滅多にない	１点	半年に１回程度

表２－２　「危険状態が生じたときに災害に至る可能性」基準

可能性	評価点	内　容
確実である	６点	安全衛生方策の状況、ハザードの性質(大きさ、速度、方向等)、作業者の反応等の関連する事項により総合的に判断する。
可能性が高い	４点	
可能性がある	２点	
可能性はほとんどない	１点	

表2－3　「災害の重大性」基準

重大性	評価点	内容
致命傷	10点	死亡や永久的労働不能につながるケガ 障害が残るケガ
重傷	6点	休業災害（完治可能なケガ）
軽傷	3点	不休災害
微傷	1点	手当後直ちに元の作業に戻れる微小なケガ

リスクポイント＝「危険状態が生じる頻度」
＋「危険状態が生じたときに災害に至る可能性」＋「災害の重大性」

表2－4　「リスク低減のための優先度の設定」基準

リスクレベル	リスクポイント	リスクレベルの内容 （リスク低減措置の進め方）
Ⅳ	13～20点	安全衛生上、重大な問題がある注1 （措置を直ちに行う／措置の実施まで作業を中止する）
Ⅲ	9～12点	安全衛生上、問題がある （措置を速やかに行う/措置の実施まで、使用しないことが望ましい）
Ⅱ	6～8点	安全衛生上、多少の問題がある （リスク低減措置を計画的に行う/措置の実施まで、適切に管理する）
Ⅰ	3～5点	安全衛生上の問題は、ほとんどない注2 （費用対効果を考慮して、リスク低減措置を行う）

注1：「リスクレベルⅣ」は、事業場として許容不可能なリスクレベルであり、リスク低減措置を講じるまでは、作業中止が必要となる。しかし、技術的課題等により、適切なリスク低減の実施に時間を要する場合には、事業者の判断により、それを放置することなく、実施可能な暫定的な措置を直ちに実施した上で、作業を行うことも可能とする。

注2：「リスクレベルⅠ」は、事業場として「広く受け入れ可能なリスク」の大きさであり、追加のリスク低減の実施は、原則として不要である。ただし、安全対策が後戻りしないように、適切なリスク管理は必要となる。

別表3　「リスク低減措置の優先順位」（省略）

第3部
リスクアセスメントの実施時の準備から職場の改善まで（運用）

第６章　リスクアセスメントの準備段階

1　対象の選定

リスクアセスメントの実施対象は、リスクアセスメント指針の「6　対象の選定」において、事業者がリスクアセスメントを行う対象として次のように定められている。

「(1)過去に労働災害が発生した作業、危険な事象が発生した作業等、労働者の就業に係る危険性又は有害性による負傷又は疾病の発生が合理的に予見可能であるものは、調査等の対象とすること。」とした上で、「(1)のうち平坦な通路における歩行等、明らかに軽微な負傷又は疾病しかもたらさないと予想されるもの」は除外を認めている。また、解釈通達において、「危険な事象が発生した作業等」の「等」には「労働災害を伴わなかった危険な事象（ヒヤリハット事例）のあった作業、労働者が日常不安を感じている作業、過去に事故のあった設備等を使用する作業、又は操作が複雑な機械設備等の操作」が含まれるとしている。

リスクアセスメントは、すべての機械・設備、化学物質、作業方法等を対象に実施する必要がある。しかしながら、一度にすべてを対象として実施することが現実的に困難な場合は、対象を絞り込んで段階的に実施することでもよい（図12）。

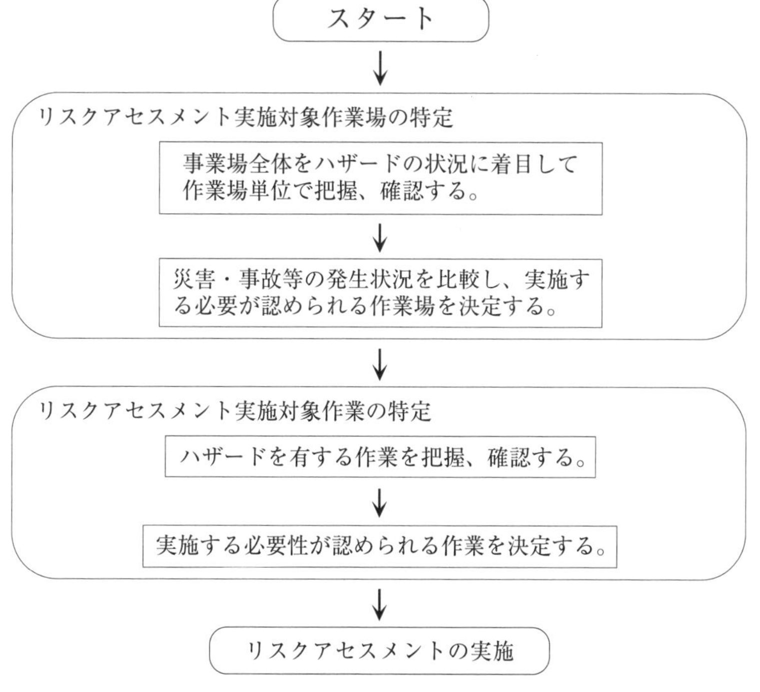

図12　リスクアセスメントの対象の選定

2　ハザードに関する情報の入手

大きなリスクから優先的に改善を行うためには、ハザードの特定で大きなリスクを見逃さないようにしなければならない。そのためには、事業場リスクアセスメント推進者を中心にして、各職場リスクアセスメント推進者がそれぞれの職場のハザードに関する情報をできるだけ多く収集し、ハザードを特定するための情報として整理しておくことが必要である。

特に、新たな機械設備等を導入したり、大規模な改造を行ったりした職場では、機械製造者等から機械の「使用上の情報」等の提供を受け、これを基に新たなハザードを特定できるようにすることが求められる。

ただし、当該設備等に係る作業手順等は、設計段階から導入段階までは確定しないことが多いため、考えられる範囲で手順を策定する。その際、当該設備等に関する災害情報、ヒヤリ・ハット情報等も入手が困難な場合は、類似機械、設備、作業方法等に関する情報を収集するなどの手段が考えられる。

2. 1　情報の入手とその活用

ハザードに関する情報を入手する際は、法令、業界・社内規程等基準類の情報を把握するとともに、災害統計、安全衛生管理記録、安全衛生活動記録などの情報をもとに職場のハザードに関する情報を把握する。

具体的には、次のようなものが挙げられる。

① 作業標準、作業手順書、操作説明書、マニュアル等

② 機械、設備等の仕様書及び取扱説明書、安全データシート（SDS）等、使用する機械設備、材料等に係るハザードに関する情報

③ 機械設備等のレイアウト等、作業の周辺の環境に関する情報

④ 作業環境測定結果、作業環境管理、健康診断（一般健康診断及び特殊健康診断）結果及びそのフォロー状況の記録

⑤ 混在作業による危険性等、複数の事業者が同一の場所で作業を実施する状況に関する情報（同時上下作業、車両の乗り入れ情報）

⑥ 災害事例、ヒヤリ・ハット事例及び事故事例（他事業場、他社の事例を含む）、災害統計

⑦ その他、調査等の実施に当たり参考となる資料等

・安全衛生関係教育の記録

・作業管理の記録

・過去のリスクアセスメントの記録

・職場パトロールの記録

・職場の改善の記録
・緊急事態発生時の対応の記録
・改善提案活動の記録及びその具体的内容
・ＫＹ（危険予知）活動の記録
・整理整頓（４Ｓ）活動記録
・その他の職場安全衛生活動の記録

これらの情報について、リスクアセスメントを実施するときになって初めて整理するのではなく、日頃よりリスクアセスメントを実施する際の情報として有用なものであるかという観点から整理しておき、実際に実施する段階で速やかに適切な情報が提供できるように資料リスト等を作成して準備しておくとよい。

なお、定常的な作業に係る情報等のみならず、非定常作業も含めるようにする。

2．2　ハザードの確認

リスクアセスメント指針では、情報を入手する際、以下の点に留意するよう明記されている。

①　新たな機械設備等を外部から導入しようとする場合には、当該機械設備等のメーカーに対し、当該設備等の設計、製造段階において調査等を実施することを求め、その結果を入手すること。

②　機械設備等の使用又は改造等を行おうとする場合に、自らが当該機械設備等の管理権原を有しないときは、管理権原を有する者等が実施した当該機械設備等に対する調査等の結果を入手すること。

③　複数の事業者が同一の場所で作業する場合には、混在作業による労働災害を防止するために元方事業者が実施した調査等の結果を入手すること。

④　機械設備等が転倒するおそれがある場所等、危険な場所において、複数の事業者が作業を行う場合には、元方事業者が実施した当該危険な場所に関する調査等の結果を入手すること。

なお、「機械の包括的な安全基準に関する指針」（改正　平成19年７月31日付け基発第0731001号）においても、機械を労働者に使用させる事業者の責務として、リスクアセスメント指針７により情報を入手し活用するように求めている。

3　年間安全衛生計画におけるリスクアセスメント

リスクアセスメントの結果から得られた低減措置については、直ちに実施できるものは直ちに実施するとともに、技術的検討や予算的措置が必要など直ちに実施できないものについては、次期の安全衛生目標の設定、安全衛生計画の作成に反映させて対応を図っていくことになる。そのため、リスクアセスメントの実施時期は、次期の安全衛生目標と安全衛生計画に関連することになる。具体的な実施時期については、これらとの関わり合いから、次の２通りの考え方を紹介する。

① リスクアセスメントの結果として職場のリスクレベルが決定され、そのリスク低減のための措置が決められることになる。リスクアセスメントから得られる知見を次期の安全衛生目標の設定、安全衛生計画の作成に反映させるため、そのスケジュールに合わせてリスクアセスメントを実施する。具体的には、４月から翌年３月まで安全衛生計画を運用している場合は、遅くとも２月中にはリスクアセスメントを実施してすべての措置の検討を終了しておき、次期の安全衛生計画の原案に反映させる。この方法は、安全衛生目標・計画との関連性を重視したスケジュールとなるが、次期の準備作業等とリスクアセスメントの実施が重なる可能性が高く、職場内で十分な調整を図る必要がある（図13）。

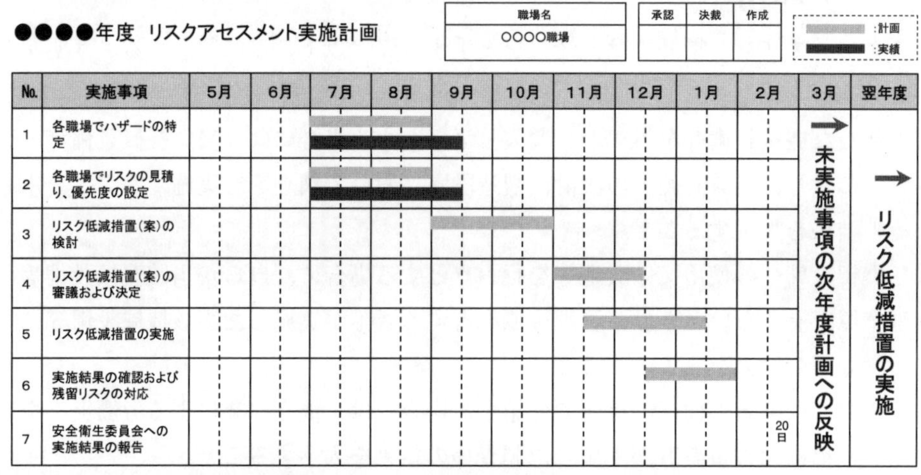

図13　職場のリスクアセスメント実施計画（例）

② ①で示した方法を基本と考えるが、リスクアセスメントを数回実施すると、職場の大きなリスクも順次除去・低減できていることも多い。年間に各種活動を実施する中で比較的に時間の余裕があると思われる時期に実施することとしておき、リスク低減措置のうち対応可能なものについては、直ちに実施することとし、特別な予算が必要な措置については、次期の安全衛生計画に組み込んで実施することになる。したがって、緊急性の高い場合などは予算化されていなくてもどのように扱うかを前もって決めておくことも重要である。

また、安全衛生計画の途中で、職場で実施されたリスクアセスメントの結果から事業場全体に共通した実施事項と考えられるものがあった場合の取扱いについても検討しておく必要がある。

第７章　リスクアセスメントの実施（運用）

1　ハザードの特定

1．1　ハザードの特定の進め方

ハザードの特定は、大きく次の２つのステップを行う。

①　ハザードを明らかにすること。

②　リスクの見積りにつなげるために、ハザードごとに、ケガに至るプロセスを明らかにすること。

①のステップでは、職場で新規に導入する、あるいは現に使用している機械や設備、化学物質、作業の環境、作業方法などから、危なそうな状態、作業者の行動等に目を付け、労働災害の発生の原因となるハザードを明確にする。

②のステップでは、具体的に労働災害発生までの流れを明らかにする。

これは、次の手順である「リスクの見積り」を適切に実施することにもつながる重要なステップである。この場合、ハザードごとに複数のプロセスが存在することもあるので注意が必要である。

また、ハザードの特定は、作業標準、作業手順書を活用して行うことがリスクアセスメント指針に示されているが、その際には実際の作業をよく観察することも大切である。

実施者は、作業の状況を最もよく知っている監督者と作業者が中心となり、見逃しを防ぐために複数で行うようにするとよい。また、必要に応じて使用されている機械や設備に詳しいスタッフなどの専門知識を持った者や課長などの管理者が参加することも有効である。

なお、ステップは、必ずしも①から先に行っていくということではなく、②のステップから①が明らかになることもあり、これらは表裏一体となって行われることとなる。以下、具体的な方法について記述する。

1．2　ハザードの探し方

リスクアセスメントは、職場のリスクについて、会社や事業場が定めたルールに従って、適切に改善を進めることができるという特徴を持つ手法である。この特徴を活かすためには、1.1①のステップにおいて大きなリスクに結びつくハザードを見逃さないように工夫することが大切である。

ハザードを効果的に、もれなく把握するためには、次のような方法がある。

⑴ ハザードに着目する

ハザードは、労働者をケガに至らせる潜在的根源であって、人にケガをさせる「物体」や「エネルギー」又は「作業行動等により生じるもの」である。

ケガは、ハザードの性状によってケガの大きさが決まることが多い。そこで、大きなケガを引き起こしやすいハザードを事業場や職場で探し出し、それらが起因となり、どのようなケガが発生するかを予想する方法がある。指針では、ハザードの分類に即して特定するものとして、次のような分類例が示されている（**表10**）。

表10　ハザードの分類例

① 危険性

ア　機械等による危険性

イ　爆発性の物、発火性の物、引火性の物、腐食性の物等による危険性

「引火性の物」には、可燃性のガス、粉じん等が含まれ、「等」には、酸化性の物、硫酸等が含まれること。

ウ　電気、熱その他のエネルギーによる危険性

「その他のエネルギー」には、アーク等の光のエネルギー等が含まれること。

エ　作業方法から生ずる危険性

「作業」には、掘削の業務における作業、採石の業務における作業、荷役の業務における作業、伐木の業務における作業、鉄骨の組立ての作業等が含まれること。

オ　作業場所に係る危険性

「場所」には、墜落するおそれのある場所、土砂等が崩壊するおそれのある場所、足を滑らすおそれのある場所、つまずくおそれのある場所、採光や照明の影響による危険性のある場所、物体の落下するおそれのある場所等が含まれること。

カ　作業行動等から生ずる危険性

キ　その他の危険性

「その他の危険性」には、他人の暴力、もらい事故による交通事故等の労働者以外の者の影響による危険性が含まれること。

② 有害性

ア　原材料、ガス、蒸気、粉じん等による有害性

「等」には、酸素欠乏空気、病原体、排気、排液、残さい物が含まれること。

イ　放射線、高温、低温、超音波、騒音、振動、異常気圧等による有害性

「等」には、赤外線、紫外線、レーザー光等の有害光線が含まれること。

ウ　作業行動等から生ずる有害性

「作業行動等」には、計器監視、精密工作、重量物取扱い等の重筋作業、作業姿勢、作業態様によって発生する腰痛、頸肩腕症候群等が含まれること。

エ　その他の有害性

（出典：解釈通達　平成18年３月10日付け基発第0310001号別添３より作成）

なお、ハザードの分類や表記はいろいろな方法があり、指針でも、他の分類によることも差し支えないこととされている。なお、表10の①危険性「ア 機械等による危険性」に関しては、図14①②に具体例を示す。

リスクアセスメントにおいては、ハザードを確実に漏れなく抽出するのが最も大切なことであるが、一方で最も難しいことでもある。そこで、特に大きなケガが想定されるような重大なハザードについては、これらの表やリストを活用して、抽出漏れを極力防ぐように努めなければならない。

また「機械等による危険性」以外のハザードの例を図15に示す。

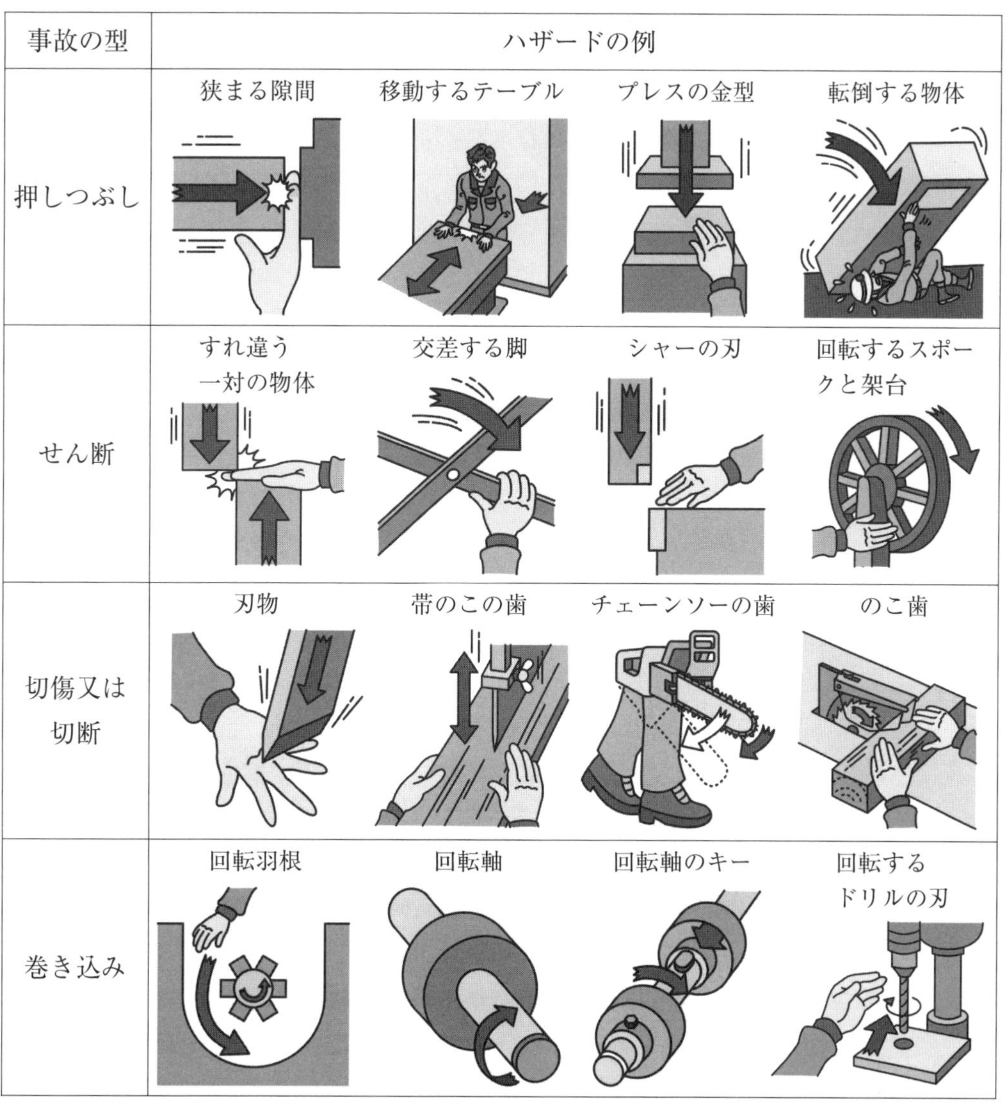

事故の型
ハザードの例
押しつぶし
狭まる隙間
移動するテーブル
プレスの金型
転倒する物体
せん断
すれ違う
一対の物体
交差する脚
シャーの刃
回転するスポー
クと架台
切傷又は
切断
刃物
帯のこの歯
チェーンソーの歯
のこ歯
巻き込み
回転羽根
回転軸
回転軸のキー
回転する
ドリルの刃

図14①　機械的ハザードの具体例

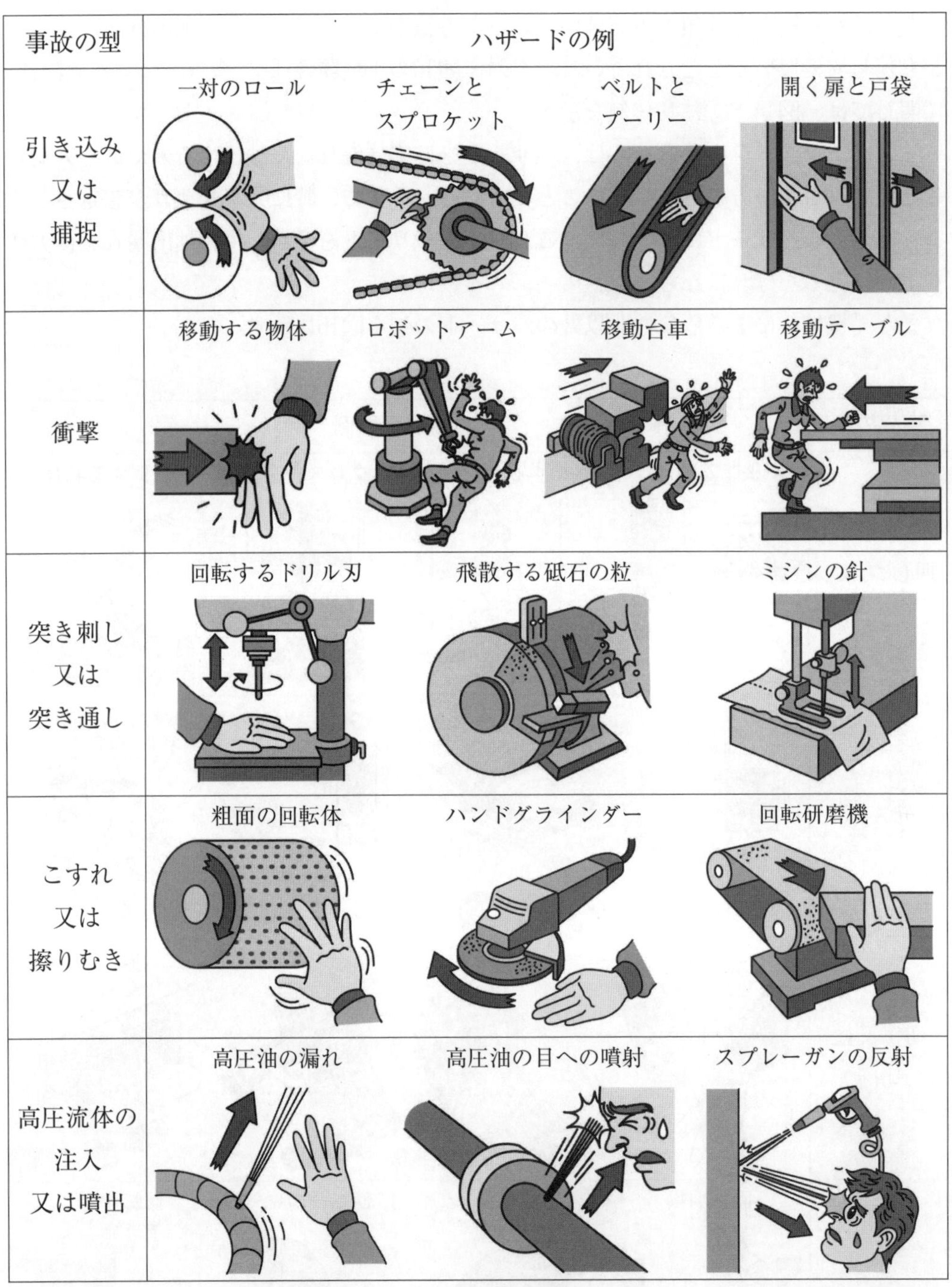

事故の型	ハザードの例			
引き込み又は捕捉	一対のロール	チェーンとスプロケット	ベルトとプーリー	開く扉と戸袋
衝撃	移動する物体	ロボットアーム	移動台車	移動テーブル
突き刺し又は突き通し	回転するドリル刃	飛散する砥石の粒	ミシンの針	
こすれ又は擦りむき	粗面の回転体	ハンドグラインダー	回転研磨機	
高圧流体の注入又は噴出	高圧油の漏れ	高圧油の目への噴射	スプレーガンの反射	

図14②　機械的ハザードの具体例

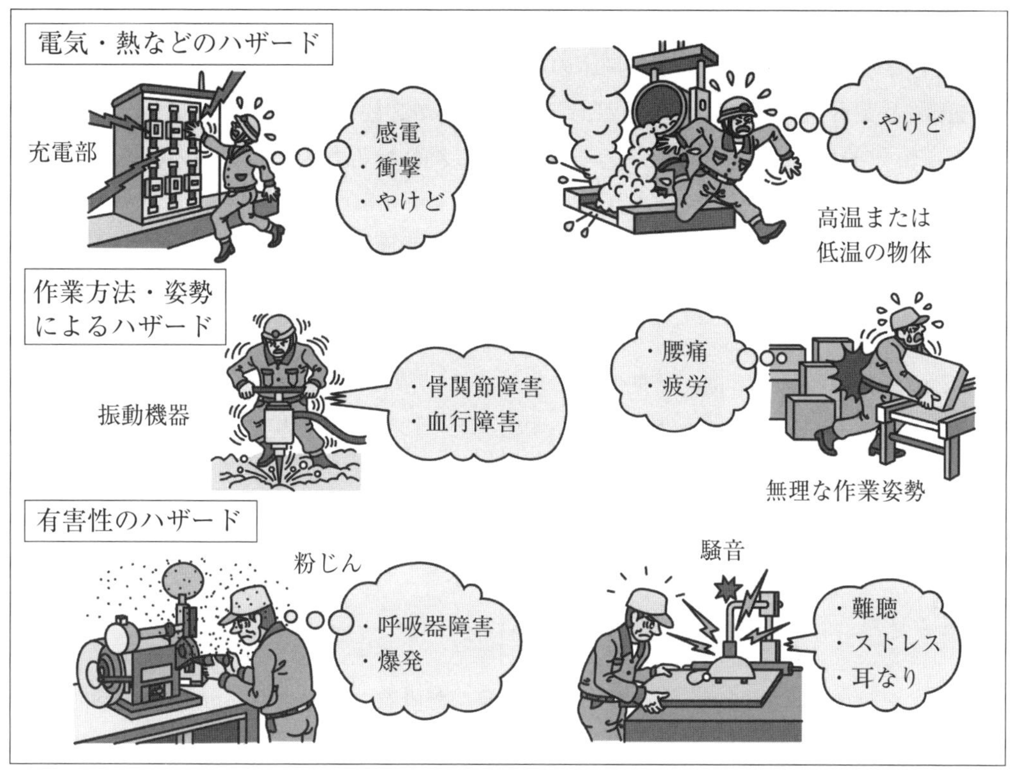

図15　その他のハザードの具体例

<参考情報　「ハザード」注釈>

ISO12100/JIS B 9700では、ハザードを“危険源”と表記しており、この“危険源”を「危害を引き起こす潜在的根源」と定義している。

また、注記として、

注記１　“危険源”は、その発生原因（例えば、機械的危険源、電気的危険源）を明確にし、又は潜在的な危害（例えば、感電の危険源、切断の危険源、毒性による危険源、火災による危険源）の性質を明確にするために修飾されることがある。

注記２　この定義において、危険源は、次を想定している。機械の“意図する使用”の期間中、恒久的に存在するもの（例えば、危険な動きをする要素の運動、溶接工程中の電弧、不健康な姿勢、騒音放射、高温）又は予期せずに現れ得るもの（例えば、爆発、意図しない及び予期しない起動の結果としての押しつぶしの危険源、破損の結果としての放出、加速度又は減速度の結果としての落下）

としている。

すなわち、用語「ハザード（危険源)」は、単に“ハザード”や“危険源”と表記されるだけでなく、注記１の例示のように、その発生原因や潜在的な危害を示す修飾語とともに表記されることがあるので注意が必要である。また、“ハザード”は、“恒久的に存在するもの”と“予期せずに現れ得るもの”の二つの状態が想定されることも理解しておくことが求められる。

例えば、「両頭グラインダーの回転する砥石の側面を使って研磨したので、砥石にひびが入り、割れて飛んだ砥石が作業者の顔に当たり骨折する。」という事例で考えてみる。

この事例のハザードは、予期せずに現れ得る“割れて飛んだ砥石”と捉えるのが一般的であるが、一方で恒久的に存在する“回転する砥石”と捉えることもできる。いずれも正しくハザードを特定できたと考えてよいことになる。ここで大事なことは、このようにハザードの捉え方が違った時には、人がハザードにさらされる状態を表す「危険状態」の概念に違いが生じることをしっかりと理解しておくことが大切である。

ここで、この事例を用いて具体的に説明する。ハザードを“割れて飛んだ砥石”と捉えた時の危険状態は、作業者が割れて飛んだ砥石にさらされる状態なので、「作業中に砥石が割れて飛ぶ状態」となる。一方で、ハザードを“回転する砥石”とすれば、危険状態は「回転している砥石を使って作業する状態」となる。

このようにハザードの捉え方に違いが生じても、正しくそれぞれの危険状態を認識できれば、結果として正しいリスク見積りを行うことができるので心配する必要はない。

⑵　事故の型に着目する

発生が予想される労働災害の事故の型から、リスクを具体的に把握して、ハザードを探す方法である。

事故の型を一覧表にしたもの（ガイドワード）（93頁参照）を予め用意しておき、このガイドワードをチェックリストのように使用して、職場の機械、設備、作業等に潜むハザードを確認していく。例えば「作業者が墜落するおそれのある高所作業はないか」、「作業者が巻き込まれるおそれのある回転体はないか」などと確認を進めていく方法である。

ガイドワードは、自分たちの事業場や職場の過去の災害事例などを参考して、修正追加したり、わかりやすい表現に変更したりすることで、より漏れのない特定に結びつくガイドワードになる。

既述の分類例とガイドワード例に示した事故の型を対応させると**表11**のように整理できる。なお、対応する「機械、設備、物質、状態等」欄を自事業場の内容に合わせておくと、さらに具体的な分類表として活用できる。

表11　ハザードと事故の型との対応（例）

ハザードの分類	事故の型等	機械、設備、物質、状態等(例)
1　危険性		
①機械、器具その他の設備による危険性	・はさまれ ・巻き込まれ ・切れ・こすれ ・激突され	・ロール機 ・プレス機
②爆発性、発火性、引火性の物による危険性	・火災 ・爆発	・有機溶剤
③電気、熱その他エネルギーによる危険性	・感電	・アーク溶接機 ・静電気
④作業方法から生じる危険性	・墜落・転落、転倒、激突、飛来・落下、崩壊・倒壊、踏み抜き、無理な動作	・脚立
⑤作業場所に係る危険性	・墜落・転落、転倒、おぼれ	
⑥作業行動等から生ずる危険性	・墜落・転落、転倒、激突、飛来・落下、崩壊・倒壊、踏み抜き、無理な動作	
⑦その他の危険性		
2　有害性		
①原材料、ガス、蒸気、粉じん等による有害性	・有害物等との接触	・有機溶剤 ・粉じん
②放射線、高温、低温、超音波、騒音、振動、異常気圧等による有害性	・高温・低温の物との接触	・レーザー光線（レーザー加工機） ・酸素欠乏空気（タンク）
③作業行動等から生じる有害性	・動作の反動・無理な動作	
④その他の有害性		

1．3　労働災害に至るプロセスの把握

「リスクの見積り」を適切に行うため、1.1①及び②のステップで示した労働災害に至るプロセス（90頁参照）は、次のような順序で進める。

①　職場のハザード（労働災害をもたらし得るもととなるもの。例えば、カバーされていない刃、手が届く範囲内の高熱物などをいう。また、必ずしも物ではなく、環境条件や作業方法、あるいは人（作業者の行動等）であることもある。）の把握

② それぞれのハザードにさらされる人の把握

③ それぞれの人とハザードがどのような状態のときに、どのようにさらされるかの把握

④ 人がハザードにさらされたあと、どのような過程を経てどのようなケガに至るのかのプロセスの把握

すなわち、労働災害発生のもととなるハザードを把握し、次にハザードに接する可能性のあるすべての人を把握し、それらの人がハザードにさらされることにより、どのようなケガが発生する可能性があるかを把握する。

このプロセスを把握する方法としては、「ハザードの特定票」（94頁参照）を活用することが有用である。この特定表に記入することで、プロセスを具体的に分析することができ、見積りの際にも役立つものとなる。

また、このプロセスを比較的簡便に把握する方法として、ＫＹ（危険予知）活動の第１ラウンドの活用がある。ＫＹ活動の第１ラウンドで用いられる、「～なので、～して、～になる」という表現方法を使用することで、プロセスが具体化されることにつながる。なお、リスクアセスメントにおいては、リスク見積り時の参考とするために、負傷する部位ならびに程度が想定できるように表現するとよい。

図16は、ハザードによりケガに至るプロセスを示したものであるが、このプロセスのどこかで矢印を断ち切ることができれば、ケガを防止することが可能になる。

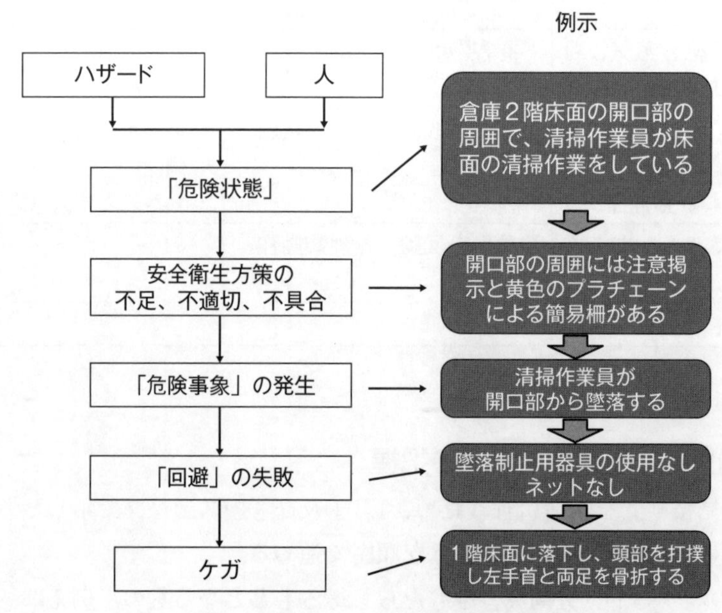

図16　ハザードによりケガに至るプロセス

一例として、倉庫の２階床面に開口部があったとする（図17）。この場合、作業員が開口部から落ちればケガをすることから、図17のハザードは、２階床面の開口部から１階床までの落差である。この開口部の周囲にプラチェーン製の簡易柵を設置して、さらに立入禁止表示をすれば、“作業者が２階床面の開口部から墜落する”という「危険事象」は発生しにくくなり、ケガを防止する効果が期待できる。ただし、意図的にせよ非意図的にせよ、作業者が表示を無視し、ひとたびこの簡易柵の内側に立ち入ってしまえば、開口部から墜落する可能性があるので、容易に立入りが可能な簡易柵の設置や注意喚起の表示だけでは、安全衛生方策が十分に実施されたと考えるのは難しい。

しかし、この２階床面の開口部を塞ぐことができれば、ハザード自体がなくなり、「危険状態」が生じなくなるので、ケガを確実に防止できる。

また、たとえ“作業員が２階床開口部から落ちる”という「危険事象」が発生したとしても、例えば、作業員が墜落制止用器具を適切に使用していたり、開口部に安全ネットが設置されていたりすれば、ケガに至らない可能性がある。このように、「危険事象」が発生しても、その後ケガに至るか否かを最終的に分ける「回避の可能性」という判断要素がある。

図17　開口部付近の清掃作業の例

1．4　ハザードの特定での留意点

ハザードの特定を実施する場合の留意点は、次のとおりである。

① 実際に作業している監督者と作業者（請負・派遣労働者を含む）が行い、作業者が知っているハザードの影響についての意見（ＫＹ（危険予知）活動、ヒヤリ・ハットの内容を含む）をできる限り活かす。

② 複数の人（可能な限り職場の全員）で、なるべく簡便に行う。

③ 必要に応じてスタッフなどの専門知識を持った者や課長などの管理者を参加させる。

④ 実際の作業をよく観察する。漏れのないように作業標準・手順書も活用する。

⑤ 作業手順書がある定常作業から始め、順次、非定常作業まで漏れなく行う。

⑥ 職場の作業が多い場合には、大きなケガが想定される作業から計画的に行う。

⑦ 大きなハザードを見逃さないため、予め用意した分類表等を活用する。

⑧ 過去の災害、ヒヤリ・ハット情報等も参考にする。

⑨ 次の作業等にも十分留意し、作業のあらゆる面を体系的にチェックする。

・作業中に実際起きていること（実作業が作業手順書と異なるときがある。）

・新規設備等生産工程の変更時、操業開始と操業停止時、作業の中断時、保全又は清掃時、抜き取りチェック時、荷物の積みおろし時、検査作業、補給作業、非定常作業等

・予想可能な緊急事態

・設備等のチョコ停（設備、機械、ライン等を作業の都合等で暫時停止させること）時の復旧作業

⑩ ハザードにより発生する労働災害について、その発生のプロセスを具体的に把握する。

⑪ 特定票に記入したハザードをリスクアセスメント記入表に記載し、特定票とともに保管する。

さらに、リスクアセスメント指針では労働者の疲労等のハザードへの付加的影響も考慮することとされている。

ハザードの特定のためのガイドワード（例）

番号	事故の型	内　　　容
1	墜落・転落	人が樹木、建築物、足場、機械、乗物、はしご、階段、斜面等から落ちることをいう。
2	転　倒	人がほぼ同一平面上で転ぶ場合をいい、つまずき又は滑りにより倒れた場合等をいう。
3	激　突	墜落、転落及び転倒を除き、人が主体となって静止物又は動いている物に当たった場合をいい、つり荷、機械の部分等に人からぶつかった場合、飛び降りた場合等をいう。
4	飛来・落下	飛んでくる物、落ちてくる物等が主体となって人に当たった場合をいう。
5	崩壊・倒壊	堆積した物（はい等も含む)、足場、建築物等が崩れ落ち又は倒壊して人に当たった場合をいう。
6	激突され	飛来・落下、崩壊、倒壊を除き、物が主体となって人に当たった場合をいう。
7	はさまれ・巻き込まれ	物にはさまれる状態及び巻き込まれる状態でつぶされ、ねじられる等をいう。
8	切れ・こすれ	こすられる場合、こすられる状態で切られた場合等をいう。
9	踏み抜き	くぎ、金属片等を踏み抜いた場合をいう。
10	おぼれ	水中に墜落しておぼれた場合を含む。
11	高温・低温との接触	高温又は低温の物との接触をいう。
12	有害要因との接触	放射線による被ばく、有害光線による障害、CO中毒、酸素欠乏症並びに高気圧、低気圧等有害環境下にばく露された場合を含む。
13	感　電	帯電体に触れ、又は放電により人が衝撃を受けた場合をいう。
14	爆　発	圧力の急激な発生又は開放の結果として、爆音を伴う膨張等が起こる場合をいう。
15	破　裂	容器、又は装置が物理的な圧力によって破裂した場合をいう。
16	火　災	建築物、設備、材料等が燃える場合をいう。
17	交通事故（道路）	交通事故の内、道路交通法適用の場合をいう。
18	交通事故（その他）	交通事故の内、船舶、航空機及び公共輸送用の列車、電車等による事故をいう。
19	動作の反動・無理な動作	上記に分類されない場合であって、重い物を持ち上げてぎっくり腰を起こしたというように身体の動き、不自然な姿勢、動作の反動などが起因して、すじをちがえる、くじく、ぎっくり腰及びこれに類似した状態になる場合をいう。
20	その他	分類する判断資料に欠け、分類困難な場合をいう。

ハザードの特定票（例）

（見積り・評価の記入欄を設けた様式としてもよい。）

実施日	○○○○年○月○日	実施者	所 属	製造○課
			氏 名	○○、○○、○○
対象職場		対象作業		

①ハザード（～に、～と）	②人（～が）
③危険状態（～するとき～により、～するため～により）	
④安全衛生方策の不足、不適切、不具合（～なので、～がないので） ※「機械・設備の不安全な状態」「作業者の不安全な行動」もあれば記入すること。	
⑤危険事象（～が発生する可能性がある）	
⑥ケガ　※通常、想定される最も大きいもの。ケガする部位や程度も記入すること。	

（注）状況をわかりやすくするため、作業や設備の写真・イラストを添付すること。

承認

2　ハザードごとのリスクの見積り

事業場があらかじめ定めた方法や基準により、個々のハザードについて、そのリスクの内容を明らかにし（リスクの見積り）、リスク低減のための優先度を決定する。このようなリスクの見積りと優先度の設定を行うことにより、リスク低減措置を優先的に検討して実施する必要があるリスクを明確にすることができる。また、リスク低減の優先度の高低に基づきリスク低減措置実施の緊急性、措置のグレードを明確にすることもできる。

2．1　リスクの見積り

特定した個々のハザードについて、事業場が定義するリスクの要素（「ケガに至る可能性」と「ケガの重大性」による２要素又は「危険状態が生じる頻度」、「危険状態が生じたときにケガに至る可能性」及び「ケガの重大性」による３要素等）の内容を詳細に明らかにする。

例えば、リスクを３つの要素で定義するとした場合、リスクの見積りは、それぞれの要素ごとに次の項目に留意して行う。

ア　危険状態が生じる頻度

人がハザードにさらされる状態になる「危険状態が生じる頻度」は、作業者がハザードに近づいたり、触れたりするなど、人がハザードにさらされる状態となる頻度を判断するものである。

そのためには、特定したハザードの性状や特性をしっかりと把握することが大事であって、具体的には作業者がハザードへ接近する必要性、回数や時間、さらには人数などを考慮しなければならない。このとき、作業標準・手順書だけから読み取ることは困難なので、実際の作業者の意見を参考にしたり、実際の状況を観察するなどの必要がある。

イ　危険状態が生じたときにケガに至る可能性

危険状態が生じたときに、その状態がケガに結びついてしまう可能性を見積もるには、機械・設備等の安全方策の状況や作業者の作業の状況などを基に総合的に勘案して判断する。言い換えると、安全衛生方策の状況に基づく「危険事象の発生確率」と、ハザードの性状や作業者の反応などによる「回避の可能性」の２つの要素を勘案し、判断することになる。

ウ　ケガの重大性

ケガの重大性は、ハザードの性状、ケガをする部位やケガの内容も勘案して判断する。

（例） 物が落下し作業者に当たる場合

① ハザードの性状………………物の質量（10kgか、１tか）、落下する前の高さ（１mか、10mか）、など

② ケガをする部位、内容………物が作業者に当たる部位（つま先か、頭部か）、ケガの内容（打撲か、骨折か）など

このとき、最も大きな危害を想定することを基本とするが、決して「打ち所が悪いと」、「運が悪いと」とまでは考えないよう、あくまでも常識の範囲内で想定することが大切である。これは、リスクアセスメントの手順であるリスク低減のための優先度を決めるという観点から大切なことであり、事業場内で納得感が共有できる評価にすることを忘れてはならない。

2. 2 見積りの進め方

リスクの見積りは、作業内容を詳しく知っている監督者と作業者を中心に行い、必要に応じて管理者や専門的知識を有する者を加えて実施する。

見積りをまとめるに当たっては、３～６名程度の複数で話し合いながら行うとよい。人数があまり多いと、当事者意識が乏しくなり、しっかりと考えない者が増えることが懸念される。逆に少ないと全体の情報量が少なくなる弊害がある。適度な人数の話合いにより、リスクの共有化を図れることや個人のリスクに対する感受性の向上等に効果的に結びつくことが期待できる。

【話し合いの進め方（例）】

① ハザードごとのリスクの見積りを一人ひとりが行う。

② 全員がそれぞれ見積りした結果を持ち寄る。

③ 事業場が定義するリスクの要素ごとにばらつきがなければ、そのまま見積りを決定する。

④ 事業場が定義するリスクの要素ごとにばらつきがあるものは、次の順序で見積りを決定する。

ア 最も大きな見積りをした者の考え方を確認する。

イ 全員で、話し合い、アの考え方に合意できれば、その見積りで決定する。

ウ 全員の話し合いで、アの考え方に全員の合意がされない場合、その次に大きな見積りについて、アとイを繰り返し、見積りを決定する。

⑤ 上記の結果をもとに、それぞれのリスクについて優先度を設定する。

なお、複数で見積りしたときに生ずるばらつきは、一人ひとりの危険感受性の違いによるもののほか、次の場合もあるので、それぞれ適切に対処する。

① 見積り基準が明確でない……………基準の内容を具体的に数値で表したりして、極力ばらつきを小さくできる基準に改善する
② 見積り基準が理解されていない……基準内容の教育を実施する
③ ハザードの特定が不十分である……「ハザードの特定票」（94頁参照）の使用により適切に行う

2. 3 リスク低減のための優先度を決定する方法

リスク低減のための優先度を決定する方法をあらかじめ設定しておく。

その方法は、具体的には次のようなものがある。

・リスクレベルが高いものから検討の対象とする
・リスクポイントの高いものから検討の対象とする（数値を用いてリスクの見積りを行う場合）

なお、上記に示した方法が基本となるが、**表12**の「リスク低減措置の進め方」の欄も優先度を決定する方法の一つといえる。ただし、若干具体性に欠ける傾向が見られるので、記載内容は十分に検討することが必要である。

表12　リスクのレベル分け表（例）（再掲）

リスクレベル	リスクレベルの内容	リスク低減措置の進め方
Ⅳ	安全衛生上、重大な問題がある	・リスク低減措置を直ちに行う ・措置を行うまで作業を停止する注1 ・十分な経営資源を投入する
Ⅲ	安全衛生上、問題がある	・リスク低減措置を速やかに行う ・措置を行うまで作業を停止するのが望ましい ・優先的に経営資源を投入する
Ⅱ	安全衛生上、多少の問題がある	・リスク低減措置を計画的に行う ・措置の実施まで適切に管理する ・十分検討し経営資源を投入する
Ⅰ	安全衛生上の問題は、ほとんどない	・必要に応じてリスク低減措置を行う注2

注１：「リスクレベルⅣ」は、事業場として許容不可能なリスクレベルであり、リスク低減措置を講じるまでは、作業中止が必要となる。しかし、技術的課題等により、適切なリスク低減の実施に時間を要する場合には、事業者の判断により、それを放置することなく、実施可能な暫定的な措置を直ちに実施した上で、作業を行うことも可能とする。

注２：「リスクレベルⅠ」は、事業場として「広く受け入れ可能なリスク」の大きさであり、追加のリスク低減の実施は、原則として不要である。ただし、安全対策が後戻りしないように、適切なリスク管理は必要となる。

3　リスク低減のための優先度の決定と低減措置内容の検討

3．1　リスク低減のための優先度の決定

「リスク低減のための優先度の決定方法」に従い、リスク低減のための優先度を決定する。この決定は、リスクの見積りを行った監督者及び作業者の意見を参考に行う。

なお、予算や生産活動の制約等から、この決定方法から外れてしまうことも考えられる。そのような場合、管理者は、決定方法のとおり実施できない理由と当面の低減措置等を作業者に説明し、理解を得ておくことが大切である。

また、複数の職場での同様なハザードと比較（横通し）した結果、リスクの優先度の決定に著しい差が生じている場合には、調整できるようにしておくことも大切である。

3．2　リスク低減措置の検討の優先順位

リスク低減措置の具体的な内容は、法令に定められた実施すべき事項がある場合には、それを必ず実施するとともに、図18に挙げるア～エの順位で検討し、実施していくことが大切である。なお、エの措置により、ア～ウの代替としてはならない。さらに費用対効果から著しい不均衡が生じる場合を除き、より上位の低減措置を実施することが必要である。

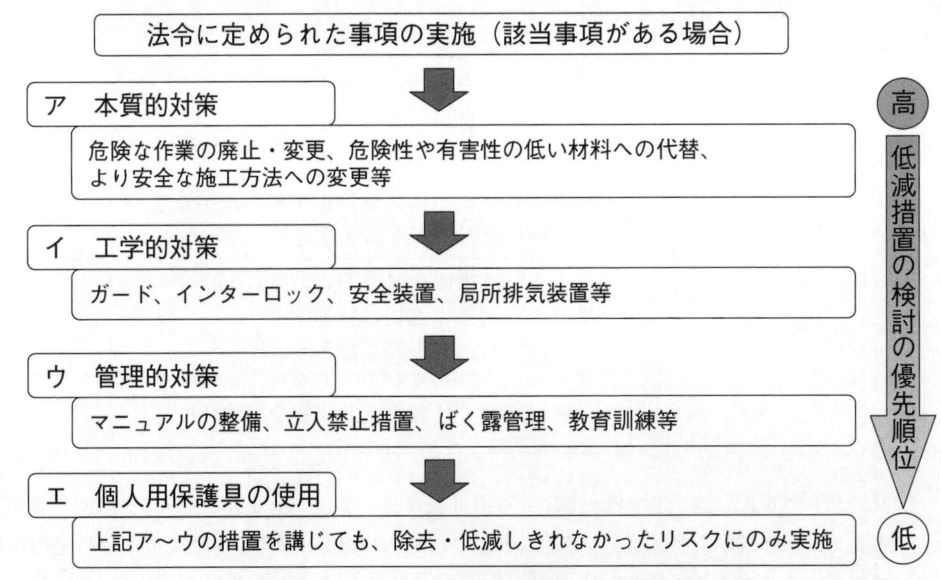

図18　リスク低減措置の検討の優先順位

ア　本質的対策

本質的対策は、ハザードにさらされる危険な作業の廃止・変更や、ハザードの危険性や有害性の軽減（エネルギー低減、物質代替など）、人間工学的な配慮による、より安全な作業方法の採用など、ハザードを除去または低減する措置である（図19）。

・作業の廃止
・鋭利な端部、角、突起物などのないものにする
・はさまれないよう機械の形状、寸法などを変更する
・エネルギー（駆動力、高さ、電圧、圧力など）を十分小さなものにする
・ハザードから離れた位置のみで作業が行えるようにする
・火災・爆発のおそれのある物質を別のものへ代替を図る
・有害性（有機溶剤・粉じん等の有害物、騒音、振動、過度の熱ほか）のないまたは健康影響の十分少ないものにする
・人間工学的配慮により、作業姿勢、作業動作、作業頻度、照度等を労働者の負担の十分小さいものにする（身体的負担を軽減するとともに誤操作を抑制する）

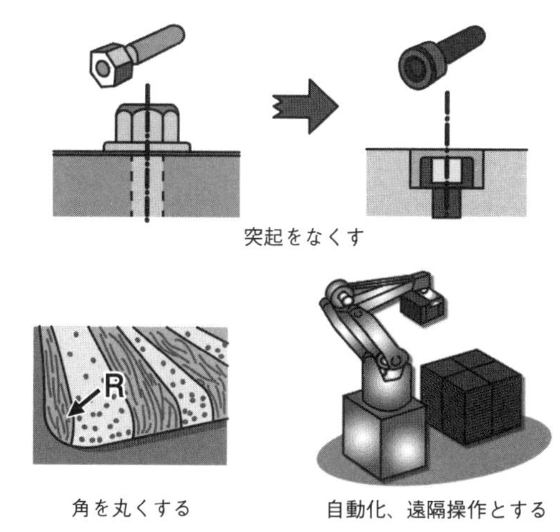

図19　「本質的対策」の考え方（例）

イ　工学的対策

工学的対策は、人がハザードに近づけないように、ガード（柵や囲いなど）で危険なものを囲ってしまう「隔離の原則」と、人がガードの扉を開けて危険なものに近づこうとすると、扉のインターロックが働き、中の危険な設備が止まってしまう「停止の原則」という２つの考え方がある。

すなわち、工学的対策は、ハザードが存在したままでも、人がハザードに近づけなくしたり、停止させたりしてケガの発生を防ごうという措置である（図20）。

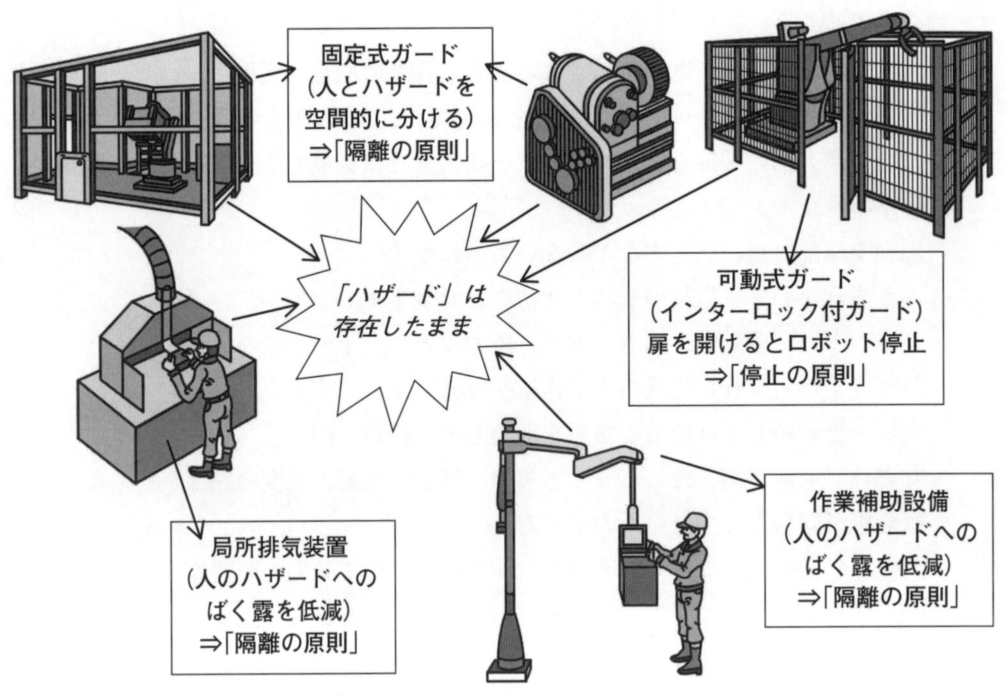

図20 「工学的対策」の考え方（例）

ウ　管理的対策

管理的対策は、本質的対策や工学的対策などの措置を実施しても十分にリスクが除去・低減ができなかったり、残ってしまうハザードに対して、人の行動を管理するために実施する、教育・訓練、マニュアル整備、掲示・表示などの対策である。また、人がハザードにさらされた際に機能する、警報の運用や非常停止スイッチの運用も含まれる（図21）。これらの対策が有効にリスク低減効果を発揮するかは、人の行動に依存することになる。

エ　個人用保護具の使用

個人用保護具の使用は、ア～ウの対策を実施しても、除去・低減しきれなかったハザードに対して、呼吸用保護具や保護衣等の使用を義務付けるものである。また、この措置によって、ア～ウまでの措置の代替を図ってはならない。

図21 「管理的対策」の考え方（例）

3. 3 リスク低減措置の検討と決定

(1) リスク低減措置の検討段階の留意点

ア　リスク低減措置の検討に当たっては、安全衛生上効果のありそうな案をできる限り出すことが大切である。現場の作業者が実施できるもの、費用をあまり掛けずに実施可能なもの、多額の費用を必要とするものなど、複数出し合うことが求められる。また、現場の作業者からの意見等も重要な情報である。

イ　各低減措置案に対して、「その措置を講じたときに、低減が見込まれるリスク」の程度を予測し、事業場として「広く受け入れ可能なリスク」の大きさまでリスクが低減できる見込みであることを確認することが必要となる。

なお、リスク低減効果の予測において、ハザードをなくす、人がハザードに近づけないようにするなどの本質的対策、工学的対策以外の対策については、人の行動に依存した対策となり、人がその対策を実施しなかった場合には何らの効果ももたらさないことから、対策実施後のリスクを下げないようにする方法で予測を行う考え方もある。

また、低減措置の実施で新たなリスクが生じることや低減措置が単なるリスクの移転（危険な作業の実施を協力会社へ依頼して終わりにする、次工程への先送りで済ませる等）になっていないかにも留意する必要がある。

低減措置の実施が作業性、生産性や品質などにどのような影響を及ぼすのか、作業者やスタッフとも相談しておくことも大切である。

⑵ リスク低減措置の決定段階の留意点

低減措置の決定に当たっては、実施に伴う予算執行に権限のある管理者を責任者として位置付けるとともに、次のような事項にも留意して決定する。

① 実施する措置が法又はこれに基づく命令（以下、第７章において法令という。)、事業場において定めた安全衛生に関する規程等に対して適合したものであるかどうかの確認

② 実施する措置の優先順位付け

③ 実施する措置が実現可能かどうか（技術的課題等）

④ 実施する措置によるリスク低減効果

⑤ 実施する措置の費用（予算の見積り、費用の捻出等）

⑥ 実施する措置の納期

⑦ 実施する措置の品質や生産性へ与える影響

なお、適切なリスク低減措置を実施するまでに時間を要する場合には、リスクを放置することなく、実施可能な暫定的な措置を遅滞なく実施する必要がある。

また、１つのリスクについて１つの低減措置とは限らず、複数を組み合わせて実施する、あるいは順番に実施することもある。

3.４ リスク低減措置の実施と実施後の効果の確認

実施する低減措置が決定したら、実施の担当者は、低減措置実施のための計画（スケジュール、役割分担等）を具体的に決め、その計画に従って実施する。低減措置実施後は、特定したハザードについて、作業者の意見を求め、再度、リスクの見積り・優先度の設定を行い、リスク低減の効果を確認するとともに作業性、生産性や品質に及ぼす影響を確認する。低減措置実施後も大きなリスクが残留している場合には、さらなるリスク低減措置を検討し、改善を実施する必要がある。また、低減措置実施後に新たなハザードが生じていないかを確認することも大切である。新たなハザードが生じた場合には、そのハザードのリスク見積りを行い、そのリスクの優先度が高いものか否かを確認し、もし、高いリスクであった場合には、新たに生じたリスクについても、リスク低減措置を検討し、実施しなければならない。

3．5　リスク低減措置の検討と実施の留意点

リスク低減措置の検討と実施をする場合のポイントは、次のとおりである。

【低減措置の検討時のポイント】

① 法令に定められた事項がある場合は、それを必ず実施する。

② リスク低減措置を検討する際は、監督者を中心に管理者を交えて検討する。

③ 法令、事業場規程などの基準に適合しているかを確認する。

④ まず、本質的対策の実施の検討を行い、その次に工学的対策について検討する。

⑤ 新たなリスクの発生の有無を検討する。新たなリスクが生じる場合は、その新たなリスクを含めて低減措置の効果を検討する。

⑥ リスクの移転の有無を検討する。

⑦ アイデアを出し合い、実現可能な方法を十分に検討して対策をたてる。

⑧ 低減対策実施後の効果（リスクレベル）を予測する。

⑨ 恣意的にリスクレベルを下げない（実施する低減措置がどのリスク要素に効果があるかを確認する）。

⑩ リスク低減効果を予測する際、危険な作業の廃止・変更、工学的対策以外の人に依存する対策では、リスクレベルを下げないことが望ましい。

⑪ 監督者や作業者と相談し、権限のある管理者が措置を決定する。

【低減措置の実施時及び実施後のポイント】

⑫ リスクの内容、低減措置の実施状況及び残留リスクの状況等を確認できるようフォーマットを作成し、記録する。

⑬ 適切な措置を直ちに実施できないものについては、当該職場の管理者の承認を受け暫定的な対策を実施する。また、管理者は直ちに実施できない理由や暫定的な対策の内容を作業者に十分説明し、理解を得ておく。

⑭ 低減措置実施後にもリスクの見積り・優先度の設定を行い、リスク低減の効果を確認する。その際には、作業者の意見も聞いて効果を確認する。

⑮ リスクが低減されていないものは、引き続きそのリスクを管理していくためにリスク管理台帳へ記録し、周知する。

＜リスク低減効果の予測の考え方（例）＞

リスク低減効果の予測において、危険な作業をなくす、もしくは危険性を小さくするといった本質的対策を実施したり、あるいは作業者がハザードに近づけないようにガードを設置したり、インターロックを設けるなどの工学的対策を講ずる以外の、人に依存した対策を行った場合には、リスクレベルを下げないことが望ましい。

これは、保護具の使用、教育の実施、危険標識や注意表示の設置などの対策の効果は、作業者の行動に委ねたものであり、人がその対策を実施しなければ何ら効果が見込めないなど、リスク低減効果が不確実であることから、リスクアセスメント実施記録において、対策実施前のリスクをそのまま残し、次回以降の改善につながるようにする考え方である。

しかし、実際の事業場においては、本質的対策や工学的対策といった恒久的な設備対策の実施が困難であったり、実施までに時間を要したり、時には設備対策実施後であっても大きなリスクが残ってしまう等々の事態が想定される。この時、これらの残留リスクを放置することなく、リスク管理上はリスクの評価を下げないことが望ましい管理的対策や個人用保護具の使用などの人に依存した対策を暫定的な対策として実施することが実質的なリスク低減措置としては有効であることから、これらの暫定対策を確実に行うことが重要となる。

表13　リスク低減措置と措置後のリスクレベルの考え方

リスク低減措置検討の考え方		措置後のリスクレベル
(1)　作業の廃止・変更、より危険性や有害性の低い材料への変更などの、本質安全化を採用する。	ハザードを除去又は低減する。→リスクの除去、ケガの重大性の軽減	リスクは低減しているため、リスクレベルを下げる。
(2)　防護柵、光線式安全装置、局所排気装置の設置などの安全防護対策を採用する。	作業者がハザードに接触できない（危険状態が生じない）ようにする。	
(3)　マニュアルの整備、立入禁止措置、警報の運用、二人作業の採用、教育訓練などの管理的対策を採用する。	災害が発生する可能性を軽減する。措置内容により、危害の重大性が軽減することもある。	作業者の行動に左右されるので、リスクレベルは下げずに管理する。
(4)　個人用保護具を使用する。 ※この措置により(1)〜(3)の措置の代替を図ってはいけない。	作業者が適切に使用すれば、危害の重大性を軽減できる。	

第8章　記　録

1　作成、保管が必要な記録の範囲

リスクアセスメント指針では、下記①～⑤について、事業者は記録するものと定めている。

①　洗い出した作業

②　特定したハザード

③　見積もったリスク

④　設定したリスク低減措置の優先度

⑤　実施したリスク低減措置の内容

リスクアセスメントの導入、展開によって、これまでに顕在化していた危険から潜在的な危険まで幅広く特定できることになるが、いったん特定したリスクを記録上残しておくことが必要である。このようにリスクを管理すること、言い換えれば自分たちで見つけ出したリスクを関係者で共有し、職場の安全衛生水準向上に結びつくところまで確実に実施するために“記録”が有効な手段となるのである。

そして、リスク低減措置の中で適切な措置を行うことが当面困難であり、暫定的な措置を行う場合等には記録を確実に残した上で、引き続き適切な措置の実施を検討することが求められる。また記録することによって、リスクとして把握されていたかどうかを後で確認することが可能となる。

2　記録の種類

リスクアセスメントの実施結果は、次のように整理しておくと利用しやすい。

①　リスクアセスメント記入表（個人記入用）：107頁参照

各自が、ある作業を対象に労働災害に至るプロセスを挙げ、それに対してリスクの見積り及びリスクレベルを評価するための記入表である。

②　リスクアセスメント記入表（グループ作業用）：108頁参照

共通して挙げられた労働災害に至るプロセスについて、複数のメンバーがリスクの見積り・評価の結果を相互発表し、グループ討議を通じてグループとしての見積り・評価を行いリスクレベルを決定するための記入表である。

③　リスクアセスメント進捗管理表：109頁参照

実施されたリスクアセスメントの見積り・評価について１現状、２措置を実施した場合の予測、３措置実施後の３段階で表し、進捗状況を一覧にして管理する表である。そして、この表のすべての事項が記入されたものが、当該リスクに対する扱いを示した記録となる。

④　リスク管理台帳：110頁参照

その職場におけるリスクアセスメントの全体状況を把握するため、リスク低減措置の実施状況、残留リスクのレベル、その内容・周知について記載された台帳である。

利用方法としては、下記の２通りがある。

1)　リスクアセスメントで挙げられた全ての項目について、実施件数の把握も兼ねて管理する。

2)　特にリスクレベルの高いリスク（レベルⅢ、Ⅳ）についてのみ登録して、継続的に確実に管理する。

3　作成した記録の管理、活用

記録の管理に関する留意点としては、関係者はいつでも、誰でも必要なときにすぐに取り出せ、見ることができるようにして保管しておく必要がある。このように関係者への開示を行うとともに、リスクアセスメント実施状況を安全衛生委員会等に付議することが必要である。

また、関係部署のリスクアセスメントの結果は、関係する労働者に周知しておくことが必要であり、さらに、リスクアセスメントの記録を新規採用者への教育や配置換えを行った労働者への教育材料として活用することも有効である。

リスクアセスメント記入表（個人記入用）（例）

所属：　　　　　　　　　　　実施者：

NO	作業方法	作業区分 定常／非定常	労働災害に至るプロセス （記入要領：～なので、～して、～（ケガの内容）になる）	見積り・評価（現状） 危険状態が生じる頻度	 ケガに至る可能性	 ケガの重大性	 リスクポイント	 リスクレベル
1	カッターで荷造り紐を切る。	定常	①力を入れすぎ、カッターの刃が折れ、目に当たる。					
			②カッターを勢いよく手前に引き、ひざを切る。					
			③紐が切れないので、刃をずらしているうちに、刃が指の方に移動し、指を切る。					
2			①					
3			①					
			②					
4			①					
			②					
			③					

リスクアセスメント記入表（グループ作業用）（例）

所属：　　　　　　　　実施者：

NO	作業方法	作業区分 定常／非定常	労働災害に至るプロセス （記入要領：～なので、～して、～（ケガの内容）になる）	見積り・評価（現状） 危険状態が生じる頻度	ケガに至る可能性	ケガの重大性	リスクポイント	リスクレベル
1	カッターで荷造り紐を切る。	定常	①力を入れすぎ、カッターの刃が折れ、目に当たる。					
		定常	②カッターを勢いよく手前に引き、ひざを切る。					
		定常	③紐が切れないので、刃をずらしているうちに、刃が指の方に移動し、指を切る。					

見積り・評価（現状） メンバー	危険状態が生じる頻度	ケガに至る可能性	ケガの重大性	リスクポイント	リスクレベル
A					
B					
C					
D					
グループ					
A					
B					
C					
D					
グループ					
A					
B					
C					
D					
グループ					

リスクアセスメント進捗管理表（例）

	実施日	実施者	担当者	課長
現状評価				
措置後評価（予測）				
措置後評価				

課名＿＿＿＿＿＿

NO	作業方法	作業区分	労働災害に至るプロセス	見積り・評価(現状)					リスク低減措置	見積り・評価(予測)					法令有無	措置完了日	見積り・評価(措置後)					備考(次年度対応他)
		定常／非定常	(記入要領 ： ～なので、～して、～（ケガの内容）になる)	危険状態が生じる頻度	ケガに至る可能性	ケガの重大性	リスクポイント	リスクレベル		危険状態が生じる頻度	ケガに至る可能性	ケガの重大性	リスクポイント	リスクレベル			危険状態が生じる頻度	ケガに至る可能性	ケガの重大性	リスクポイント	リスクレベル	
1	カッターで荷造り紐を切る。	定常	①力を入れすぎ、カッターの刃が折れ、目に当たる。																			
			②カッターを勢いよく手前に引き、ひざを切る。																			
			③紐が切れないので、刃をずらしているうちに、刃が指の方に移動し、指を切る。																			
2			①																			
3			①																			
			②																			
4			①																			
			②																			
			③																			

リスク管理台帳（例）

課名＿＿＿＿＿＿

NO.	作業名	労働災害に至るプロセス	リスクレベル	リスク低減措置	同左実施状況	措置完了日	残留リスク	
							レベル	内容・周知等
1	書籍の開梱	①力を入れすぎ、カッターの刃が折れ、目に当たる。	IV	荷ほどき用カッターを使用してひもを切る。	即時購入使用	○○月○○日	I	刃の露出しているカッターの使用中止を確認
		②						
		③						

第９章　リスクの管理

リスクアセスメント実施により、特定されたリスクの除去・低減措置の検討、実施、残留リスクの対応までの一連の対応を明確にしておくなど、「リスクを管理する」という観点が必要である。

また、リスクとして特定されて以降、対応措置の実施まで、どういう状態で管理されているかについて、常に「見える化（可視化）」されていることが重要であり、ここでは前章の「記録」に加えて管理に関する留意点について説明する。

１　管理すべき内容

第８章「記録」とも重複するが、記録のみではなく実際に運用していくに当たり、リスクの管理という観点で考慮する必要がある事項として1．1～1．3のようなものがある。

1．1　リスク管理台帳の作成

第８章にある「記録」の記載例をベースに、優先度の高いリスクについては、より詳細がわかるように管理台帳としてまとめるとよい。

内容は〈参考例〉（110頁参照）のように、下記の内容等を踏まえ、実施の流れに沿って作成する。

①　ハザードの特定段階

ハザードの特定段階では下記の点に留意する。

ア　リスクアセスメントの対象となった職場又は作業名を明確にしておくことが重要である。

イ　ハザードを特定した労働災害に至るプロセスを記載する。記載に当たっては、将来的に台帳を活用する際にそのときの状況が誰が見ても理解できるように具体的に記載しておくことが重要である。

②　リスク低減措置段階

リスク低減措置及び低減措置の実施状況については下記の点に留意する。

ア　実施する措置の内容及びその対策が恒久的な対策なのか、暫定的な対策なのかを明らかにする必要がある。対策が暫定的な場合は、恒久対策の実施予定日や暫定対策の有効性も定期的に管理し進捗状況を確認することも重要である。

イ　リスク低減措置の実施状況についても、確実に措置の実施が行われるまで進捗状況を管理することが必要である。またリスクレベルに応じ、措置の実施完了予定日等を定め、リスクの高いものが早急に対応されているか等の管理をしていくことも、大きなリスクの除去に有効である。

③ 残留リスク

残留リスクの管理に当たってはこのあと詳細を説明するが、管理台帳では、低減措置実施後にリスクレベルが事業場が設定した「広く受け入れ可能なリスク」の大きさまで低減したか、どのレベルのリスクが残っているかを明確にし、除去低減しきれなかったリスクの内容及び周知状況や周知方法も記載しておく必要がある。

④ 次期安全衛生目標、安全衛生計画への反映

実施した事項（残留リスクへの対応を含む）並びに実施時期が次期以降となる低減措置は次期の目標や計画に反映するよう、リスク管理台帳と併せて職場安全会議や事業場安全衛生委員会等で審議し、議事録として残す。

⑤ 推進事務局の役割

ア 推進事務局は、各部門の管理台帳をとりまとめるとともに、優先度の高いリスクが事業場として顕在化されているかどうか等について全体的に確認する。必要があれば各部門の推進責任者を集めた会議等を開催する。このことにより、事業場として、何が真に対策を実施しなければならないリスクかを選別することができる。

イ 低減措置の検討、実施において、予定どおりに進捗しているかどうか、もし未達成となっている場合は原因と対策の有無の確認、また実施した措置についてはその効果の確認等、実態の把握、事業場全体の進行の確認等も必要である。

1．2 「見える化（可視化）」の実施

リスクアセスメントの実施に際して、「このリスクはどの程度のものか」「このリスクについては措置が実施されているかどうか」等、リスクがどんな状態にあるのかが常に見えていれば安心できる。ここで「見える化」という観点が重要になってくる。

「見える化」は事業場でそれぞれ工夫されて実施されているが、具体的な事例として次のような方法もある。

① リスクの見積り結果による低減のための優先度区分の表示

優先度の高い順に、赤、黄、青等の色別によるマップ化（エリア、作業別等）を実施する。

② 現場の設備や機械等、あるいはエリアに、①により色別したシール等を貼付する等により、現地表示する。

③ 低減の対応策を実施し、リスクが低減できた場合は、①、②とも色別表示を該当のレベルの色に変更し、低減されたことが見えるようにする。

このことにより最終的な目的であるリスク低減の状況が見えることになり、成果ならびに未達成個所の明示（区分け）が可能となる。

特定記録、リスク管理台帳が各部門において計器室、操作室、休憩室等に文書で常備されているか、社内LAN等でいつでも誰でも見られるようになっていることが望ましい。

1．3　暫定対策の管理

リスクの措置では予算上や技術上等の問題により直ちに恒久的なリスク低減措置を実施できないケースもある。

この場合、一時的にリスクを回避するために応急的に管理的対策や個人用保護具の使用などの人に依存した対応等の暫定対策を実施することが必要となる。

暫定対策は恒久対策実施までの期間、応急的にリスクを回避するためのもので、リスク低減措置としては人の順守が前提であることから継続的な効果は期待できない。よって恒久対策が実施されるまでは人の順守を維持するためのしっかりとした管理をする必要がある。また暫定対策実施中は定期的にその実施状況を確認することも必要である。

2　リスクの管理に当たって

リスクの管理に当たって留意すべき点に触れる。

①　検討や改善は随時実践する

リスクアセスメント活動は、KY（危険予知）活動と違い、必ずしも毎日実施するという必要性はない。しかし、特定・見積り・低減措置の検討や実施において、現場の作業者の協力や参画・実行を伴う内容がある。また、まとまった時間が取りにくい場合は、時間をうまく活用して改善案の検討、実施をすべきといえる。その意味で、小集団活動の活用、安全改善提案との連携を兼ねた取組みとすることも効果的と考えられる。

②　無理な取扱いはせず、確実な推進を図る

リスクアセスメントの実施結果を記録し、台帳で管理することによって、リスクの内容や項目が明確になるため、対応措置が講じられていないのに無理にリスクが低減されたように取り扱う傾向があるので、適切な対応が必要である。要は、管理すべきリスクがたくさんあることが良くないことではなく、管理すべきリスクに正しく向き合い、確実に取り組んでいくことが重要であるといえる。

③　定期的に低減措置の有効性を見直す

リスクアセスメントによって、そのときは最善だった低減措置を実施しても技術の進歩等に伴いさらに有効な低減措置が出てくることや工学的対策から本質的対策ができるようになることもある。また、当時は暫定対策しかできなくても、その後恒久対策が可能になることもありえる。従って、リスクを管理台帳等により管理し、

残留リスクや本質的対策が実施できていないものについては定期的に見直しをすることが重要である。

④　残留リスクを管理する

残留リスクはリスクがなくなったわけではないので、そのレベル及び内容を明らかにすることが大切である。そして残留リスクへの対応について、確実に従業員へ内容を周知し、そのリスクが災害に至らないようにしなければならない。また新規作業者等へ対応が確実に伝達されるためにも記録として保管することや、教育のカリキュラムへ盛り込み又は作業手順書などへ記載することも重要である。

＜残留リスクの考え方＞

残留リスクは、国際安全規格ISO/IEC　Guide51では、「リスク低減方策が講じられた後にも残っているリスク」と定義されている。また、厚生労働省が示している「機械の包括的な安全基準に関する指針」(改正平成19年７月31日付け基発第0731001号）では、「保護方策を講じた後に残るリスク」と定義されている。

事業者は、事業場で自ら抱えているリスクを低減・除去するためにリスクアセスメントを行い、自事業場の実力・実態等を考慮して、リスク管理の基準の一つとして「広く受け入れ可能なリスク」を自ら設定する。この「広く受け入れ可能なリスク」は、事業場でリスクアセスメントを実施していくうえで、「この程度なら、社会通念上、だれもが受け入れられるリスクだ」とか「ここまでリスクを低減すれば安心だ」という基準値であり、リスクが一番小さいとされるリスクレベルで示されることもある（例えば、リスクレベルをⅠ～Ⅳで分類している場合は、リスクレベルⅠに該当する)。すなわち、事業場にとって「広く受け入れ可能なリスク」は、安全であるか否かの判断基準となるものであり、大事な基準だといえる。ただし、この「広く受け入れ可能なリスク」の意味・内容は、絶対的な基準があるわけではなく、社会の価値観、業務環境、費用対効果の適合性等によって変化するものであることを知っておかねばならない。

事業場がリスクアセスメントを行って、リスク低減措置実施後の残留リスクが「広く受け入れ可能なリスク」より小さくなれば、リスクは残っていても、この程度であれば許しておこうということであり、それより大きいリスクであれば許さないという判断になる。したがって、残留リスクが「広く受け入れ可能なリスク」より小さくなれば、残ったリスクを残留リスク管理台帳などに記録し周知することでひとまず終了となるが、実施した安全方策が後戻りしないように適切なリスク管理を継続することは必要である。一方、大きい場合には、さらなるリスク低減措置（本質的対策、工学的対策）の検討及び実施を行い、実施後の残留リスクが「広く受け入れ可能なリスク」より小さくなるまで対策を行っていくこととなる。

とはいえ、残留リスクに対するさらなるリスク低減措置が不可能であったり、技術的・経費的に実施が困難な場合も想定されるので、その際には、事業場として別途設定する残ったリスクの大きさを許容することができる「許容可能なリスク」を一つの判断基準として、さらなるリスク低減方策（本質的対策、工学的対策）実施の要否を判断することとなる。この「許容可能なリスク」は、リスクの低減に要する費用と改善効果とのつり合いなどから事業場が独自に設定する基準ではあるが、大事なことはケガをする作業者の立場を重視して決定することである。

そして残留リスクが、この「許容可能なリスク」より小さいと判断された場合には、残留リスク判定結果を記録・周知するとともに、管理的対策や個人用保護具の使用等の追加的なリスク低減措置を暫定対策として行うことで作業継続可能とする。一方、残留リスクがこの「許容可能なリスク」より大きい場合には、原則としてリスク低減が講じられるまでは、作業を中断することを検討することとなる。しかし、技術的課題等により当該作業がどうしても中断できない場合には、事業者の判断のもと、管理的対策や個人用保護具の使用等の実現可能な暫定的な措置を確実に行うことを前提として、特例的に作業継続を可能とすることも考えられる。

しかし、この時は、事業者は本来はやらせてはいけない危険な作業を作業者にやらせていることをしっかりと自覚して、できる限り早く、この状態を解消するように努力しなければならない。

＜ALARPの原則＞

指針の10(2)、及び解釈通達の10(2)にALARPに関連する記載があり、解釈通達10(2)では、“「合理的に実現可能な程度に低い」（ALARP）”との表現がある。

ここでいう“ALARP”は、“As Low As Reasonably Practicable”の略で、「合理的に実現可能な最低の水準」を意味している。下の図（JIS C 0508 - 5に記載）で説明され、リスクは3つの領域に分けて考えられている。

a）リスクが大きすぎて全く許容できない領域。

b）リスクが小さすぎる、又は小さすぎるとみなされるので、広く（一般に）受け入れ可能なリスク領域。

c）リスクがa）とb）の中間で、かつ、そのリスク水準を受け入れることによる便益及びさらに軽減する費用の両面を考慮して、現実的な最低限の水準まで軽減されていることが求められる領域。

c）に関して、ALARP原理は、すべてのリスクは合理的に実行可能な最低の水準（ALARP）まで軽減されなくてはならないとしている。あるリスクが2つの境界（すなわち、許容できない範囲と広く受け入れられる水準）の中間に位置していて、合理的に実行可能な最低の水準まで引き下げられた場合、結果として得られるリスクは、当該適用にかかわる許容可能なリスクとなる。

ただし、ALARP領域の解説はされているが、リスクをどのレベルまで低減すれば許容可能なリスクレベルとなるかについては、ケースにより異なるので、定義はできない。

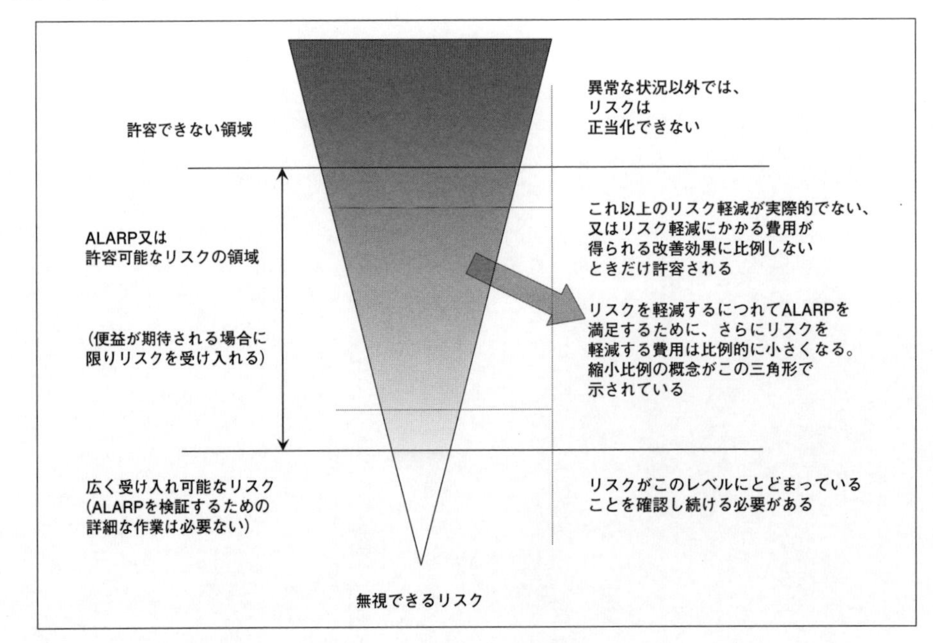

第10章　リスクアセスメント運用時の留意事項

1　リスクアセスメントに工夫が必要な作業

リスクアセスメント手法の基本的な考え方は、リスクの大きさを評価し、そのリスクを低減するための対策を行うことである。リスクアセスメントは化学設備による災害の防止、機械等による災害の防止を主な目的として発展してきた経緯があり、従って、その対策においても、設備面の対策、ハード面の対策を基本に考えることが求められる手法である。しかしながら、設備・作業によっては、その種の対策を採用しにくい、あるいは採用できないものがあり、リスクアセスメントを実施する際に留意する必要がある。

リスクアセスメントで特に工夫が必要なものとしては、

例①　設備等の所有者が元請や親事業場である等、自ら設備等の改善が進められない場合

例②　緊急修理作業、設備工事等の非定常作業、有期工事に係る業務など改善を行った場合には作業がなくなっている場合

などがある。

例①については、実際のリスクアセスメントの結果に基づき改善すべき具体的内容について、元請、親事業場に情報を提供し、この情報に基づいて元請、親事業場が実施する措置の状況に関する情報を確認する。また、自ら実施できるリスク低減措置については、別途実施する必要がある。

なお、近年、機械、設備等の所有者責任が重く扱われており、元請、親事業場等の所有者が災害発生時に、「機械等に関する不具合が災害の原因である」ということを避けるために、それらに関連するリスク低減のための措置の実施に積極的に対応する傾向がみられる。

例②については、具体的なリスクアセスメントの進め方を定めておくとともに、当該手法による実施結果を蓄積することにより、次回の同種の作業に係る業務が発生した場合には前回のリスクアセスメントの実施結果に係る記録を踏まえた適切な作業計画の作成が行えることとなる。

また、これらのほかに作業の中には設備的な対策を行う上で注意すべきものがある。

①　機械等自ら移動してしまうもの（例えば、自動搬送車に起因する災害など）

②　運転者（オペレーター）の操作に安全の確保が依存してしまうもの（例えば、自動車等による第三者災害、フォークリフトによる他の作業者の災害、クレーンによる玉掛け作業者の災害など）

③　人自身がハザードになってしまうもの（例えば、廊下等の曲がり角における人同

士の衝突、客対応等における客による暴力行為など）
である。

これらの作業の中で設備的な対策を行う事例として、事業場内での自動車による第三者への加害やフォークリフトによる他の作業者への災害を考えてみる。自動車やフォークリフトの専用通行路の確保やフォークリフトの作業域の一般作業者からの隔離などが実現できれば有効な対策となる。このような対策をすでに実施し成果を上げている事業場も数多くある。しかし、実現が難しい事業場があるのも事実で、その場合には、いわゆるソフト面の対策（安全衛生教育、注意喚起のための掲示等、作業手順の順守、安全距離の確保、車載型警告用ランプの設置など）で対応せざるを得ない。特に、他の作業者を被災させてしまうなど、加害者になりかねない危険性をはらんでいることもあり、関係者に周知し他の人の安全に細心の注意を払うことの必要性を十分に理解させておくことも大事である。

2　ＫＹ活動とリスクアセスメント

従来から、多くの事業場で、ＫＹ（危険予知）活動、ヒヤリ・ハット報告活動、職場巡視、チェックリストによる点検等の日常安全衛生活動により、生産現場におけるハザードの把握が一般的に行われている。これらの活動はその運用の仕方によっては、リスクを見つけ出し、そのリスクの優先度を設定し、その優先度に基づいて対策を検討し、その対策を実施する、というリスクアセスメントとしての側面を有していることもある。しかしながら、昨今はリスクアセスメントの手法が明確に確立されてきたこともあり、これらの活動とリスクアセスメントは異なるものと考えるのが一般的である。ここでは、これらの活動のうち、リスクアセスメントに一番近い手法と考えられるＫＹ活動を例に、リスクアセスメントとの相違点や補完性について取り上げる。

2．1　ＫＹ活動とリスクアセスメントの手順

ＫＹ活動の４ラウンド法とリスクアセスメントの基本的な手順を並べると、**表14**のようになる。

これらは非常に似た構造になっており、いずれも、リスクを見つけ出して検討し、対策に結びつける流れになっている。

また、**表15**に示すように第１段階はいずれもリスクを把握する段階で共通しているとともに、「～なので～して～になる。」というリスクの把握の仕方が同じであり、従来、ＫＹ活動を実施してきた事業場では、比較的容易にリスクアセスメントに取り組むことができる。

第２段階はリスクの大きさを判断する作業を行う。

リスクアセスメントにおけるリスクの見積り、優先度の設定は、事業場や企業で定められた評価基準に基づいて実施される。一方、ＫＹ活動の本質追究は、作業者の合意に基づいて進められる。

第４段階はリスクを低減するための対策を講じることである。リスクアセスメントでは、リスクレベルの高いものからリスクアセスメント指針で定められた優先順位に基づき措置を実施していく。ＫＹ活動では作業者が自分達でできる対策を考え、実行に移していく。

表14　リスクアセスメントとＫＹ活動の手順

リスクアセスメントの手順	ＫＹ活動の手順
手順１　ハザードの特定	第１ラウンド「現状把握」 どんな危険がひそんでいるか
手順２　リスクの見積り	第２ラウンド「本質追究」 これが危険のポイントだ
手順３　リスク低減のための優先度の設定及び低減措置の検討	第３ラウンド「対策樹立」 あなたならどうする
手順４　リスク低減措置の実施	第４ラウンド「目標設定」 私たちはこうする

表15　リスクアセスメントとＫＹ活動の関係

	リスクアセスメント	ＫＹ活動
同じ点	ハザードの特定 ・危険性・有害性（～なので…） ・人（～して） ・危険状態（～のとき）（～がなくて） ・危険事象（～になる）	第１ラウンド： どんな危険がひそんでいるか ～なので（もの） ～して（人） ～になる（事故の型）
異なる点	リスクの見積り。優先度の設定 各々のハザードについてリスクの見積り・優先度の設定を行う。	第２ラウンド： 複数の危険有害要因からその日の作業で特に重大なものを選定する。
	リスクの低減措置 リスクの大きさに対応してリスクを具体的に除去・低減する対策を検討し、実施する。	第３ラウンド： 経験に基づき思いつく対策（実施事項）を出し合う 第４ラウンド： 実施事項を絞り込む

2. 2　ＫＹ活動とリスクアセスメントの実施方法

ＫＹ活動とリスクアセスメントを職場で実施する場合、それぞれの手法の利点を生かして使い分ける必要がある。リスクアセスメントは毎日実施するものではないが、ＫＹ

活動は毎日又は作業の都度に実施するものであり、一方が他方を代替できるものではなく、それぞれの活動を相互に補完するものと考えるべきである。

例えば、リスクアセスメントによって管理的対策の対象となったもの及び暫定措置を取らざるを得ないものについては、毎日のＫＹ活動の対象として安全を確保する。逆にＫＹ活動で重大なリスクが発見された場合、リスクアセスメントの対象とする。

表16にリスクアセスメントとＫＹ活動の相違点を挙げたが、ＫＹ活動はまさに毎日の作業の中で実践していく安全衛生活動であり、リスクアセスメントは組織的に形成された仕組みに従って実施されるもの（一般的には、年又は年度の安全衛生計画に関連して実施されるもの）である。

表16　リスクアセスメントとＫＹ活動の違い

	リスクアセスメント	ＫＹ活動
	事業者責任	事業者責任
いつ	・設備、原材料、作業方法の新規採用、変更時等 ・安全衛生計画に定めた実施時期	・毎日又は作業の都度
誰が	・作業者、監督者、管理者、専門知識を有する者	・作業者、監督者
何を	・主に設備面の対策	・主に行動面の対策

3　リスクアセスメントの歴史

リスクアセスメントの概念は、欧米において20年以上前から徐々に確立されてきている。その定義としては、おおむね次のようになっている。

「潜在する危険性の体系的な事前評価（危険の重大性と危害の可能性という側面から評価する）及び評価に基づく対策の優先度の合理的な裏づけ」

リスクアセスメントの発祥は、1982年の「セベソ指令（European Communities Directive on Major Accident Hazards of Certain Industries）」であり、EC（当時。1993年11月以降はEU）各国で多発した化学プラント等の重大災害を防止するには、これまでの安全基準の順守だけでは不十分で、さらに法律を整備する中で、化学設備、化学物質関係のリスクアセスメントの重要性が認識されることになった。

また、1989年には、欧州共同体理事会において、加盟各国の安全衛生の確保とその水準向上のため、「枠組み指令（Council Directive of 12 June 1989 on the introduction of measures to encourage improvements in the safety and health of workers at work）」を採択した。これにより、加盟各国は1992年中に必要な法律、規則等の整備を行い、1996年までに施行することとされた。

この指令の中で事業者（雇用者）にリスクアセスメントを行うことが義務付けられたことから、EU各国にリスクアセスメントが普及していった。

日本においては、正確にいつからリスクアセスメントに関心が寄せられたかを特定することは難しいが、EUにおいて「枠組み指令」が出され、その指令に基づいてEU加盟各国がリスクアセスメントを法的に位置付けし始めた頃と推定される。この頃から、国内の特定の会社や業種別団体が情報収集を開始し、中央労働災害防止協会も本格的に労働安全衛生マネジメントシステムの自主基準の整備に着手し、1996（平成８）年にその基準を公表している。業種別団体は1997～98（平成９～10）年にかけて、自動車産業経営者連盟（現（一社）日本自動車工業会）、（一社）日本化学工業協会、（一社）日本鉄鋼連盟が相次いで労働安全衛生マネジメントシステムに関する業種別のガイドラインを制定している。国としては、1999（平成11）年４月に労働省（現厚生労働省）が「労働安全衛生マネジメントシステムに関する指針」を公表し、危険又は有害要因を特定及び実施事項の決定のための手法として、リスクアセスメントを位置付けている。

また、2003～2007（平成15～19）年度を対象期間とする「第10次労働災害防止計画」においても、労働安全衛生マネジメントシステムの活用促進とともにリスクアセスメントの普及促進が盛り込まれた。

さらに、2003（平成15）年に重大災害が続発したことを受けて厚生労働省が行った自主点検の結果が2004（平成16）年２月に発表されたが、この中でリスクアセスメントの実施が低調な事業場ほど災害発生率が高いことが明らかにされた。この統計結果等を踏まえて、2006（平成18）年４月施行の改正労働安全衛生法で危険性又は有害性等の調査等の実施が努力義務とされた。さらに、この規定を受けて2006（平成18）年３月10日には「危険性又は有害性等の調査等に関する指針」が、同年３月30日には「化学物質等による危険性又は有害性等の調査等に関する指針」が公表された。また、2007（平成19）年７月31日には、「機械の包括的な安全基準に関する指針」が改正され公表された。

また、印刷事業場の労働者が集団で胆管がんを発生した事案を受けて特別規制の対象となっていない化学物質の対策が検討された結果、2016（平成28）年６月施行の改正労働安全衛生法では、一定の危険有害性のある化学物質について危険性又は有害性等の調査を実施することが義務とされた。さらにこの規定を受けて、2015（平成27）年９月18日には新たに「化学物質等による危険性又は有害性等の調査等に関する指針」が公表された。

そして、2018（平成30）年３月12日に懸案であった労働安全衛生マネジメントシステムの国際規格、ISO45001が国際標準化機構からISO規格として発行された。これを受けて同年９月28日には、この内容を変更することなく作成したJIS　Q　45001（労働安全衛生マネジメントシステム－要求事項及び利用の手引）が制定された。また、これと同時に日本の国内法令との整合性を図るとともに、具体的な安全衛生活動や安全衛生管理体制を盛り込みJIS Q 45001と一体で運用することで、より実効性を高めるシステムとしてJIS Q 45100（同－安全衛生活動などに対する追加要求事項）も日本産業規格として制定された。

さらに2019（令和元）年７月１日に厚生労働省告示第54号により「労働安全衛生マネジメントシステムに関する指針」の一部改正がなされた。

なお、化学物質管理については、2023（令和５）年４月より順次改正法令が施行され、「化学物質の自律的な管理」がスタートしている。これは、特別規則の個別措置を基本とした管理から転換し、事業者がリスクアセスメントを実施した上で自らの判断で管理方法を決定するというものであり、リスクアセスメント対象物質数は今後大幅に増加する予定である。事業者責任によるリスクアセスメント実施はますます重要となっていると言える。

＜労働安全衛生マネジメントシステム及びリスクアセスメントに係る国内外の動向＞

1982年	EC	セベソ指令（European Communities Directive on Major Accident Hazards of Certain Industries）で、化学設備、化学物質関係のリスクアセスメントの重要性を認識
1989年	EC	欧州共同体（EC）理事会で、枠組み指令（Council Directive of 12 June 1989 on the introduction of measures to encourage improvements in the safety and health of workers at work）が採択され、これにより、加盟各国は1992年中に必要な法律、規則等の整備を行い、1996年までに施行。その中にリスクアセスメントの実施を盛り込む
1993年７月	日本	中央労働災害防止協会が、労働安全衛生マネジメントシステムに関する取組みを開始
1996年５月	英国	英国規格協会（BSI：British Standards Institution）が、労働安全衛生マネジメントシステムに関する規格（BS8800：Guide to Occupational health and safety management systems）を公表
1996年６月	日本	中央労働災害防止協会が、安全衛生マネジメントシステム評価基準（JISHA評価）を策定
1997年７月	日本	自動車産業経営者連盟が、安全衛生マネジメントシステムを策定（1998年12月、より実践的な運用マニュアルを取り入れた安全衛生マネジメントシステムを策定）
1998年３月	日本	（一社）日本化学工業協会が、労働安全衛生管理指針を策定（2000年５月、本指針を改定した新労働安全衛生管理指針を策定）
1998年８月	日本	（一社）日本鉄鋼連盟が、鉄鋼業における労働安全衛生管理指針を策

定（2000年１月、第２版を策定）

1998年12月　米国　Safety and Health Program Ruleを公表

1999年４月　日本　厚生労働省（旧労働省）「労働安全衛生マネジメントシステムに関する指針」（労働省告示第53号）を公表
厚生労働省は2003年３月、労働安全衛生マネジメントシステムの活用促進及びリスクアセスメントの普及を内容とする「第10次労働災害防止計画」を公表

2001年６月　ILO　国際労働機関（ILO）が、理事会において労働安全衛生マネジメントシステムガイドラインILO－OSH2001（Guidelines on occupational safety and health management systems）を承認

2001年６月　日本　厚生労働省は「機械の包括的な安全基準に関する指針」を公表

2005年11月　日本　労働安全衛生法改正、「危険性又は有害性等の調査等の実施」が努力義務化（施行：2006年４月）

2006年３月　日本　厚生労働省は「労働安全衛生マネジメントシステムに関する指針」を見直すとともに、「危険性又は有害性等の調査等に関する指針」（危険性又は有害性等の調査等に関する指針公示第１号）及び「化学物質等による危険性又は有害性等の調査等に関する指針」（危険性又は有害性等の調査等に関する指針公示第２号）を公表

2007年７月　日本　厚生労働省は「機械の包括的な安全基準に関する指針」を改正し公表

2014年６月　日本　労働安全衛生法改正、一定の危険有害性のある化学物質の危険性又は有害性等の調査の実施が義務化（施行：2016年６月）

2015年９月　日本　厚生労働省は「化学物質等による危険性又は有害性等の調査等に関する指針」（危険性又は有害性等の調査等に関する指針公示第３号）を公表

2018年３月　ISO　ISO45001：2018（Occupational health and safety management systems - Requirements with guidance for use）発行

2018年９月　日本　ISO45001の発行を受け、厚生労働省が日本産業規格としてJIS Q 45001（労働安全衛生マネジメントシステム－要求事項及び利用の手引）及びJIS Q 45100（同－安全衛生活動などに対する追加要求事項）を制定

2019年７月　日本　厚生労働省は「労働安全衛生マネジメントシステムに関する指針」を改正

2023年４月　日本　厚生労働省は「化学物質等による危険性又は有害性等の調査等に関する指針」（危険性又は有害性等の調査等に関する指針公示第３号）を改正する指針を公表（適用日：2024年４月１日）

付　　録

付録1

労働安全衛生マネジメントシステムに関する指針

※1　平成18年解釈通達中、指針第10条関係で「別途定められる予定」とされた指針については、平成27年9月18日付け危険性又は有害性等の調査等に関する指針公示（以下、リスクアセスメント指針公示という。）第3号「化学物質等による危険性又は有害性等の調査等に関する指針」が公表されている。
※2　「機械の包括的な安全基準に関する指針」は、平成19年7月31日付け基発第0731001号通達により改正された（平成13年6月1日付け基発第501号は廃止）。

労働安全衛生マネジメントシステムに関する指針 平成11年4月30日付け労働省告示第53号 （最終改正：令和元年7月1日付け厚生労働省告示第54号）	解釈通達 ・平成18年3月17日付け基発第0317007号 ・令和元年7月1日付け基発0701第3号
（目的） **第1条**　この指針は、事業者が労働者の協力の下に一連の過程を定めて継続的に行う自主的な安全衛生活動を促進することにより、労働災害の防止を図るとともに、労働者の健康の増進及び快適な職場環境の形成の促進を図り、もって事業場における安全衛生の水準の向上に資することを目的とする。	**第2　細部事項**
第2条　この指針は、労働安全衛生法（昭和47年法律第57号。以下「法」という。）の規定に基づき機械、設備、化学物質等による危険又は健康障害を防止するため事業者が講ずべき具体的な措置を定めるものではない。	**第2条関係** （H18.3.17基発第0317007号） 指針は、事業者が講ずべき機械、設備、化学物質等についての具体的な措置を定めるものではなく、安全衛生管理に関する仕組みを示すものであること。
（定義） **第3条**　この指針において次の各号に掲げる用語の意義は、それぞれ当該各号に定めるところによる。 1　労働安全衛生マネジメントシステム　事業場において、次に掲げる事項を体系的かつ継続的に実施する安全衛生管理に係る一連の自主的活動に関する仕組みであって、生産管理等事業実施に係る管理と一体となって運用されるものをいう。 イ　安全衛生に関する方針（以下「安全衛生方針」という。）の表明 ロ　危険性又は有害性等の調査及びその結果に基づき講ずる措置 ハ　安全衛生に関する目標（以下「安全衛生目	

標」という。）の設定

ニ　安全衛生に関する計画（以下「安全衛生計画」という。）の作成、実施、評価及び改善

2　システム監査　労働安全衛生マネジメントシステムに従って行う措置が適切に実施されているかどうかについて、安全衛生計画の期間を考慮して事業者が行う調査及び評価をいう。

（適用）

第4条　労働安全衛生マネジメントシステムに従って行う措置は、事業場又は法人が同一である二以上の事業場を一の単位として実施することを基本とする。ただし、建設業に属する事業の仕事を行う事業者については、当該仕事の請負契約を締結している事業場及び当該事業場において締結した請負契約に係る仕事を行う事業場を併せて一の単位として実施することを基本とする。

第4条（適用）関係

（H18. 3. 17基発第0317007号）

(1)　指針は、事業場を一の単位として実施することを基本とするが、建設業にあっては、有期事業の事業場ではシステムに従って行う措置を継続的に実施し、安全衛生水準を段階的に向上させることが困難であることから、店社及び当該店社が締結した契約の仕事を行う事業場を単位として実施することを基本としたこと。

(2)　事業者は、指針を踏まえ、業種、業態、規模等に応じたシステムを定めることができること。

（R1. 7. 1基発0701第3号）

システムに従って行う措置を実施する単位として、小売業や飲食業といった第三次産業などの多店舗展開型企業をはじめとする様々な業態・形態において導入されることを想定し、法人が同一である複数の事業場を併せて一の単位とすることができることとしたこと。

（安全衛生方針の表明）

第5条　事業者は、安全衛生方針を表明し、労働者及び関係請負人その他の関係者に周知させるものとする。

②　安全衛生方針は、事業場における安全衛生水準の向上を図るための安全衛生に関する基本的考え方を示すものであり、次の事項を含むものとする。

1　労働災害の防止を図ること。

2　労働者の協力の下に、安全衛生活動を実施すること。

3　法又はこれに基づく命令、事業場において定

3　第5条（安全衛生方針の表明）関係

（H18. 3. 17基発第0317007号）

(1)　労働災害防止のためには、事業者自らの安全衛生に対する姿勢を明確にすることが必要であることから、事業者が安全衛生方針を表明し、労働者及び関係請負人その他の関係者に周知させることを規定したものであること。第2項各号は、安全衛生方針に盛り込むことが必要な事項を定めたものであること。

(2)　「労働者」には、労働者派遣事業の適正な運営の確保及び派遣労働者の就業条件の整備等に

めた安全衛生に関する規程（以下「事業場安全衛生規程」という。）等を遵守すること。

4　労働安全衛生マネジメントシステムに従って行う措置を適切に実施すること。

関する法律（昭和60年法律第88号）第45条各項の規定により事業者が使用する労働者とみなされる派遣中の労働者（建設労働者の雇用の改善等に関する法律（昭和51年法律第33号）第44条の規定により派遣労働者とみなされる送出労働者を含む。）を含むものであること。

(3)「周知」の方法には、例えば、次に掲げるものがあること。

ア　安全衛生方針を口頭、文書、電子メール等により伝達すること。

イ　文書の掲示若しくは備付け又は事業場内コンピュータネットワークでの掲示等により、安全衛生方針をいつでも閲覧可能な状態にしておくこと。

（労働者の意見の反映）

第６条　事業者は、安全衛生目標の設定並びに安全衛生計画の作成、実施、評価及び改善に当たり、安全衛生委員会等（安全衛生委員会、安全委員会又は衛生委員会をいう。以下同じ。）の活用等労働者の意見を反映する手順を定めるとともに、この手順に基づき、労働者の意見を反映するものとする。

第６条（労働者の意見の反映）関係

（H18. 3. 17基発第0317007号）

「安全衛生委員会等の活用等」の「等」には、安全衛生委員会等の設置が義務付けられていない事業場における労働者の意見を聴くための場を設けることが含まれること。

（体制の整備）

第７条　事業者は、労働安全衛生マネジメントシステムに従って行う措置を適切に実施する体制を整備するため、次の事項を行うものとする。

1　システム各級管理者（事業場においてその事業の実施を統括管理する者（法人が同一である二以上の事業場を一の単位として労働安全衛生マネジメントシステムに従って行う措置を実施する場合には、当該単位においてその事業の実施を統括管理する者を含む。）及び製造、建設、運送、サービス等の事業実施部門、安全衛生部門等における部長、課長、係長、職長等の管理者又は監督者であって、労働安全衛生マネジメントシステムを担当するものをいう。以下同じ。）の役割、責任及び権限を定めるとともに、労働者及び関係請負人その他の関係者に周知さ

第７条（体制の整備）関係

せること。

2　システム各級管理者を指名すること。

3　労働安全衛生マネジメントシステムに係る人材及び予算を確保するよう努めること。

(H18. 3. 17基発第0317007号)

⑴　第3号の「人材」については、事業場内に必要な知識又は技能を有する者が不足する場合には、外部のコンサルタント等の助力を得ることも差し支えないこと。

4　労働者に対して労働安全衛生マネジメントシステムに関する教育を行うこと。

⑵　第4号の「教育」は、システムの構築のための業務を行う者、危険性又は有害性等の調査を行う者、安全衛生計画の作成を行う者、システム監査を行う者等事業場の実情に応じ必要な者に対して実施すること。また、内容としては、システムの意義、システムを運用する上での遵守事項や留意事項、システム各級管理者の役割等があること。

なお、教育の対象者、内容、実施時期、実施体制、講師等についてあらかじめ定めておくことが望ましいこと。

⑶　事業者は、その関係請負人が労働者に対しシステムに関する教育を行う場合は、必要な指導及び援助を行うことが望ましいこと。

5　労働安全衛生マネジメントシステムに従って行う措置の実施に当たり、安全衛生委員会等を活用すること。

(R1. 7. 1基発0701第3号)

法人が同一である複数の事業場を一の単位としてシステムを運用する場合、当該運用の単位全体を統括管理する者を配置することが必要であることから、当該者をシステム各級管理者として位置付けるものとしたこと。

また、システムが第三次産業を含む幅広い産業において運用されることを想定し、システム各級管理者が属する事業実施部門には、製造、建設、運送、サービス等があるとしたこと。

(明文化)

第8条　事業者は、次の事項を文書により定めるものとする。

1　安全衛生方針

第8条（明文化）関係

(H18. 3. 17基発第0317007号)

⑴　本条は、システムに関係する労働者等への理解を深めるとともに、システムに関する知識を

2　労働安全衛生マネジメントシステムに従って行う措置の実施の単位
3　システム各級管理者の役割、責任及び権限
4　安全衛生目標
5　安全衛生計画
6　第6条、次項、第10条、第13条、第15条第1項、第16条及び第17条第1項の規定に基づき定められた手順

②　事業者は、前項の文書を管理する手順を定めるとともに、この手順に基づき、当該文書を管理するものとする。

共有化することにより、システムに従った措置が組織的かつ継続的に実施されることを確保するため、安全衛生方針等を明文化することが必要であることから規定されたものであること。

(2)　第1項第6号の「手順」とは、いつ、誰が、何を、どのようにするか等について定めるものであること。
(3)　第2項の「文書を管理する」とは、文書を保管、改訂、廃棄等することをいうものであること。
(4)　管理の対象となる「文書」は、電子媒体の形式でも差し支えないこと。

(R1.7.1基発0701第3号)
第4条の改正により、一の事業場だけでなく、法人が同一である複数の事業場を一の単位としてシステムを運用できることとされたことから、当該システムの運用の単位を文書に明確に定めることとしたこと。

（記録）

第9条　事業者は、安全衛生計画の実施状況、システム監査の結果等労働安全衛生マネジメントシステムに従って行う措置の実施に関し必要な事項を記録するとともに、当該記録を保管するものとする。

第9条（記録）関係

(H18.3.17基発第0317007号)
(1)「安全衛生計画の実施状況、システム監査の結果等」の「等」には、特定された危険性又は有害性等の調査結果、教育の実施状況、労働災害、事故等の発生状況等があること。
(2)「記録」は、電子媒体の形式でも差し支えないこと。
(3)「記録」は、保管の期間をあらかじめ定めておくこと。

（危険性又は有害性等の調査及び実施事項の決定）

第10条　事業者は、法第28条の2第2項に基づく指針及び法第57条の3第3項に基づく指針に従って危険性又は有害性等を調査する手順を定めるとともに、この手順に基づき、危険性又は有害性等を調査するものとする。

②　事業者は、法又はこれに基づく命令、事業場安全衛生規程等に基づき実施すべき事項及び前項の

第10条（危険性又は有害性等の調査及び実施事項の決定）関係

(H18.3.17基発第0317007号)
第1項の「危険性又は有害性等の手順」の策定及び第2項の「労働者の危険又は健康障害を防止するために必要な措置」の決定に当たっては、法第28条の2第2項の規定に基づく「危険性又は有害性等の調査等に関する指針」（平成18年3月10

調査の結果に基づき労働者の危険又は健康障害を防止するため必要な措置を決定する手順を定めるとともに、この手順に基づき、実施する措置を決定するものとする。

日付け危険性又は有害性等の調査等に関する指針公示第１号）及び別途定められる予定である「化学物質等による労働者の危険及び健康障害を防止するため必要な措置に関する指針」並びに「機械の包括的な安全基準に関する指針」（平成13年６月１日付け基発第501号）に従うこと。

（R1. 7. 1基発0701第３号）

労働安全衛生法等の一部を改正する法律（平成26年法律第82号）により化学物質等による危険性又は有害性等の調査等が義務化されたことを踏まえ、第１項の「危険性又は有害性等を調査する手順」の策定及び第２項の「労働者の危険又は健康障害を防止するため必要な措置」の決定に当たっては、労働安全衛生法（昭和47年法律第57号）第57条の３第３項の規定に基づく「化学物質等による危険性又は有害性等の調査等に関する指針」（平成27年９月18日付け危険性又は有害性等の調査等に関する指針公示第３号）に従うことを追加したこと。

（安全衛生目標の設定）

第11条　事業者は、安全衛生方針に基づき、次に掲げる事項を踏まえ、安全衛生目標を設定し、当該目標において一定期間に達成すべき到達点を明らかとするとともに、当該目標を労働者及び関係請負人その他の関係者に周知するものとする。

1　前条第１項の規定による調査結果

2　過去の安全衛生目標の達成状況

第11条（安全衛生目標の設定）関係

（H18. 3. 17基発第0317007号）

「安全衛生目標」は、事業場としての目標を設定するほか、これを基にした関係部署ごとの目標も設定することが望ましいこと。また、目標は達成の度合いを客観的に評価できるよう、可能な限り数値で設定することが望ましいこと。

（安全衛生計画の作成）

第12条　事業者は、安全衛生目標を達成するため、事業場における危険性又は有害性等の調査の結果等に基づき、一定の期間を限り、安全衛生計画を作成するものとする。

②　安全衛生計画は、安全衛生目標を達成するための具体的な実施事項、日程等について定めるものであり、次の事項を含むものとする。

1　第10条第２項の規定により決定された措置の

第12条（安全衛生計画の作成）関係

（H18. 3. 17基発第0317007号）

⑴　第１項の「結果等」の「等」には、過去における安全衛生計画の実施状況、安全衛生目標の達成状況、第15条の日常的な点検の結果、第16条の労働災害、事故等の原因の調査結果、第17条のシステム監査の結果があること。また、実施事項の担当部署、必要な予算等も含めて作成することが望ましいこと。

内容及び実施時期に関する事項

2　日常的な安全衛生活動の実施に関する事項

3　健康の保持増進のための活動の実施に関する事項

4　安全衛生教育及び健康教育の内容及び実施時期に関する事項

5　関係請負人に対する措置の内容及び実施時期に関する事項

6　安全衛生計画の期間に関する事項

7　安全衛生計画の見直しに関する事項

(2)　第2項第2号の「日常的な安全衛生活動」には、危険予知活動（KYT）、4S活動、ヒヤリ・ハット事例の収集及びこれに係る対策の実施、安全衛生改善提案活動、健康づくり活動等があること。（編注・下記通達（R1.7.1.基発0701第3号）参照）

(3)　第2項第4号の「安全衛生教育」には、各種教育の実施時期及び各種教育のカリキュラムを規定すること。さらに、関係部署ごとの計画を作成することが望ましいこと。

(4)　第2項第5号は、元方事業者にあっては、関係請負人に対する措置に関する事項を安全衛生計画に含めることを規定したものであること。

(5)　第2項第6号の「期間」は、1年とするのが基本であるが、これに限るものでないこと。

(6)　第2項第7号の「安全衛生計画の見直し」については、機械、設備、化学物質等を新規に導入する場合等にあっては、危険性又は有害性等の調査の結果を踏まえ、必要に応じ見直しを行うことを定めるものであること。

（R1.7.1基発0701第3号）

近年、労働者の心身の健康の確保・増進の重要性が高まっていることから、安全衛生計画に含める事項として、健康の保持増進のための活動の実施に関する事項並びに健康教育の内容及び実施時期に関する事項を追加したこと。

(1)　第2項第3号の「健康の保持増進のための活動の実施に関する事項」には、事業場における労働者の健康保持増進のための指針（昭和63年9月1日健康保持増進のための指針公示第1号）及び労働者の心の健康の保持増進のための指針（平成18年3月31日健康保持増進のための指針公示第3号）に基づき実施される職場体操、ストレッチ、腰痛予防体操、ウォーキング、メンタルヘルスケア等の取組があること。

(2)　第2項第4号の「健康教育」には、生活習慣病予防、感染症予防、禁煙、メンタルヘルス等に係る教育があること。

（安全衛生計画の実施等）

第13条　事業者は、安全衛生計画を適切かつ継続的に実施する手順を定めるとともに、この手順に基づき、安全衛生計画を適切かつ継続的に実施するものとする。

②　事業者は、安全衛生計画を適切かつ継続的に実施するために必要な事項について労働者及び関係請負人その他の関係者に周知させる手順を定めるとともに、この手順に基づき、安全衛生計画を適切かつ継続的に実施するために必要な事項をこれらの者に周知させるものとする。

第13条（安全衛生計画の実施等）関係

（H18.3.17基発第0317007号）

第1項の「手順」に定める事項には、安全衛生計画に基づく活動等を実施するに当たっての具体的内容の決定方法、経費の執行方法等があること。

（緊急事態への対応）

第14条　事業者は、あらかじめ、労働災害発生の急迫した危険がある状態（以下「緊急事態」という。）が生ずる可能性を評価し、緊急事態が発生した場合に労働災害を防止するための措置を定めるとともに、これに基づき適切に対応するものとする。

第14条（緊急事態への対応）関係

（H18.3.17基発第0317007号）

「緊急事態が発生した場合に労働災害を防止するための措置」には、被害を最小限に食い止め、かつ、拡大を防止するための措置、各部署の役割及び指揮命令系統の設定、避難訓練の実施等が含まれること。

（日常的な点検、改善等）

第15条　事業者は、安全衛生計画の実施状況等の日常的な点検及び改善を実施する手順を定めるとともに、この手順に基づき、安全衛生計画の実施状況等の日常的な点検及び改善を実施するものとする。

②　事業者は、次回の安全衛生計画を作成するに当たって、前項の日常的な点検及び改善並びに次条の調査等の結果を反映するものとする。

第15条（日常的な点検、改善等）関係

（H18.3.17基発第0317007号）

第1項の「安全衛生計画の実施状況等の日常的な点検」とは、安全衛生計画が着実に実施されているかどうか、安全衛生目標は着実に達成されつつあるかどうか等について点検を行うことをいい、点検により問題点が発見された場合は、その原因を調査する必要があること。なお、「日常的な点検」は、必ずしも毎日実施する必要はなく、計画期間中の節目節目で実施することとして差し支えないこと。

（労働災害発生原因の調査等）

第16条　事業者は、労働災害、事故等が発生した場合におけるこれらの原因の調査並びに問題点の把握及び改善を実施する手順を定めるとともに、労働災害、事故等が発生した場合には、この手順に

第16条（労働災害発生原因の調査等）関係

（H18.3.17基発第0317007号）

(1)「労働災害、事故等」の「等」には、ヒヤリ・ハット事例のうち必要なものがあること。

(2)「これらの原因の調査並びに問題点の把握」

基づき、これらの原因の調査並びに問題点の把握及び改善を実施するものとする。

を実施するに当たっては、当該労働災害、事故等の直接の原因の解明にとどまることなく、当該事象を引き起こすに至った背景要因を総合的に勘案する必要があること。

（システム監査）

第17条　事業者は、定期的なシステム監査の計画を作成し、第５条から前条までに規定する事項についてシステム監査を適切に実施する手順を定めるとともに、この手順に基づき、システム監査を適切に実施するものとする。

② 事業者は、前項のシステム監査の結果、必要があると認めるときは、労働安全衛生マネジメントシステムに従って行う措置の実施について改善を行うものとする。

第17条（システム監査）関係

（H18. 3. 17基発第0317007号）

⑴「システム監査」は、システムに従って行う措置が適切に実施されているかどうかについて、文書、記録等の調査、システム各級管理者との面談、作業場等の視察等により評価するものであること。

⑵「システム監査」の実施者は、必要な能力を有し、監査の対象となる部署に所属していない等、システム監査の実施に当たって公平かつ客観的な立場にある者であること。その限りにおいて、企業内部の者、企業外部の者のいずれが実施しても差し支えないこと。

⑶「システム監査」は、少なくとも１年に１回、定期的に実施すること。また、安全衛生計画の期間中に少なくとも１回は実施すること。

⑷ 第２項の「必要があると認めるとき」とは、システム監査結果報告に、改善の必要がある旨の記載がある場合をいうものであること。

（労働安全衛生マネジメントシステムの見直し）

第18条　事業者は、前条第１項のシステム監査の結果を踏まえ、定期的に、労働安全衛生マネジメントシステムの妥当性及び有効性を確保するため、安全衛生方針の見直し、この指針に基づき定められた手順の見直し等労働安全衛生マネジメントシステムの全般的な見直しを行うものとする。

第18条（労働安全衛生マネジメントシステムの見直し）関係

（H18. 3. 17基発第0317007号）

「労働安全衛生マネジメントシステムの全般的な見直し」とは、事業場の安全衛生水準の向上の状況、社会情勢の変化等を考慮して、事業者自らがシステムの妥当性及び有効性を評価し、その結果を踏まえて必要な改善を実施することをいうものであること。

第３　その他の留意事項

（R1. 7. 1基発0701第３号）

1　ISO45001（JIS Q 45001）は箇条3. 3において、

組織（箇条3.1）の管理下で労働する又は労働に関わる活動を行う者として「働く人(Worker)」を定義し、ボランティアや経営者も含まれるとしている。この点について、指針は、則（編注・労働安全衛生規則）第24条の２に基づくものであることから、従前のとおり事業場における安全衛生の水準の向上を図ることを目的とし、労働者の範囲についても引き続き労働安全衛生法令に定められるものであること。

2　指針第５条、第７条、第11条及び第13条の「労働者」の範囲は、システムを運用する単位の労働者であり、「その他の関係者」の範囲は、当該システムを運用する単位の状況に応じて事業者が決定するものであること。

3　指針第９条の「安全衛生計画の実施状況、システム監査の結果等」の「等」には、特定された危険源又は有害性等の調査結果、教育の実施状況、労働災害、事故等の発生状況等のほか、システムの見直し結果が含まれること。

4　指針第12条第２項で定める安全衛生計画に含める事項については、JIS Q 45100の附属書Aが参考となること。

5　指針第12条第２項第２号の「日常的な安全衛生活動」には、日々繰り返して実施される活動として、危険予知活動（KYT）、４Ｓ活動、ヒヤリ・ハット事例の収集及びこれに係る対策の実施、安全衛生改善提案活動、健康づくり活動等があるほか、時期を定めて行う活動として、安全衛生に関する大会等の啓発行事、危険の見える化活動、安全衛生診断の受診等があること。

6　則第87条の措置（則第87条の２に基づく労働基準監督署長の認定を受けた事業場が適合すべき措置）として、指針に従って事業者が自主的活動を行う場合、当該活動については、則第87条の６による更新を受けるまでの期間中、なお従前の例によること。

また、指針第４条による適用の単位の如何によらず、則第87条の２に基づく認定は、事業場ごとに行われること。

付録2

危険性又は有害性等の調査等に関する指針

※1　指針の「1　趣旨等」中、「化学物質等による労働者の危険性又は健康障害を防止するため必要な措置に関する指針」については、平成27年9月18日付けリスクアセスメント指針公示第3号「化学物質等による危険性又は有害性等の調査等に関する指針」が該当する。

※2　「機械の包括的な安全基準に関する指針」は、平成19年7月31日付け基発第0731001号通達により改正された（平成13年6月1日付け基発第501号は廃止）。

危険性又は有害性等の調査等に関する指針 平成18年3月10日付け指針公示第1号	解釈通達 平成18年3月10日付け基発第0310001号
1　趣旨等 生産工程の多様化・複雑化が進展するとともに、新たな機械設備・化学物質が導入されていること等により、労働災害の原因が多様化し、その把握が困難になっている。 このような現状において、事業場の安全衛生水準の向上を図っていくため、労働安全衛生法（昭和47年法律第57号。以下「法」という。）第28条の2第1項において、労働安全衛生関係法令に規定される最低基準としての危害防止基準を遵守するだけでなく、事業者が自主的に個々の事業場の建設物、設備、原材料、ガス、蒸気、粉じん等による、又は作業行動その他業務に起因する危険性又は有害性等の調査（以下単に「調査」という。）を実施し、その結果に基づいて労働者の危険又は健康障害を防止するため必要な措置を講ずることが事業者の努力義務として規定されたところである。 本指針は、法第28条の2第2項の規定に基づき、当該措置が各事業場において適切かつ有効に実施されるよう、その基本的な考え方及び実施事項について定め、事業者による自主的な安全衛生活動への取組を促進することを目的とするものである。 また、本指針を踏まえ、特定の危険性又は有害性の種類等に関する詳細な指針が別途策定されるものとする。詳細な指針には、「化学物質等による労働者の危険又は健康障害を防止するため必要な措置に関する指針」、機械安全に関して厚生労	**1　趣旨等について** (1)　指針の1は、本指針の趣旨を定めているほか、特定の危険性又は有害性の種類等に関する詳細指針の策定について規定したものであること。 (2)　「機械安全に関して厚生労働省労働基準局長の定めるもの」には、「機械の包括的な安全基準に関する指針」（平成13年6月1日付け基発第501号）があること。 (3)　指針の「危険性又は有害性等の調査」は、ILO（国際労働機関）等において「リスクアセスメント（risk assessment）」等の用語で表現されているものであること。

働省労働基準局長の定めるものが含まれる。

なお、本指針は、「労働安全衛生マネジメントシステムに関する指針」（平成11年労働省告示第53号）に定める危険性又は有害性等の調査及び実施事項の特定の具体的実施事項としても位置付けられるものである。

2　適用

本指針は、建設物、設備、原材料、ガス、蒸気、粉じん等による、又は作業行動その他業務に起因する危険性又は有害性（以下単に「危険性又は有害性」という。）であって、労働者の就業に係る全てのものを対象とする。

2　適用について

(1) 指針の2は、労働者の就業に係るすべての危険性又は有害性を対象とすることを規定したものであること。

(2) 指針の2の「危険性又は有害性」とは、労働者に負傷又は疾病を生じさせる潜在的な根源であり、ISO（国際標準化機構）、ILO等においては「危険源」、「危険有害要因」、「ハザード(hazard)」等の用語で表現されているものであること。

3　実施内容

事業者は、調査及びその結果に基づく措置（以下「調査等」という。）として、次に掲げる事項を実施するものとする。

(1) 労働者の就業に係る危険性又は有害性の特定

(2) (1)により特定された危険性又は有害性によって生ずるおそれのある負傷又は疾病の重篤度及び発生する可能性の度合（以下「リスク」という。）の見積り

(3) (2)の見積りに基づくリスクを低減するための優先度の設定及びリスクを低減するための措置（以下「リスク低減措置」という。）内容の検討

(4) (3)の優先度に対応したリスク低減措置の実施

3　実施内容について

(1) 指針の3は、指針に基づき実施すべき事項の骨子を示したものであること。

(2) 指針の3の「危険性又は有害性の特定」は、ISO等においては「危険源の同定（hazard identification)」等の用語で表現されているものであること。

4　実施体制等

(1) 事業者は、次に掲げる体制で調査等を実施するものとする。

ア　総括安全衛生管理者等、事業の実施を統括管理する者（事業場トップ）に調査等の実施を統括管理させること。

4　実施体制等について

(1) 指針の4は、調査等を実施する際の体制について規定したものであること。

(2) 指針の4(1)アの「事業の実施を統括管理する者」には、総括安全衛生管理者、統括安全衛生責任者が含まれること。また、総括安全衛生管理者等の選任義務のない事業場においては、事業場

イ　事業場の安全管理者、衛生管理者等に調査等の実施を管理させること。

ウ　安全衛生委員会等（安全衛生委員会、安全委員会又は衛生委員会をいう。）の活用等を通じ、労働者を参画させること。

エ　調査等の実施に当たっては、作業内容を詳しく把握している職長等に危険性又は有害性の特定、リスクの見積り、リスク低減措置の検討を行わせるように努めること。

オ　機械設備等に係る調査等の実施に当たっては、当該機械設備等に専門的な知識を有する者を参画させるように努めること。

(2)　事業者は、(1)で定める者に対し、調査等を実施するために必要な教育を実施するものとする。

を実質的に統括管理する者が含まれること。

(3)　指針の4(1)イの「安全管理者、衛生管理者等」の「等」には、安全衛生推進者が含まれること。

(4)　指針の4(1)ウの「安全衛生委員会等の活用等」には、安全衛生委員会の設置義務のない事業場において実施される関係労働者の意見聴取の機会を活用することが含まれるものであること。

また、安全衛生委員会等の活用等を通じ、調査等の結果を労働者に周知する必要があること。

(5)　指針の4(1)エの「職長等」とは、職長のほか、班長、組長、係長等の作業中の労働者を直接指導又は監督する者がこれに該当すること。また、職長等以外にも作業内容を詳しく把握している一般の労働者がいる場合には、当該労働者を参加させることが望ましいこと。

なお、リスク低減措置の決定及び実施は、事業者の責任において実施されるべきであるものであることから、指針の4(1)エにおいて、職長等に行わせる事項には含めていないこと。

(6)　指針の4(1)オの「機械設備等」の「等」には、電気設備が含まれること。

(7)　調査等の実施に関し、専門的な知識を必要とする場合等には、外部のコンサルタントの助力を得ることも差し支えないこと。

5　実施時期

(1)　事業者は、次のアからオまでに掲げる作業等の時期に調査等を行うものとする。

ア　建設物を設置し、移転し、変更し、又は解体するとき。

イ　設備を新規に採用し、又は変更するとき。

ウ　原材料を新規に採用し、又は変更するとき。

エ　作業方法又は作業手順を新規に採用し、又は変更するとき。

オ　その他、次に掲げる場合等、事業場におけ

5　実施時期について

(1)　指針の5は、調査等を実施する時期を規定したものであること。

(2)　指針の5(1)イの設備には、足場等の仮設のものも含まれるとともに、設備の変更には、設備の配置替えが含まれること。

(3)　指針の5(1)オの「次に掲げる場合等」の「等」

るリスクに変化が生じ、又は生ずるおそれのあるとき。

(ア) 労働災害が発生した場合であって、過去の調査等の内容に問題がある場合

(イ) 前回の調査等から一定の期間が経過し、機械設備等の経年による劣化、労働者の入れ替わり等に伴う労働者の安全衛生に係る知識経験の変化、新たな安全衛生に係る知見の集積等があった場合

には、地震等により、建設物等に被害が出た場合、もしくは被害が出ているおそれがある場合が含まれること。

(4) 指針の5(1)オ(イ)の規定は、実施した調査等について、設備の経年劣化等の状況の変化に対応するため、定期的に再度調査等を実施し、それに基づくリスク低減措置を実施することが必要であることから設けられたものであること。なお、ここでいう「一定の期間」については、事業者が設備や作業等の状況を踏まえ決定し、それに基づき計画的に調査等を実施すること。

(5) 指針の5(1)オ(イ)の「新たな安全衛生に係る知見」には、例えば、社外における類似作業で発生した災害や、化学物質に係る新たな危険有害情報など、従前は想定していなかったリスクを明らかにする情報があること。

(2) 事業者は、(1)のアからエまでに掲げる作業を開始する前に、リスク低減措置を実施することが必要であることに留意するものとする。

(3) 事業者は、(1)のアからエまでに係る計画を策定するときは、その計画を策定するときにおいても調査等を実施することが望ましい。

(6) 指針の5(3)は、実際に建設物、設備等の設置等の作業を開始する前に、設備改修計画、工事計画や施工計画等を作成することが一般的であり、かつ、それら計画の段階で調査等を実施することでより効果的なリスク低減措置の実施が可能となることから設けられた規定であること。また、計画策定時に調査等を行った後に指針の5(1)の作業等を行う場合、同じ事項に重ねて調査等を実施する必要はないこと。

(7) 既に設置されている建設物等や採用されている作業方法等であって、調査等が実施されていないものに対しては、指針の5(1)にかかわらず、計画的に調査等を実施することが望ましいこと。

6 対象の選定

事業者は、次により調査等の実施対象を選定するものとする。

(1) 過去に労働災害が発生した作業、危険な事象

6 調査等の対象の選定について

(1) 指針の6は、調査等の実施対象の選定基準について規定したものであること。

(2) 指針の6(1)の「危険な事象が発生した作業等」

が発生した作業等、労働者の就業に係る危険性又は有害性による負傷又は疾病の発生が合理的に予見可能であるものは、調査等の対象とすること。

の「等」には、労働災害を伴わなかった危険な事象（ヒヤリハット事例）のあった作業、労働者が日常不安を感じている作業、過去に事故のあった設備等を使用する作業、又は操作が複雑な機械設備等の操作が含まれること。

(3) 指針の6(1)の「合理的に予見可能」とは、負傷又は疾病を予見するために十分な検討を行えば、現時点の知見で予見し得ることをいうこと。

(2) (1)のうち、平坦な通路における歩行等、明らかに軽微な負傷又は疾病しかもたらさないと予想されるものについては、調査等の対象から除外して差し支えないこと。

(4) 指針の6(2)の「軽微な負傷又は疾病」とは、医師による治療を要しない程度の負傷又は疾病をいうこと。また、「明らかに軽微な負傷又は疾病しかもたらさないと予想されるもの」には、過去、たまたま軽微な負傷又は疾病しか発生しなかったというものは含まれないものであること。

7　情報の入手

(1) 事業者は、調査等の実施に当たり、次に掲げる資料等を入手し、その情報を活用するものとする。入手に当たっては、現場の実態を踏まえ、定常的な作業に係る資料等のみならず、非定常作業に係る資料等も含めるものとする。

ア　作業標準、作業手順書等

イ　仕様書、化学物質等安全データシート（SDS）等、使用する機械設備、材料等に係る危険性又は有害性に関する情報

ウ　機械設備等のレイアウト等、作業の周辺の環境に関する情報

7　情報の入手について

(1) 指針の7は、調査等の実施に当たり、事前に入手すべき情報を規定したものであること。

(2) 指針の7(1)の「非定常作業」には、機械設備等の保守点検作業や補修作業に加え、予見される緊急事態への対応も含まれること。

なお、工程の切替（いわゆる段取り替え）に関する情報についても入手すべきものであること。

(3) 指針の7(1)アからキまでについては、以下に留意すること。

ア　指針の7(1)アの「作業手順書等」の「等」には、例えば、操作説明書、マニュアルがあること。

イ　指針の7(1)イの「危険性又は有害性に関する情報」には、例えば、使用する設備等の仕様書、取扱説明書、「機械等の包括的な安全基準に関する指針」に基づき提供される「使用上の情報」、使用する化学物質の化学物質等安全データシート（SDS）があること。

ウ　指針の7(1)ウの「作業の周辺の環境に関する情報」には、例えば、周辺の機械設備等の状況や、地山の掘削面の土質やこう配等があ

ること。また、発注者において行われたこれらに係る調査等の結果も含まれること。

エ　作業環境測定結果等

エ　指針の7(1)エの「作業環境測定結果等」の「等」には、例えば、特殊健康診断結果、生物学的モニタリング結果があること。

オ　混在作業による危険性等、複数の事業者が同一の場所で作業を実施する状況に関する情報

オ　指針の7(1)オの「複数の事業者が同一の場所で作業を実施する状況に関する情報」には、例えば、上下同時作業の実施予定や、車両の乗り入れ予定の情報があること。

カ　災害事例、災害統計等

カ　指針の7(1)カの「災害事例、災害統計等」には、例えば、事業場内の災害事例、災害の統計・発生傾向分析、ヒヤリハット、トラブルの記録、労働者が日常不安を感じている作業等の情報があること。また、同業他社、関連業界の災害事例等を収集することが望ましいこと。

キ　その他、調査等の実施に当たり参考となる資料等

キ　指針の7(1)キの「その他、調査等の実施に当たり参考となる資料等」の「等」には、例えば、作業を行うために必要な資格・教育の要件、セーフティ・アセスメント指針に基づく調査等の結果、危険予知活動（KYT）の実施結果、職場巡視の実施結果があること。

(2)　事業者は、情報の入手に当たり、次に掲げる事項に留意するものとする。

(4)　指針の7(2)については、以下の事項に留意すること。

ア　新たな機械設備等を外部から導入しようとする場合には、当該機械設備等のメーカーに対し、当該設備等の設計・製造段階において調査等を実施することを求め、その結果を入手すること。

ア　指針の7(2)アは、「機械等の包括的な安全基準に関する指針」、ISO、JISの「機械類の安全性」の考え方に基づき、機械設備等の設計・製造段階における安全対策を行うことが重要であることから、機械設備等を使用する事業者は、導入前に製造者に調査等の実施を求め、使用上の情報等の結果を入手することを定めたものであること。

イ　機械設備等の使用又は改造等を行おうとする場合に、自らが当該機械設備等の管理権原を有しないときは、管理権原を有する者等が実施した当該機械設備等に対する調査等の結果を入手すること。

イ　指針の7(2)イは、使用する機械設備等に対する設備的改善は管理権原を有する者のみが行い得ることから、その機械設備等を使用させる前に、管理権原を有する者が調査等を実施し、その結果を機械設備等の使用者が入手することを定めたものであること。

また、爆発等の危険性のあるものを取り扱

う機械設備等の改造等を請け負った事業者が、内容物等の危険性を把握することは困難であることから、管理権原を有する者が調査等を実施し、その結果を請負業者が入手することを定めたものであること。

ウ　複数の事業者が同一の場所で作業する場合には、混在作業による労働災害を防止するために元方事業者が実施した調査等の結果を入手すること。

ウ　指針の7(2)ウは、同一の場所で混在して実施する作業を請け負った事業者は、混在の有無やそれによる危険性を把握できないので、元方事業者が混在による危険性について事前に調査等を実施し、その結果を関係請負人が入手することを定めたものであること。

エ　機械設備等が転倒するおそれがある場所等、危険な場所において、複数の事業者が作業を行う場合には、元方事業者が実施した当該危険な場所に関する調査等の結果を入手すること。

エ　指針の7(2)エは、建設現場においては、請負事業者が混在して作業を行っていることから、どの請負事業者が調査等を実施すべきか明確でない場合があるため、元方事業者が調査等を実施し、その結果を関係請負人が入手することを定めたものであること。

8　危険性又は有害性の特定

(1)　事業者は、作業標準等に基づき、労働者の就業に係る危険性又は有害性を特定するために必要な単位で作業を洗い出した上で、各事業場における機械設備、作業等に応じてあらかじめ定めた危険性又は有害性の分類に則して、各作業における危険性又は有害性を特定するものとする。

(2)　事業者は、(1)の危険性又は有害性の特定に当たり、労働者の疲労等の危険性又は有害性への付加的影響を考慮するものとする。

8　危険性又は有害性の特定について

(1)　指針の8は、危険性又は有害性の特定の方法について規定したものであること。

(2)　指針の8(1)の作業の洗い出しは、作業標準、作業手順等を活用し、危険性又は有害性を特定するために必要な単位で実施するものであること。

なお、作業標準がない場合には、当該作業の手順を書き出した上で、それぞれの段階ごとに危険性又は有害性を特定すること。

(3)　指針の8(1)の「危険性又は有害性の分類」には、別添3（略）の例のほか、ISO、JISやGHS（化学品の分類及び表示に関する世界調和システム）で定められた分類があること。各事業者が設備、作業等に応じて定めた独自の分類がある場合には、それを用いることも差し支えないものであること。

(4)　指針の8(2)は、労働者の疲労等により、負傷又は疾病が発生する可能性やその重篤度が高まることを踏まえて、危険性又は有害性の特定を行う必要がある旨を規定したものであること。

したがって、指針の９のリスク見積りにおいても、これら疲労等による可能性の度合と重篤度の付加を考慮する必要があるものであること。

(5) 指針の８(2)の「疲労等」には、単調作業の連続による集中力の欠如や、深夜労働による居眠り等が含まれること。

9 リスクの見積り

(1) 事業者は、リスク低減の優先度を決定するため、次に掲げる方法等により、危険性又は有害性により発生するおそれのある負傷又は疾病の重篤度及びそれらの発生の可能性の度合をそれぞれ考慮して、リスクを見積もるものとする。ただし、化学物質等による疾病については、化学物質等の有害性の度合及びばく露の量をそれぞれ考慮して見積もることができる。

ア 負傷又は疾病の重篤度とそれらが発生する可能性の度合を相対的に尺度化し、それらを縦軸と横軸とし、あらかじめ重篤度及び可能性の度合に応じてリスクが割り付けられた表を使用してリスクを見積もる方法

イ 負傷又は疾病の発生する可能性とその重篤

9 リスクの見積りの方法について

(1) 指針の９はリスクの見積りの方法等について規定したものであるが､その実施にあたっては、次に掲げる事項に留意すること。

ア 指針の９は、リスク見積りの方法、留意事項等について規定したものであること。

イ 指針の９のリスクの見積りは、優先度を定めるために行うものであるので、必ずしも数値化する必要はなく、相対的な分類でも差し支えないこと。

ウ 指針の９(1)の「負傷又は疾病」には、それらによる死亡も含まれること。また､「危険性又は有害性により労働者に生ずるおそれのある負傷又は疾病」は、ISO等においては「危害」(harm)、「負傷又は疾病の程度」とは、「危害のひどさ」(severity of harm) 等の用語で表現されているものであること。

エ 指針の９(1)アからウまでに掲げる方法は、代表的な手法の例であり、(1)の柱書きに定める事項を満たしている限り、他の手法によっても差し支えないこと。

オ 指針の９(1)アで定める手法は、負傷又は疾病の重篤度と可能性の度合をそれぞれ横軸と縦軸とした表（行列：マトリクス）に、あらかじめ重篤度と可能性の度合に応じたリスクを割り付けておき、見積対象となる負傷又は疾病の重篤度に該当する列を選び、次に発生の可能性の度合に該当する行を選ぶことにより、リスクを見積もる方法であること。(別添４の例１に記載例を示す。)

カ 指針の９(1)イで定める手法は、負傷又は疾

度を一定の尺度によりそれぞれ数値化し、それらを加算又は乗算等してリスクを見積もる方法

病の発生する可能性の度合とその重篤度を一定の尺度によりそれぞれ数値化し、それらを数値演算（かけ算、足し算等）してリスクを見積もる方法であること。（別添4の例2に記載例を示す。）

ウ　負傷又は疾病の重篤度及びそれらが発生する可能性等を段階的に分岐していくことによりリスクを見積もる方法

キ　指針の9(1)ウで定める手法は、負傷又は疾病の重篤度、危険性へのばく露の頻度、回避可能性等をステップごとに分岐していくことにより、リスクを見積もる方法（リスクグラフ）であること。（別添4の例3に記載例を示す。）

(2)　事業者は、(1)の見積りに当たり、次に掲げる事項に留意するものとする。

ア　予想される負傷又は疾病の対象者及び内容を明確に予測すること。

イ　過去に実際に発生した負傷又は疾病の重篤度ではなく、最悪の状況を想定した最も重篤な負傷又は疾病の重篤度を見積もること。

ウ　負傷又は疾病の重篤度は、負傷や疾病等の種類にかかわらず、共通の尺度を使うことが望ましいことから、基本的に、負傷又は疾病による休業日数等を尺度として使用すること。

エ　有害性が立証されていない場合でも、一定の根拠がある場合は、その根拠に基づき、有害性が存在すると仮定して見積もるよう努めること。

(2)　指針の9(2)の事項については、次に掲げる事項に留意すること。

ア　指針の9(2)ア及びイの重篤度の予測に当たっては、抽象的な検討ではなく、極力、どのような負傷や疾病がどの作業者に発生するのかを具体的に予測した上で、その重篤度を見積もること。また、直接作業を行う者のみならず、作業の工程上その作業場所の周辺にいる作業者等も検討の対象に含むこと。

イ　指針の9(2)ウの「休業日数等」の「等」には、後遺障害の等級や死亡が含まれること。

ウ　指針の9(2)エは、疾病の重篤度の見積りに当たっては、いわゆる予防原則に則り、有害性が立証されておらず、MSDS等が添付されていない化学物質等を使用する場合にあっては、関連する情報を供給者や専門機関等に求め、その結果、一定の有害性が指摘されている場合は、入手した情報に基づき、有害性を推定することが望ましいことを規定したものであること。

(3)　事業者は、(1)の見積りを、事業場の機械設備、作業等の特性に応じ、次に掲げる負傷又は疾病の類型ごとに行うものとする。

ア　はさまれ、墜落等の物理的な作用によるもの

(3)　指針の9(3)前段の事項については、次に掲げる事項に留意すること。

ア　指針の9(3)前段アの「はさまれ、墜落等の物理的な作用」による危険性による負傷又は疾病の重篤度又はそれらが発生する可能性の

度合の見積りに当たっては、必要に応じ、以下の事項に留意すること。

なお、行動災害の見積りに当たっては、災害事例を参考にしつつ、具体的な負傷又は疾病を予測すること。

(ア) 加害物の高さ、重さ、速度、電圧等

(イ) 危険性へのばく露の頻度等

危険区域への接近の必要性・頻度、危険区域内での経過時間、接近の性質（作業内容）等

(ウ) 機械設備等で発生する事故、土砂崩れ等の危険事象の発生確率

機械設備等の信頼性又は故障歴等の統計データのほか、地山の土質や角度等から経験的に求められるもの

(エ) 危険回避の可能性

加害物のスピード、異常事態の認識しやすさ、危険場所からの脱出しやすさ又は労働者の技量等を考慮すること。

(オ) 環境要因

天候や路面状態等作業に影響を与える環境要因を考慮すること。

イ　爆発、火災等の化学物質の物理的効果によるもの

イ　指針の9(3)前段イの「爆発、火災等の化学物質の物理的効果」による負傷の重篤度又はそれらが発生する可能性の度合の見積りに当たっては、必要に応じ、以下の事項に留意すること。

(ア) 反応、分解、発火、爆発、火災等の起こしやすさに関する化学物質の特性（感度）

(イ) 爆発を起こした場合のエネルギーの発生挙動に関する化学物質の特性（威力）

(ウ) タンク等に保管されている化学物質の保管量等

ウ　中毒等の化学物質等の有害性によるもの

ウ　指針の9(3)前段ウの「中毒等の化学物質等の有害性」による疾病の重篤度又はそれらが発生する可能性の度合の見積りに当たっては、必要に応じ、以下の事項に留意すること。

(ア) 有害物質等の取扱量、濃度、接触の頻度等

有害物質等には、化学物質、石綿等による粉じんが含まれること。

(イ) 有害物質等への労働者のばく露量とばく露限界等との比較

ばく露限界は、日本産業衛生学会やACGIH（米国産業衛生専門家会議）の許容濃度等があり、また、管理濃度が参考となること。

(ウ) 侵入経路等

エ　振動障害等の物理因子の有害性によるもの

エ　指針の9(3)前段エの「振動障害等の物理因子の有害性」による疾病の重篤度又はそれらが発生する可能性の度合の見積りに当たっては、必要に応じ、以下の事項に留意すること。

(ア) 物理因子の有害性等

電離放射線の線源等、振動の振動加速度等、騒音の騒音レベル等、紫外線等の有害光線の波長等、気圧、水圧、高温、低温等

(イ) 物理因子のばく露量及びばく露限度等との比較

法令、通達のほか、JIS、日本産業衛生学会等の基準等があること。

オ　負傷又は疾病の重篤度や発生可能性の見積りにおいては、生理学的要因（単調連続作業等による集中力の欠如、深夜労働による影響等）にも配慮すること。

また、その際、次に掲げる事項を考慮すること。

ア　安全装置の設置、立入禁止措置その他の労働災害防止のための機能又は方策（以下「安全機能等」という。）の信頼性及び維持能力

(4) 指針の9(3)後段の安全機能等に関する考慮については、次に掲げる事項に留意すること。

ア　指針の9(3)後段アの「安全機能等の信頼性及び維持能力」に関して考慮すべき事項には、必要に応じ、以下の事項が含まれること。

(ア) 安全装置等の機能の故障頻度・故障対策、メンテナンス状況、使用者の訓練状況等

(イ) 立入禁止措置等の管理的方策の周知状況、柵等のメンテナンス状況

イ　安全機能等を無効化する又は無視する可能性

イ　指針の9(3)後段イの「安全機能等を無効化する又は無視する可能性」に関して考慮すべき事項には、必要に応じ、以下の事項が含まれること。

(ア) 生産性の低下等、労働災害防止のための機能・方策を無効化させる動機

(イ) スイッチの誤作動防止のための保護錠が設けられていない等、労働災害防止のための機能・方策の無効化しやすさ

ウ 作業手順の逸脱、操作ミスその他の予見可能な意図的・非意図的な誤使用又は危険行動の可能性

ウ 指針の9(3)後段ウの作業手順の逸脱等の予見可能な「意図的」な誤使用又は危険行動の可能性に関して考慮すべき事項には、必要に応じ、以下の事項が含まれること。

(ア) 作業手順等の周知状況

(イ) 近道行動（最小抵抗経路行動）

(ウ) 監視の有無等の意図的な誤使用等のしやすさ

(エ) 作業者の資格・教育等

エ 指針の9(3)後段のウの操作ミス等の予見可能な「非意図的」な誤使用の可能性に関して考慮すべき事項には、必要に応じ、以下の事項が含まれること。

(ア) ボタンの配置、ハンドルの操作方向のばらつき等の人間工学的な誤使用等の誘発しやすさ

(イ) 作業者の資格・教育等

10 リスク低減措置の検討及び実施

(1) 事業者は、法令に定められた事項がある場合にはそれを必ず実施するとともに、次に掲げる優先順位でリスク低減措置内容を検討の上、実施するものとする。

ア 危険な作業の廃止・変更等、設計や計画の段階から労働者の就業に係る危険性又は有害性を除去又は低減する措置

イ インターロック、局所排気装置等の設置等の工学的対策

10 リスク低減措置の検討及び実施について

(1) 指針の10(1)の事項については、次に掲げる事項に留意すること。

ア 指針の10(1)アの「危険性又は有害性を除去又は低減する措置」とは、危険な作業の廃止・変更、より危険性又は有害性の低い材料への代替、より安全な反応過程への変更、より安全な施工方法への変更等、設計や計画の段階から危険性又は有害性を除去又は低減する措置をいうものであること。

イ 指針の10(1)イの「工学的対策」とは、アの措置により除去しきれなかった危険性又は有害性に対し、ガード、インターロック、安全装置、局所排気装置の設置等の措置を実施す

	るものであること。
ウ　マニュアルの整備等の管理的対策	ウ　指針の10(1)ウの「管理的対策」とは、ア及びイの措置により除去しきれなかった危険性又は有害性に対し、マニュアルの整備、立入禁止措置、ばく露管理、警報の運用、二人組制の採用、教育訓練、健康管理等の作業者等を管理することによる対策を実施するものであること。
エ　個人用保護具の使用	エ　指針の10(1)エの「個人用保護具の使用」は、アからウまでの措置により除去されなかった危険性又は有害性に対して、呼吸用保護具や保護衣等の使用を義務づけるものであること。また、この措置により、アからウまでの措置の代替を図ってはならないこと。 オ　指針の10(1)のリスク低減措置の検討に当たっては、大気汚染防止法等の公害その他一般公衆の災害を防止するための法令に反しないように配慮する必要があること。
(2)　(1)の検討に当たっては、リスク低減に要する負担がリスク低減による労働災害防止効果と比較して大幅に大きく、両者に著しい不均衡が発生する場合であって、措置を講ずることを求めることが著しく合理性を欠くと考えられるときを除き、可能な限り高い優先順位のリスク低減措置を実施する必要があるものとする。	(2)　指針の10(2)は、合理的に実現可能な限り、より高い優先順位のリスク低減措置を実施することにより、「合理的に実現可能な程度に低い」（ALARP）レベルにまで適切にリスクを低減するという考え方を規定したものであること。 なお、低減されるリスクの効果に比較して必要な費用等が大幅に大きいなど、両者に著しい不均衡を発生させる場合であっても、死亡や重篤な後遺障害をもたらす可能性が高い場合等、対策の実施に著しく合理性を欠くとはいえない場合には、措置を実施すべきものであること。 (3)　指針の10(2)に従い、リスク低減のための対策を決定する際には、既存の行政指針、ガイドライン等に定められている対策と同等以上とすることが望ましいこと。また、高齢者、日本語が通じない労働者、経験の浅い労働者等、安全衛生対策上の弱者に対しても有効なレベルまでリスクが低減されるべきものであること。
(3)　なお、死亡、後遺障害又は重篤な疾病をもたらすおそれのあるリスクに対して、適切なリスク低減措置の実施に時間を要する場合は、暫定	(4)　指針の10(3)は、死亡、後遺障害又は重篤な疾病をもたらすリスクに対して、(2)の考え方に基づく適切なリスク低減を実施するのに時間を要

的な措置を直ちに講ずるものとする。

する場合に、それを放置することなく、実施可能な暫定的な措置を直ちに実施する必要があることを規定したものであること。

11　記録

事業者は、次に掲げる事項を記録するものとする。

(1)　洗い出した作業

(2)　特定した危険性又は有害性

(3)　見積もったリスク

(4)　設定したリスク低減措置の優先度

(5)　実施したリスク低減措置の内容

11　記録について

(1)　指針の11(1)から(5)までに掲げる事項を記録するに当たっては、調査等を実施した日付及び実施者を明記すること。

(2)　指針の11(5)のリスク低減措置には、当該措置を実施した後に見込まれるリスクを見積もることも含まれること。

(3)　調査等の記録は、次回調査等を実施するまで保管すること。なお、記録の記載例を別添5（略）に示す。

リスク見積り及びそれに基づく優先度の設定方法の例

（平成18年３月10日付け基発第0310001号　別添４）

※別添１～３及び５は略

1　負傷又は疾病の重篤度

「負傷又は疾病の重篤度」については、基本的に休業日数等を尺度として使用するものであり、以下のように区分する例がある。

①致命的：死亡災害や身体の一部に永久損傷を伴うもの

②重　大：休業災害（１か月以上のもの）、一度に多数の被災者を伴うもの

③中程度：休業災害（１か月未満のもの）、一度に複数の被災者を伴うもの

④軽　度：不休災害やかすり傷程度のもの

2　負傷又は疾病の可能性の度合

「負傷又は疾病の可能性の度合」は、危険性又は有害性への接近の頻度や時間、回避の可能性等を考慮して見積もるものであり（具体的には記の９(3)参照）、以下のように区分する例がある。

①可能性が極めて高い：日常的に長時間行われる作業に伴うもので回避困難なもの

②可能性が比較的高い：日常的に行われる作業に伴うもので回避可能なもの

③可能性がある：非定常的な作業に伴うもので回避可能なもの

④可能性がほとんどない：まれにしか行われない作業に伴うもので回避可能なもの

3　リスク見積りの例

リスク見積り方法の例には、以下の例１～３のようなものがある。

例１：マトリクスを用いた方法

重篤度「②重大」、可能性の度合「②比較的高い」の場合の見積り例

		負傷又は疾病の重篤度			
		致命的	重大	中程度	軽度
負傷又は疾病の発生可能性の度合	極めて高い	5	5	4	3
	比較的高い	5	4	3	2
	可能性あり	4	3	2	1
	ほとんどない	4	3	1	1

リスク	優先度	
4～5	高	直ちにリスク低減措置を講ずる必要がある。 措置を講ずるまで作業停止する必要がある。 十分な経営資源を投入する必要がある。
2～3	中	速やかにリスク低減措置を講ずる必要がある。 措置を講ずるまで使用しないことが望ましい。 優先的に経営資源を投入する必要がある。
1	低	必要に応じてリスク低減措置を実施する。

例２：数値化による方法

重篤度「②重大」、可能性の度合「②比較的高い」の場合の見積り例

(1)　負傷又は疾病の重篤度

致命的	重大	中程度	軽度
30点	20点	7点	2点

(2)　負傷又は疾病の発生可能性の度合

極めて高い	比較的高い	可能性あり	ほとんどない
20点	15点	7点	2点

20点（重篤度「重大」）＋15点（可能性の度合「比較的高い」）＝35点（リスク）

リスク	優先度	
30点以上	高	直ちにリスク低減措置を講ずる必要がある。 措置を講ずるまで作業停止する必要がある。 十分な経営資源を投入する必要がある。
10～29点	中	速やかにリスク低減措置を講ずる必要がある。 措置を講ずるまで使用しないことが望ましい。 優先的に経営資源を投入する必要がある。
10点未満	低	必要に応じてリスク低減措置を実施する。

例３：枝分かれ図を用いた方法

重篤度「②重大」、可能性の度合「②比較的高い」の場合の見積り例

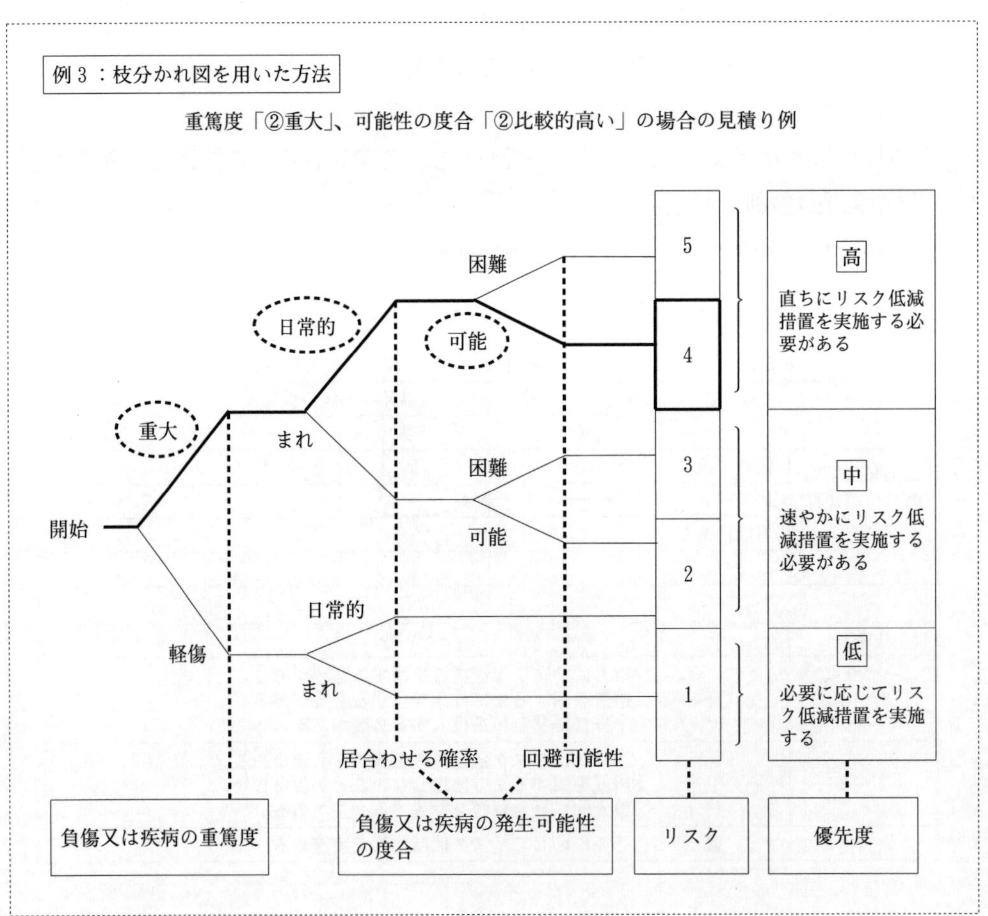

付録3

化学物質等による危険性又は有害性等の調査等に関する指針

※　解釈通達の「7　情報の入手等について」(3)イの「機械等の包括的な安全基準に関する指針」は、平成19年7月31日付け基発第0731001号通達により改正された（平成13年6月1日付け基発第501号は廃止）。

化学物質等による危険性又は有害性等の調査等に関する指針 平成27年9月18日付け指針公示第3号 （最終改正：令和5年4月27日付け指針公示第4号）	解釈通達 平成27年9月18日付け基発0918第3号 （最終改正：令和5年4月27日付け基発0427第3号）
1　趣旨等 本指針は、労働安全衛生法（昭和47年法律第57号。以下「法」という。）第57条の3第3項の規定に基づき、事業者が、化学物質、化学物質を含有する製剤その他の物で労働者の危険又は健康障害を生ずるおそれのあるものによる危険性又は有害性等の調査（以下「リスクアセスメント」という。）を実施し、その結果に基づいて労働者の危険又は健康障害を防止するため必要な措置（以下「リスク低減措置」という。）が各事業場において適切かつ有効に実施されるよう、「化学物質による健康障害防止のための濃度の基準の適用等に関する技術上の指針」（令和5年4月27日付け技術上の指針公示第24号）と相まって、リスクアセスメントからリスク低減措置の実施までの一連の措置の基本的な考え方及び具体的な手順の例を示すとともに、これらの措置の実施上の留意事項を定めたものである。 また、本指針は、「労働安全衛生マネジメントシステムに関する指針」（平成11年労働省告示第53号）に定める危険性又は有害性等の調査及び実施事項の特定の具体的実施事項としても位置付けられるものである。	**1　趣旨等について** (1)　指針の1は、本指針の趣旨及び位置付けを定めたものであること。 (2)　指針の1の「危険性又は有害性」とは、ILO等において、「危険有害要因」、「ハザード(hazard)」等の用語で表現されているものであること。
2　適用 本指針は、リスクアセスメント対象物（リスクアセスメントをしなければならない労働安全衛生法施行令（昭和47年政令第318号。以下「令」という。）第18条各号に掲げる物及び法第57条の2第1項に規定する通知対象物をいう。以下同じ。）に係るリスクアセスメントについて適用し、労働者の就業に係る全てのものを対象とする。	**2　適用について** (1)　指針の2は、法第57条の3第1項の規定に基づくリスクアセスメントは、リスクアセスメント対象物のみならず、作業方法、設備等、労働者の就業に係る全てのものを含めて実施すべきことを定めたものであること。 (2)　指針の2の「リスクアセスメント対象物」には、製造中間体（製品の製造工程中において生

成し、同一事業場内で他の化学物質に変化する化学物質をいう。）が含まれること。

指針	通達（解説）
3　実施内容 事業者は、法第57条の３第１項に基づくリスクアセスメントとして、⑴から⑶までに掲げる事項を、労働安全衛生規則（昭和47年労働省令第32号。以下「安衛則」という。）第34条の２の８に基づき⑸に掲げる事項を実施しなければならない。また、法第57条の３第２項に基づき、安衛則第577条の２に基づく措置その他の法令の規定による措置を講ずるほか⑷に掲げる事項を実施するよう努めなければならない。	**3　実施内容について** ⑴　指針の３は、指針に基づき実施すべき事項の骨子を定めたものであること。また、法及び関係規則の規定に従い、事業者に義務付けられている事項と努力義務となっている事項を明示したこと。
⑴　リスクアセスメント対象物による危険性又は有害性の特定	⑵　指針の３⑴の「危険性又は有害性の特定」は、ILO等においては「危険有害要因の特定（hazard identification）」等の用語で表現されているものであること。
⑵　⑴により特定されたリスクアセスメント対象物による危険性又は有害性並びに当該リスクアセスメント対象物を取り扱う作業方法、設備等により業務に従事する労働者に危険を及ぼし、又は当該労働者の健康障害を生ずるおそれの程度及び当該危険又は健康障害の程度（以下「リスク」という。）の見積り（安衛則第577条の２第２項の厚生労働大臣が定める濃度の基準（以下「濃度基準値」という。）が定められている物質については、屋内事業場における労働者のばく露の程度が濃度基準値を超えるおそれの把握を含む。）	⑶　指針の３⑵の労働者のばく露の程度が濃度基準値（安衛則第577条の２第２項に基づく厚生労働大臣が定める濃度の基準をいう。以下同じ。）を超えるおそれの把握の方法については、「化学物質による健康障害防止のための濃度の基準の適用等に関する技術上の指針」（令和５年４月27日付け技術上の指針公示第24号。以下「技術上の指針」という。）に示すところによること。
⑶　⑵の見積りに基づき、リスクアセスメント対象物への労働者のばく露の程度を最小限度とすること及び濃度基準値が定められている物質については屋内事業場における労働者のばく露の程度を濃度基準値以下とすることを含めたリスク低減措置の内容の検討 ⑷　⑶のリスク低減措置の実施 ⑸　リスクアセスメント結果等の記録及び保存並びに周知	⑷　指針の３⑶については、安衛則第577条の２第１項において、リスクアセスメント対象物に労働者がばく露される程度を最小限度とすることが事業者に義務付けられていることを踏まえ、リスク低減措置には、当該措置義務が含まれることを明らかにした趣旨であること。

4　実施体制等

4　実施体制等について

(1)　指針の4は、リスクアセスメント及びリスク低減措置（以下「リスクアセスメント等」という。）を実施する際の体制について定めたものであること。

(1)　事業者は、次に掲げる体制でリスクアセスメント及びリスク低減措置（以下「リスクアセスメント等」という。）を実施するものとする。

ア　総括安全衛生管理者が選任されている場合には、当該者にリスクアセスメント等の実施を統括管理させること。総括安全衛生管理者が選任されていない場合には、事業の実施を統括管理する者に統括管理させること。

(2)　指針の4(1)アの「事業の実施を統括管理する者」には、統括安全衛生責任者等、事業場を実質的に統括管理する者が含まれること。

イ　安全管理者又は衛生管理者が選任されている場合には、当該者にリスクアセスメント等の実施を管理させること。

ウ　化学物質管理者（安衛則第12条の5第1項に規定する化学物質管理者をいう。以下同じ。）を選任し、安全管理者又は衛生管理者が選任されている場合にはその管理の下、化学物質管理者にリスクアセスメント等に関する技術的事項を管理させること。

(3)　指針の4(1)ウの「化学物質管理者」は、安衛則第12条の5第1項に規定する職務を適切に遂行するために必要な権限が付与される必要があるため、事業場内の当該権限を有する労働者のうちから選任される必要があること。その他化学物質管理者の選任及びその職務については、安衛則第12条の5各項の規定及び「労働安全衛生規則等の一部を改正する省令等の施行について」（令和4年5月31日付け基発0531第9号）第4の1(1)によること。

エ　安全衛生委員会、安全委員会又は衛生委員会が設置されている場合には、これらの委員会においてリスクアセスメント等に関することを調査審議させること。また、リスクアセスメント等の対象業務に従事する労働者に化学物質の管理の実施状況を共有し、当該管理の実施状況について、これらの労働者の意見を聴取する機会を設け、リスクアセスメント等の実施を決定する段階において労働者を参画させること。

(4)　指針の4(1)エの前段は、安全衛生委員会等において、安衛則第21条各号及び第22条各号に掲げる付議事項を調査審議するなど労働者の参画について定めたものであること。また、4(1)エの後段は、安衛則第577条の2第10項の規定により、関係労働者の意見を聴くための機会を設けることが義務付けられていること踏まえて定めたものであること。

オ　リスクアセスメント等の実施に当たっては、必要に応じ、事業場内の化学物質管理専門家や作業環境管理専門家のほか、リスクア

(5)　指針の4(1)オの「専門的知識を有する者」は、原則として当該事業場の実際の作業や設備に精通している内部関係者とすること。

セスメント対象物に係る危険性及び有害性や、機械設備、化学設備、生産技術等についての専門的知識を有する者を参画させること。

カ　上記のほか、より詳細なリスクアセスメント手法の導入又はリスク低減措置の実施に当たっての、技術的な助言を得るため、事業場内に化学物質管理専門家や作業環境管理専門家等がいない場合は、外部の専門家の活用を図ることが望ましいこと。

(2)　事業者は、(1)のリスクアセスメント等の実施を管理する者等（カの外部の専門家を除く。）に対し、化学物質管理者の管理のもとで、リスクアセスメント等を実施するために必要な教育を実施するものとする。

5　実施時期

(1)　事業者は、安衛則第34条の2の7第1項に基づき、次のアからウまでに掲げる時期にリスクアセスメントを行うものとする。

ア　リスクアセスメント対象物を原材料等として新規に採用し、又は変更するとき。

イ　リスクアセスメント対象物を製造し、又は取り扱う業務に係る作業の方法又は手順を新規に採用し、又は変更するとき。

ウ　リスクアセスメント対象物による危険性又は有害性等について変化が生じ、又は生ずるおそれがあるとき。具体的には、以下の(ア)、(イ)が含まれること。

(ア)　過去に提供された安全データシート（以下「SDS」という。）の危険性又は有害性に係る情報が変更され、その内容が事業者に提供された場合

(イ)　濃度基準値が新たに設定された場合又は当該値が変更された場合

5　実施時期について

(1)　指針の5は、リスクアセスメントを実施すべき時期について定めたものであること。

(2)　リスクアセスメント対象物に係る建設物を設置し、移転し、変更し、若しくは解体するとき、又は化学設備等に係る設備を新規に採用し、若しくは変更するときは、それが指針の5(1)ア又はイに掲げるいずれかに該当する場合に、リスクアセスメントを実施する必要があること。

(3)　指針の5(1)ウの「リスクアセスメント対象物による危険性又は有害性等について変化が生じ、又は生ずるおそれがあるとき」とは、リスクアセスメント対象物による危険性又は有害性に係る新たな知見が確認されたことを意味するものであり、日本産業衛生学会の許容濃度又は米国産業衛生専門家会議（ACGIH）が勧告するTLV-TWA等によりリスクアセスメント対象物のばく露限界が新規に設定され、又は変更された場合が含まれること。また、指針の5(1)アで定める場合は、国連勧告の化学品の分類及び表示に関する世界調和システム（以下「GHS」

という。）又は日本産業規格Z 7252（以下「JIS Z 7252」という。）に基づき分類されたリスクアセスメント対象物の危険性又は有害性の区分が変更された場合であって、当該リスクアセスメント対象物を譲渡し、又は提供した者が当該リスクアセスメント対象物に係る安全データシート（以下「SDS」という。）の危険性又は有害性に係る情報を変更し、法第57条の２第２項及び安衛則第34条の２の５第３項の規定に基づき、その変更内容が事業者に提供されたときをいうこと。

(2)　事業者は、(1)のほか、次のアからウまでに掲げる場合にもリスクアセスメントを行うよう努めること。

ア　リスクアセスメント対象物に係る労働災害が発生した場合であって、過去のリスクアセスメント等の内容に問題があることが確認された場合

イ　前回のリスクアセスメント等から一定の期間が経過し、リスクアセスメント対象物に係る機械設備等の経年による劣化、労働者の入れ替わり等に伴う労働者の安全衛生に係る知識経験の変化、新たな安全衛生に係る知見の集積等があった場合

ウ　既に製造し、又は取り扱っていた物質がリスクアセスメント対象物として新たに追加された場合など、当該リスクアセスメント対象物を製造し、又は取り扱う業務について過去にリスクアセスメント等を実施したことがない場合

(4)　指針の５(2)は、安衛則第34条の２の７第１項に規定する時期以外にもリスクアセスメントを行うよう努めるべきことを定めたものであること。

(5)　指針の５(2)イは、過去に実施したリスクアセスメント等について、設備の経年劣化等の状況の変化が当該リスクアセスメント等の想定する範囲を超える場合に、その変化を的確に把握するため、定期的に再度のリスクアセスメント等を実施するよう努める必要があることを定めたものであること。なお、ここでいう「一定の期間」については、事業者が設備や作業等の状況を踏まえ決定し、それに基づき計画的にリスクアセスメント等を実施すること。

また、「新たな安全衛生に係る知見」には、例えば、社外における類似作業で発生した災害など、従前は想定していなかったリスクを明らかにする情報が含まれること。

(6)　指針の５(2)ウは、「既に製造し、又は取り扱っていた物質がリスクアセスメント対象物として新たに追加された場合」のほか、リスクアセスメント等の義務化に係る法第57条の３第１項の規定の施行日（平成28年６月１日）前から使用している物質を施行日以降、施行日前と同様の作業方法で取り扱う場合には、リスクアセスメ

ントの実施義務が生じないものであるが、これらの既存業務について、過去にリスクアセスメント等を実施したことのない場合又はリスクアセスメント等の結果が残っていない場合は、実施するよう努める必要があることを定めたものであること。

(3) 事業者は、(1)のア又はイに掲げる作業を開始する前に、リスク低減措置を実施することが必要であることに留意するものとする。

(4) 事業者は、(1)のア又はイに係る設備改修等の計画を策定するときは、その計画策定段階においてもリスクアセスメント等を実施することが望ましいこと。

(7) 指針の5(4)は、設備改修等の作業を開始する前の施工計画等を作成する段階で、リスクアセスメント等を実施することで、より効果的なリスク低減措置の実施が可能となることから定めたものであること。また、計画策定時にリスクアセスメント等を行った後に指針の5(1)の作業等を行う場合、同じ作業等を対象に重ねてリスクアセスメント等を実施する必要はないこと。

6 リスクアセスメント等の対象の選定

事業者は、次に定めるところにより、リスクアセスメント等の実施対象を選定するものとする。

(1) 事業場において製造又は取り扱う全てのリスクアセスメント対象物をリスクアセスメント等の対象とすること。

(2) リスクアセスメント等は、対象のリスクアセスメント対象物を製造し、又は取り扱う業務ごとに行うこと。ただし、例えば、当該業務に複数の作業工程がある場合に、当該工程を１つの単位とする、当該業務のうち同一場所において行われる複数の作業を１つの単位とするなど、事業場の実情に応じ適切な単位で行うことも可能であること。

(3) 元方事業者にあっては、その労働者及び関係請負人の労働者が同一の場所で作業を行うこと(以下「混在作業」という。)によって生ずる労働災害を防止するため、当該混在作業についても、リスクアセスメント等の対象とすること。

6 リスクアセスメント等の対象の選定について

(1) 指針の6は、リスクアセスメント等の実施対象の選定基準について定めたものであること。

(2) 指針の6(3)の「同一の場所で作業を行うことによって生ずる労働災害」には、例えば、引火性のある塗料を用いた塗装作業と設備の改修に係る溶接作業との混在作業がある場合に、溶接による火花等が引火性のある塗料に引火することによる労働災害などが想定されること。

7　情報の入手等	7　情報の入手等について
	(1)　指針の7は、調査等の実施に当たり、事前に入手すべき情報を定めたものであること。
(1)　事業者は、リスクアセスメント等の実施に当たり、次に掲げる情報に関する資料等を入手するものとする。 入手に当たっては、リスクアセスメント等の対象には、定常的な作業のみならず、非定常作業も含まれることに留意すること。 また、混在作業等複数の事業者が同一の場所で作業を行う場合にあっては、当該複数の事業者が同一の場所で作業を行う状況に関する資料等も含めるものとすること。	(2)　指針の7(1)の「非定常作業」には、機械設備等の保守点検作業や補修作業に加え、工程の切替え（いわゆる段取替え）や緊急事態への対応に関する作業も含まれること。 (3)　指針の7(1)については、以下の事項に留意すること。
ア　リスクアセスメント等の対象となるリスクアセスメント対象物に係る危険性又は有害性に関する情報（SDS等）	ア　指針の7(1)アの「危険性又は有害性に関する情報」は、使用するリスクアセスメント対象物のSDS等から入手できること。
イ　リスクアセスメント等の対象となる作業を実施する状況に関する情報（作業標準、作業手順書等、機械設備等に関する情報を含む。）	イ　指針の7(1)イの「作業手順書等」の「等」には、例えば、操作説明書、マニュアルがあり、「機械設備等に関する情報」には、例えば、使用する設備等の仕様書のほか、取扱説明書、「機械等の包括的な安全基準に関する指針」（平成13年6月1日付け基発第501号）に基づき提供される「使用上の情報」があること。
(2)　事業者は、(1)のほか、次に掲げる情報に関する資料等を、必要に応じ入手するものとすること。	(4)　指針の7(2)については、以下の事項に留意すること。
ア　リスクアセスメント対象物に係る機械設備等のレイアウト等、作業の周辺の環境に関する情報	ア　指針の7(2)アの「作業の周辺の環境に関する情報」には、例えば、周辺のリスクアセスメント対象物に係る機械設備等の配置状況や当該機械設備等から外部へ拡散するリスクアセスメント対象物の情報があること。また、発注者において行われたこれらに係る調査等の結果も含まれること。
イ　作業環境測定結果等	イ　指針の7(2)イの「作業環境測定結果等」の「等」には、例えば、個人ばく露測定結果、ばく露の推定値、特殊健康診断結果、生物学的モニタリング結果等があること。
ウ　災害事例、災害統計等	ウ　指針の7(2)ウの「災害事例、災害統計等」には、例えば、事業場内の災害事例、災害の

統計・発生傾向分析、ヒヤリハット、トラブルの記録、労働者が日常不安を感じている作業等の情報があること。また、同業他社、関連業界の災害事例等を収集することが望ましいこと。

エ　その他、リスクアセスメント等の実施に当たり参考となる資料等

エ　指針の7(2)エの「参考となる資料等」には、例えば、リスクアセスメント対象物による危険性又は有害性に係る文献、作業を行うために必要な資格・教育の要件、「化学プラントにかかるセーフティ・アセスメントに関する指針」（平成12年3月21日付け基発第149号）等に基づく調査等の結果、危険予知活動（KYT）の実施結果、職場巡視の実施結果があること。なお、この際にデジタル技術を活用した調査、巡視等の結果の活用も可能であること。

(3)　事業者は、情報の入手に当たり、次に掲げる事項に留意するものとする。

ア　新たにリスクアセスメント対象物を外部から取得等しようとする場合には、当該リスクアセスメント対象物を譲渡し、又は提供する者から、当該リスクアセスメント対象物に係るSDSを確実に入手すること。

イ　リスクアセスメント対象物に係る新たな機械設備等を外部から導入しようとする場合には、当該機械設備等の製造者に対し、当該設備等の設計・製造段階においてリスクアセスメントを実施することを求め、その結果を入手すること。

ウ　リスクアセスメント対象物に係る機械設備等の使用又は改造等を行おうとする場合に、自らが当該機械設備等の管理権原を有しないときは、管理権原を有する者等が実施した当該機械設備等に対するリスクアセスメントの結果を入手すること。

(5)　指針の7(3)については、以下の事項に留意すること。

ア　指針の7(3)アは、リスクアセスメント対象物による危険性又は有害性に係る情報が記載されたSDSはリスクアセスメント等において重要であることから、事業者は当該リスクアセスメント対象物のSDSを必ず入手すべきことを定めたものであること。

イ　指針の7(3)イは、「機械等の包括的な安全基準に関する指針」、ISO、JISの「機械類の安全性」の考え方に基づき、リスクアセスメント対象物に係る機械設備等の設計・製造段階における安全対策が講じられるよう、機械設備等の導入前に製造者にリスクアセスメント等の実施を求め、使用上の情報等の結果を入手することを定めたものであること。

ウ　指針の7(3)ウは、使用する機械設備等に対する設備的改善は管理権原を有する者のみが行い得ることから、管理権原を有する者が実施したリスクアセスメント等の結果を入手することを定めたものであること。

また、爆発等の危険性のある物を取り扱う機械設備等の改造等を請け負った事業者が、

内容物等の危険性を把握することは困難であることから、管理権原を有する者がリスクアセスメント等を実施し、その結果を関係請負人に提供するなど、関係請負人がリスクアセスメント等を行うために必要な情報を入手できることを定めたものであること。

(4) 元方事業者は、次に掲げる場合には、関係請負人におけるリスクアセスメントの円滑な実施に資するよう、自ら実施したリスクアセスメント等の結果を当該業務に係る関係請負人に提供すること。

ア　複数の事業者が同一の場所で作業する場合であって、混在作業におけるリスクアセスメント対象物による労働災害を防止するために元方事業者がリスクアセスメント等を実施したとき。

イ　リスクアセスメント対象物にばく露するおそれがある場所等、リスクアセスメント対象物による危険性又は有害性がある場所において、複数の事業者が作業を行う場合であって、元方事業者が当該場所に関するリスクアセスメント等を実施したとき。

(6) 指針の7(4)については、以下の事項に留意すること。

ア　指針の7(4)アは、同一の場所で複数の事業者が混在作業を行う場合、当該作業を請け負った事業者は、作業の混在の有無や混在作業において他の事業者が使用するリスクアセスメント対象物による危険性又は有害性を把握できないので、元方事業者がこれらの事項について事前にリスクアセスメント等を実施し、その結果を関係請負人に提供する必要があることを定めたものであること。

イ　指針の7(4)イは、リスクアセスメント対象物の製造工場や化学プラント等の建設、改造、修理等の現場においては、関係請負人が混在して作業を行っていることから、どの関係請負人がリスクアセスメント等を実施すべきか明確でない場合があるため、元方事業者がリスクアセスメント等を実施し、その結果を関係請負人に提供する必要があることを定めたものであること。

8　危険性又は有害性の特定

事業者は、リスクアセスメント対象物について、リスクアセスメント等の対象となる業務を洗い出した上で、原則としてアからウまでに即して危険性又は有害性を特定すること。また、必要に応じ、エに掲げるものについても特定することが望ましいこと。

8　危険性又は有害性の特定について

(1) 指針の8は、危険性又は有害性の特定の方法について定めたものであること。

(2) 指針の8の「リスクアセスメント等の対象となる業務」のうちリスクアセスメント対象物を製造する業務には、当該リスクアセスメント対象物を最終製品として製造する業務のほか、当該リスクアセスメント対象物を製造中間体として生成する業務が含まれ、リスクアセスメント

ア　国際連合から勧告として公表された「化学品の分類及び表示に関する世界調和システム(GHS)」(以下「GHS」という。)又は日本産業規格Z7252に基づき分類されたリスクアセスメント対象物の危険性又は有害性（SDSを入手した場合には、当該SDSに記載されているGHS分類結果）

イ　リスクアセスメント対象物の管理濃度及び濃度基準値。これらの値が設定されていない場合であって、日本産業衛生学会の許容濃度又は米国産業衛生専門家会議（ACGIH）のTLV-TWA等のリスクアセスメント対象物のばく露限界（以下「ばく露限界」という。）が設定されている場合にはその値（SDSを入手した場合には、当該SDSに記載されているばく露限界）

ウ　皮膚等障害化学物質等（安衛則第594条の2で定める皮膚若しくは眼に障害を与えるおそれ又は皮膚から吸収され、若しくは皮膚に侵入して、健康障害を生ずるおそれがあることが明らかな化学物質又は化学物質を含有する製剤）への該当性

エ　アからウまでによって特定される危険性又は有害性以外の、負傷又は疾病の原因となるおそれのある危険性又は有害性。この場合、過去にリスクアセスメント対象物による労働災害が発生した作業、リスクアセスメント対象物による危険又は健康障害のおそれがある事象が発生した作業等により事業者が把握している情報があるときには、当該情報に基づく危険性又は有害性が必ず含まれるよう留意すること。

対象物を取り扱う業務には、譲渡・提供され、又は自ら製造した当該リスクアセスメント対象物を単に使用する業務のほか、他の製品の原料として使用する業務が含まれること。

(3)　指針の８ア及びイは、リスクアセスメント対象物の危険性又は有害性の特定は、まずSDSに記載されているGHS分類結果、管理濃度及び濃度基準値並びにこれらの値が設定されていない場合には日本産業衛生学会等の許容濃度等のばく露限界を把握することによることを定めたものであること。なお、指針の８アのGHS分類に基づくリスクアセスメント対象物の危険性又は有害性には、別紙１(略)に示すものがあること。

また、リスクアセスメント対象物の「危険性又は有害性」は、個々のリスクアセスメント対象物に関するものであるが、これらのリスクアセスメント対象物の相互間の化学反応による危険性（発熱等の事象）又は有害性（有毒ガスの発生等）が予測される場合には、事象に即してその危険性又は有害性にも留意すること。

(4)　指針の８ウの皮膚等障害化学物質等に該当する物質については、安衛則第594条の２の規定により、皮膚等障害化学物質等を製造し、又は取り扱う業務に労働者を従事させる場合にあっては、不浸透性の保護衣、保護手袋、履物又は保護眼鏡等適切な保護具を使用させることが事業者に義務付けていることを踏まえ、リスク低減措置の検討に当たっては、保護具の着用を含めて検討する必要があること。

(5)　指針の８エにおける「負傷又は疾病の原因となるおそれのあるリスクアセスメント対象物の危険性又は有害性」とは、SDSに記載された危険性又は有害性クラス及び区分に該当しない場合であっても、過去の災害事例等の入手しうる情報によって災害の原因となるおそれがあると判断される危険性又は有害性をいうこと。また、「リスクアセスメント対象物による危険又は健康障害のおそれがある事象が発生した作業等」の「等」には、労働災害を伴わなかった危険又

9　リスクの見積り

(1)　事業者は、リスク低減措置の内容を検討するため、安衛則第34条の2の7第2項に基づき、次に掲げるいずれかの方法（危険性に係るものにあっては、ア又はウに掲げる方法に限る。）により、又はこれらの方法の併用によりリスクアセスメント対象物によるリスクを見積もるものとする。

ア　リスクアセスメント対象物が当該業務に従事する労働者に危険を及ぼし、又はリスクアセスメント対象物により当該労働者の健康障害を生ずるおそれの程度（発生可能性）及び当該危険又は健康障害の程度（重篤度）を考慮する方法。具体的には、次に掲げる方法があること。

(ア)　発生可能性及び重篤度を相対的に尺度化し、それらを縦軸と横軸とし、あらかじめ

は健康障害のおそれのある事象（ヒヤリハット事例）のあった作業、労働者が日常不安を感じている作業、過去に事故のあった設備等を使用する作業、又は操作が複雑なリスクアセスメント対象物に係る機械設備等の操作が含まれること。

9　リスクの見積りについて

(1)　指針の9はリスクの見積りの方法等について定めたものであるが、その実施に当たっては、次に掲げる事項に留意すること。

ア　リスクの見積りは、危険性又は有害性のいずれかについて行う趣旨ではなく、対象となるリスクアセスメント対象物に応じて特定された危険性又は有害性のそれぞれについて行うべきものであること。したがって、リスクアセスメント対象物によっては危険性及び有害性の両方についてリスクを見積もる必要があること。

イ　指針の9(1)アからウまでに掲げる方法は、代表的な手法の例であり、指針の9(1)ア、イ又はウの柱書きに定める事項を満たしている限り、他の手法によっても差し支えないこと。

(2)　指針の9(1)アに示す方法の実施に当たっては、次に掲げる事項に留意すること。

ア　指針の9(1)アのリスクの見積りは、必ずしも数値化する必要はなく、相対的な分類でも差し支えないこと。

イ　指針の9(1)アの「危険又は健康障害」には、それらによる死亡も含まれること。また、「危険又は健康障害」は、ISO等において「危害」(harm)、「危険又は健康障害の程度（重篤度）」は、ISO等において「危害のひどさ」(severity of harm）等の用語で表現されているものであること。

ウ　指針の9(1)ア(ア)に示す方法は、危険又は健康障害の発生可能性とその重篤度をそれぞれ

発生可能性及び重篤度に応じてリスクが割り付けられた表を使用してリスクを見積もる方法

縦軸と横軸とした表(行列：マトリクス)に、あらかじめ発生可能性と重篤度に応じたリスクを割り付けておき、発生可能性に該当する行を選び、次に見積り対象となる危険又は健康障害の重篤度に該当する列を選ぶことにより、リスクを見積もる方法であること。(別紙２（略）の例１を参照。)

(イ) 発生可能性及び重篤度を一定の尺度によりそれぞれ数値化し、それらを加算又は乗算等してリスクを見積もる方法

エ 指針の９(1)ア(イ)に示す方法は、危険又は健康障害の発生可能性とその重篤度を一定の尺度によりそれぞれ数値化し、それらを数値演算（足し算、掛け算等）してリスクを見積もる方法であること。(別紙２の例２を参照。)

(ウ) 発生可能性及び重篤度を段階的に分岐していくことによりリスクを見積もる方法

オ 指針の９(1)ア(ウ)に示す方法は、危険又は健康障害の発生可能性とその重篤度について、危険性への遭遇の頻度、回避可能性等をステップごとに分岐していくことにより、リスクを見積もる方法(リスクグラフ)であること。

(エ) ILOの化学物質リスク簡易評価法（コントロール・バンディング）等を用いてリスクを見積もる方法

カ 指針の９(1)ア(エ)の「コントロール・バンディング」は、ILOが開発途上国の中小企業を対象に有害性のある化学物質から労働者の健康を保護するため開発した簡易なリスクアセスメント手法である。厚生労働省では「職場のあんぜんサイト」において、ILOが公表しているコントロール・バンディングのツールを翻訳、修正追加したものを「厚生労働省版コントロール・バンディング」として提供していること。(別紙２の例３参照)

(オ) 化学プラント等の化学反応のプロセス等による災害のシナリオを仮定して、その事象の発生可能性と重篤度を考慮する方法

キ 指針の９(1)ア(オ)に示す方法は、「化学プラントにかかるセーフティ・アセスメントに関する指針」(平成12年３月21日付け基発第149号）による方法等があること。

イ 当該業務に従事する労働者がリスクアセスメント対象物にさらされる程度（ばく露の程度）及び当該リスクアセスメント対象物の有害性の程度を考慮する方法。具体的には、次に掲げる方法があること。

(3) 指針の９(1)イに示す方法はリスクアセスメント対象物による健康障害に係るリスクの見積りの方法について定めたものであるが、その実施に当たっては、次に掲げる事項に留意すること。

(ア) 管理濃度が定められている物質については、作業環境測定により測定した当該物質の第一評価値を当該物質の管理濃度と比較

ア 指針の９(1)イ(ア)から(ウ)までは、リスクアセスメント対象物の気中濃度等を実際に測定し、管理濃度、濃度基準値又はばく露限界と

する方法

(イ)　濃度基準値が設定されている物質については、個人ばく露測定により測定した当該物質の濃度を当該物質の濃度基準値と比較する方法

(ウ)　管理濃度又は濃度基準値が設定されていない物質については、対象の業務について作業環境測定等により測定した作業場所における当該物質の気中濃度等を当該物質のばく露限界と比較する方法

(エ)　数理モデルを用いて対象の業務に係る作業を行う労働者の周辺のリスクアセスメント対象物の気中濃度を推定し、当該物質の濃度基準値又はばく露限界と比較する方法

比較する手法であること。なお、(イ)に定めるばく露の程度が濃度基準値以下であることを確認するための測定の方法については、技術上の指針に定めるところによること。（別紙3の1参照）

イ　指針の9(1)イ(ウ)の「気中濃度等」には、作業環境測定結果の評価値を用いる方法、個人サンプラーを用いて測定した個人ばく露濃度を用いる方法、検知管により簡易に気中濃度を測定する方法等が含まれること。なお、簡易な測定方法を用いた場合には、測定条件に応じた適切な安全率を考慮する必要があること。また、「ばく露限界」には、日本産業衛生学会の許容濃度、ACGIH（米国産業衛生専門家会議）のTLV-TWA（Threshold Limit Value-Time Weighted Average　8時間加重平均濃度）等があること。

ウ　指針の9(1)イ(ウ)の方法による場合には、単位作業場所（作業環境測定基準第2条第1項に定義するものをいう。）に準じた区域に含まれる業務を測定の単位とするほか、リスクアセスメント対象物の発散源ごとに測定の対象とする方法があること。

エ　指針の9(1)イ(エ)の数理モデルを用いてばく露濃度等を推定する場合には、推定方法及び推定に用いた条件に応じて適切な安全率を考慮する必要があること。

オ　指針の9(1)イ(エ)の気中濃度の推定方法には、以下に掲げる方法が含まれること。

a　調査対象の作業場所以外の作業場所において、調査対象のリスクアセスメント対象物について調査対象の業務と同様の業務が行われており、かつ、作業場所の形状や換気条件が同程度である場合に、当該業務に係る作業環境測定の結果から平均的な濃度を推定する方法

b　調査対象の作業場所における単位時間当たりのリスクアセスメント対象物の消費量及び当該作業場所の気積から推定する方法

並びにこれに加えて物質の拡散又は換気を考慮して推定する方法

c　厚生労働省が提供している簡易リスクアセスメントツールであるCREATE-SIMPLE（クリエイト・シンプル）を用いて気中濃度を推定する方法（別紙3の例4参照）

d　欧州化学物質生態毒性・毒性センターが提供しているリスクアセスメントツール（ECETOC-TRA）を用いてリスクを見積もる方法（別紙3の例5参照）

(オ)　リスクアセスメント対象物への労働者のばく露の程度及び当該物質による有害性の程度を相対的に尺度化し、それらを縦軸と横軸とし、あらかじめばく露の程度及び有害性の程度に応じてリスクが割り付けられた表を使用してリスクを見積もる方法

カ　指針の9(1)イ(オ)は、指針の9(1)ア(ア)の方法の横軸と縦軸を当該化学物質等のばく露の程度と有害性の程度に置き換えたものであること。（別紙3の例6参照）

キ　このほか、以下に留意すること。

a　ばく露の程度を推定する方法としては、指針の9(1)イ(ア)から(オ)までのほか、対象の業務について生物学的モニタリングにより当該リスクアセスメント対象物への労働者のばく露レベルを推定する方法もあること。

b　感作性を有するリスクアセスメント対象物に既に感作されている場合や妊娠中等、通常よりも高い感受性を示す場合については、濃度基準値又はばく露限界との比較によるリスクの見積もりのみでは不十分な場合があることに注意が必要であること。

c　経皮吸収による健康障害が懸念されるリスクアセスメント対象物については、指針の9(1)アの方法も考慮すること。

ウ　ア又はイに掲げる方法に準ずる方法。具体的には、次に掲げる方法があること。

(4)　指針の9(1)ウは、「準ずる方法」として、リスクアセスメント対象物そのもの又は同様の危険性又は有害性を有する他の物質を対象として、当該物質に係る危険又は健康障害を防止するための具体的な措置が労働安全衛生法関係法令に規定されている場合に、当該条項を確認する方法等があることを定めたものであり、次に掲げる事項に留意すること。

(ア)　リスクアセスメント対象物に係る危険又

ア　指針の9(1)ウ(ア)は、労働安全衛生法関係法

は健康障害を防止するための具体的な措置が労働安全衛生法関係法令（主に健康障害の防止を目的とした有機溶剤中毒予防規則（昭和47年労働省令第36号）、鉛中毒予防規則（昭和47年労働省令第37号）、四アルキル鉛中毒予防規則（昭和47年労働省令第38号）及び特定化学物質障害予防規則（昭和47年労働省令第39号）の規定並びに主に危険の防止を目的とした令別表第１に掲げる危険物に係る安衛則の規定）の各条項に規定されている場合に、当該規定を確認する方法。

令に規定する特定化学物質、有機溶剤、鉛、四アルキル鉛等及び危険物に該当する物質については、対応する有機溶剤中毒予防規則等の各条項の履行状況を確認することをもって、リスクアセスメントを実施したこととみなす方法があること。

(イ)　リスクアセスメント対象物に係る危険を防止するための具体的な規定が労働安全衛生法関係法令に規定されていない場合において、当該物質のSDSに記載されている危険性の種類（例えば「爆発物」など）を確認し、当該危険性と同種の危険性を有し、かつ、具体的措置が規定されている物に係る当該規定を確認する方法

イ　指針の９(1)ウ(イ)に示す方法は、危険物ではないが危険物と同様の危険性を有するリスクアセスメント対象物（GHS又はJIS Z7252に基づき分類された物理化学的危険性のうち爆発物、有機過酸化物、可燃性固体、酸化性ガス、酸化性液体、酸化性固体、引火性液体又は可燃性ガスに該当する物）について、危険物を対象として規定された安衛則第４章等の各条項を確認する方法であること。

(ウ)　毎回異なる環境で作業を行う場合において、典型的な作業を洗い出し、あらかじめ当該作業において労働者がばく露される物質の濃度を測定し、その測定結果に基づくリスク低減措置を定めたマニュアル等を作成するとともに、当該マニュアル等に定められた措置が適切に実施されていることを確認する方法

ウ　指針の９(1)ウ(ウ)の規定は、毎回異なる環境で作業を行う場合、作業の都度、リスクアセスメント及びその結果に基づく措置を実施することが困難であることから、定められた趣旨であること。９(1)ウ(ウ)に示すマニュアル等には、独立行政法人労働者健康安全機構労働安全衛生総合研究所化学物質情報管理研究センターや労働災害防止団体等が公表するマニュアル等があること。

(2)　事業者は、(1)のア又はイの方法により見積りを行うに際しては、用いるリスクの見積り方法に応じて、７で入手した情報等から次に掲げる事項等必要な情報を使用すること。

(5)　指針の９(2)については、次に掲げる事項に留意すること。

ア　当該リスクアセスメント対象物の性状

ア　指針の９(2)アの「性状」には、固体、スラッジ、液体、ミスト、気体等があり、例えば、固体の場合には、塊、フレーク、粒、粉等があること。

イ　当該リスクアセスメント対象物の製造量又

イ　指針の９(2)イの「製造量又は取扱量」は、

は取扱量	リスクアセスメント対象物の種類ごとに把握すべきものであること。また、タンク等に保管されているリスクアセスメント対象物の量も把握すること。
ウ　当該リスクアセスメント対象物の製造又は取扱い（以下「製造等」という。）に係る作業の内容	ウ　指針の９(2)ウの「作業」とは、定常作業であるか非定常作業であるかを問わず、リスクアセスメント対象物により労働者の危険又は健康障害を生ずる可能性のある作業の全てをいうこと。
エ　当該リスクアセスメント対象物の製造等に係る作業の条件及び関連設備の状況	エ　指針の９(2)エの「製造等に係る作業の条件」には、例えば、製造等を行うリスクアセスメント対象物を取り扱う温度、圧力があること。また、「関連設備の状況」には、例えば、設備の密閉度合、温度や圧力の測定装置の設置状況があること。
オ　当該リスクアセスメント対象物の製造等に係る作業への人員配置の状況	オ　指針の９(2)オの「製造等に係る作業への人員配置の状況」には、リスクアセスメント対象物による危険性又は有害性により、負傷し、又はばく露を受ける可能性のある者の人員配置の状況が含まれること。
カ　作業時間及び作業の頻度	カ　指針の９(2)カの「作業の頻度」とは、当該作業の１週間当たり、１か月当たり等の頻度が含まれること。
キ　換気設備の設置状況	キ　指針の９(2)キの「換気設備の設置状況」には、例えば、局所排気装置、全体換気装置及びプッシュプル型換気装置の設置状況及びその制御風速、換気量があること。
ク　有効な保護具の選択及び使用状況	ク　指針の９(2)クの「有効な保護具の選択及び使用状況」には、労働者への保護具の配布状況、保護具の着用義務を労働者に履行させるための手段の運用状況及び保護具の保守点検状況が含まれること。
ケ　当該リスクアセスメント対象物に係る既存の作業環境中の濃度若しくはばく露濃度の測定結果又は生物学的モニタリング結果	ケ　指針の９(2)ケの「作業環境中の濃度若しくはばく露濃度の測定結果」には、調査対象作業場所での測定結果が無く、類似作業場所での測定結果がある場合には、当該結果が含まれること。
(3)　事業者は、(1)のアの方法によるリスクの見積りに当たり、次に掲げる事項等に留意するもの	(6)　指針の９(3)の留意事項の趣旨は次のとおりであること。

とする。

ア　過去に実際に発生した負傷又は疾病の重篤度ではなく、最悪の状況を想定した最も重篤な負傷又は疾病の重篤度を見積もること。

ア　指針の9(3)アの重篤度の見積りに当たっては、どのような負傷や疾病がどの作業者に発生するのかをできるだけ具体的に予測した上で、その重篤度を見積もること。また、直接作業を行う者のみならず、作業の工程上その作業場所の周辺にいる作業者等も検討の対象に含むこと。

リスクアセスメント対象物による負傷の重篤度又はそれらの発生可能性の見積りに当たっては、必要に応じ、以下の事項を考慮すること。

(ア)　反応、分解、発火、爆発、火災等の起こしやすさに関するリスクアセスメント対象物の特性（感度）

(イ)　爆発を起こした場合のエネルギーの発生挙動に関するリスクアセスメント対象物の特性（威力）

(ウ)　タンク等に保管されているリスクアセスメント対象物の保管量等

イ　負傷又は疾病の重篤度は、傷害や疾病等の種類にかかわらず、共通の尺度を使うことが望ましいことから、基本的に、負傷又は疾病による休業日数等を尺度として使用すること。

イ　指針の9(3)イの「休業日数等」の「等」には、後遺障害の等級や死亡が含まれること。

ウ　リスクアセスメントの対象の業務に従事する労働者の疲労等の危険性又は有害性への付加的影響を考慮することが望ましいこと。

ウ　指針の9(3)ウは、労働者の疲労等により、危険又は健康障害が生ずる可能性やその重篤度が高まることを踏まえ、リスクの見積りにおいても、これら疲労等による発生可能性と重篤度の付加を考慮することが望ましいことを定めたものであること。なお、「疲労等」には、単調作業の連続による集中力の欠如や、深夜労働による居眠り等が含まれること。

エ　このほか、GHS分類において特定標的臓器毒性（単回ばく露）区分3に分類されるリスクアセスメント対象物のうち、麻酔作用を有するものについては、当該リスクアセスメント対象物へのばく露が労働者の作業に影響し危険又は健康障害が生ずる可能性を増加させる場合があることを考慮することが望ましいこと。

(4) 事業者は、一定の安全衛生対策が講じられた状態でリスクを見積もる場合には、用いるリスクの見積り方法における必要性に応じて、次に掲げる事項等を考慮すること。

ア 安全装置の設置、立入禁止措置、排気・換気装置の設置その他の労働災害防止のための機能又は方策（以下「安全衛生機能等」という。）の信頼性及び維持能力

イ 安全衛生機能等を無効化する又は無視する可能性

ウ 作業手順の逸脱、操作ミスその他の予見可能な意図的・非意図的な誤使用又は危険行動の可能性

(7) 指針の9(4)の安全衛生機能等に関する考慮については、次に掲げる事項に留意すること。

ア 指針の9(4)アの「安全衛生機能等の信頼性及び維持能力」に関して必要に応じ考慮すべき事項には、以下の事項があること。

(ア) 安全装置等の機能の故障頻度・故障対策、メンテナンス状況、局所排気装置、全体換気装置の点検状況、密閉装置の密閉度の点検、保護具の管理状況、作業者の訓練状況等

(イ) 立入禁止措置等の管理的方策の周知状況、柵等のメンテナンス状況

イ 指針の9(4)イの「安全衛生機能等を無効化する又は無視する可能性」に関して必要に応じ考慮すべき事項には、以下の事項があること。

(ア) 生産性が低下する、短時間作業である等の理由による保護具の非着用等、労働災害防止のための機能・方策を無効化させる動機

(イ) スイッチの誤作動防止のための保護錠が設けられていない、局所排気装置のダクトのダンパーが担当者以外でも操作できる等、労働災害防止のための機能・方策の無効化のしやすさ

ウ 指針の9(4)ウの作業手順の逸脱等の予見可能な「意図的」な誤使用又は危険行動の可能性に関して必要に応じ考慮すべき事項には、以下の事項があること。

(ア) 作業手順等の周知状況

(イ) 近道行動（最小抵抗経路行動）

(ウ) 監視の有無等の意図的な誤使用等のしやすさ

(エ) 作業者の資格・教育等

また、操作ミス等の予見可能な「非意図的」

な誤使用の可能性に関して必要に応じ考慮すべき事項には、以下の事項があること。

(ア) ボタンの配置、ハンドルの操作方向のばらつき等の人間工学的な誤使用等の誘発しやすさ、リスクアセスメント対象物を入れた容器への内容物の記載手順

(イ) 作業者の資格・教育等

エ　有害性が立証されていないが、一定の根拠がある場合における当該根拠に基づく有害性

エ　指針の9(4)エは、健康障害の程度(重篤度)の見積りに当たっては、いわゆる予防原則に則り、有害性が立証されておらず、SDSが添付されていないリスクアセスメント対象物を使用する場合にあっては、関連する情報を供給者や専門機関等に求め、その結果、一定の有害性が指摘されている場合は、その有害性を考慮すること。

10　リスク低減措置の検討及び実施

(1)　事業者は、法令に定められた措置がある場合にはそれを必ず実施するほか、法令に定められた措置がない場合には、次に掲げる優先順位でリスクアセスメント対象物に労働者がばく露する程度を最小限度とすることを含めたリスク低減措置の内容を検討するものとする。ただし、9(1)イの方法を用いたリスクの見積り結果として、労働者がばく露される程度が濃度基準値又はばく露限界を十分に下回ることが確認できる場合は、当該リスクは、許容範囲内であり、追加のリスク低減措置を検討する必要がないものとして差し支えないものであること。

ア　危険性又は有害性のより低い物質への代替、化学反応のプロセス等の運転条件の変更、取り扱うリスクアセスメント対象物の形状の変更等又はこれらの併用によるリスクの低減

10　リスク低減措置の検討及び実施について

(1)　指針の10(1)については、次に掲げる事項に留意すること。

ア　指針の10(1)アの「危険性又は有害性のより低い物質への代替には、危険性又は有害性が低いことが明らかな物質への代替が含まれ、例えば以下のものがあること。なお、危険性又は有害性が不明な物質を、危険性又は有害性が低いものとして扱うことは避けなければならないこと。

(ア) 濃度基準値又はばく露限界がより高い物質

(イ) GHS又はJIS Z 7252に基づく危険性又は

有害性の区分がより低い物質（作業内容等に鑑み比較する危険性又は有害性のクラスを限定して差し支えない。）

イ　指針の10(1)アの「併用によるリスクの低減」は、より有害性又は危険性の低い物質に代替した場合でも、当該代替に伴い使用量が増加すること、代替物質の揮発性が高く気中濃度が高くなること、あるいは、爆発限界との関係で引火・爆発の可能性が高くなることなど、リスクが増加する場合があることから、必要に応じ物質の代替と化学反応のプロセス等の運転条件の変更等とを併用しリスクの低減を図るべきことを定めたものであること。

イ　リスクアセスメント対象物に係る機械設備等の防爆構造化、安全装置の二重化等の工学的対策又はリスクアセスメント対象物に係る機械設備等の密閉化、局所排気装置の設置等の衛生工学的対策

ウ　指針の10(1)イの「工学的対策」とは、指針の10(1)アの措置を講ずることができず抜本的には低減できなかった労働者に危険を生ずるおそれの程度に対し、防爆構造化、安全装置の多重化等の措置を実施し、当該リスクアセスメント対象物による危険性による負傷の発生可能性の低減を図る措置をいうこと。

また、「衛生工学的対策」とは、指針の10(1)アの措置を講ずることができず抜本的には低減できなかった労働者の健康障害を生ずるおそれの程度に対し、機械設備等の密閉化、局所排気装置等の設置等の措置を実施し、当該リスクアセスメント対象物の有害性による疾病の発生可能性の低減を図る措置をいうこと。

ウ　作業手順の改善、立入禁止等の管理的対策

エ　指針の10(1)ウの「管理的対策」には、作業手順の改善、立入禁止措置のほか、作業時間の短縮、マニュアルの整備、ばく露管理、警報の運用、複数人数制の採用、教育訓練、健康管理等の作業者等を管理することによる対策が含まれること。

エ　リスクアセスメント対象物の有害性に応じた有効な保護具の選択及び使用

オ　指針の10(1)エの「有効な保護具」は、その対象物質及び性能を確認した上で、有効と判断される場合に使用するものであること。例えば、呼吸用保護具の吸収缶及びろ過材は、本来の対象物質と異なるリスクアセスメント

対象物に対して除毒能力又は捕集性能が著しく不足する場合があることから、保護具の選定に当たっては、必要に応じてその対象物質及び性能を製造者に確認すること。なお、有効な保護具が存在しない又は入手できない場合には、指針の10(1)アからウまでの措置により十分にリスクを低減させるよう検討すること。

(2) (1)の検討に当たっては、より優先順位の高い措置を実施することにした場合であって、当該措置により十分にリスクが低減される場合には、当該措置よりも優先順位の低い措置の検討まで要するものではないこと。また、リスク低減に要する負担がリスク低減による労働災害防止効果と比較して大幅に大きく、両者に著しい不均衡が発生する場合であって、措置を講ずることを求めることが著しく合理性を欠くと考えられるときを除き、可能な限り高い優先順位のリスク低減措置を実施する必要があるものとする。

(2) 指針の10(2)は、合理的に実現可能な限り、より高い優先順位のリスク低減措置を実施することにより、「合理的に実現可能な程度に低い」（ALARP : As Low As Reasonably Practicable）レベルにまで適切にリスクを低減するという考え方を定めたものであること。

なお、死亡や重篤な後遺障害をもたらす可能性が高い場合等には、費用等を理由に合理性を判断することは適切ではないことから、措置を実施すべきものであること。

(3) 死亡、後遺障害又は重篤な疾病をもたらすおそれのあるリスクに対して、適切なリスク低減措置の実施に時間を要する場合は、暫定的な措置を直ちに講ずるほか、(1)において検討したリスク低減措置の内容を速やかに実施するよう努めるものとする。

(4) リスク低減措置を講じた場合には、当該措置を実施した後に見込まれるリスクを見積もることが望ましいこと。

(3) 指針の10(4)に関し、濃度基準値が規定されている物質については、安衛則第577条の２第２項の規定を満たしているか確認するため、ばく露の程度が濃度基準値以下であることを見積もる必要があることに留意すること。

11　リスクアセスメント結果等の労働者への周知等

(1) 事業者は、安衛則第34条の２の８に基づき次に掲げる事項をリスクアセスメント対象物を製造し、又は取り扱う業務に従事する労働者に周知するものとする。

ア　対象のリスクアセスメント対象物の名称

イ　対象業務の内容

11　リスクアセスメント結果等の労働者への周知等について

(1) 指針の11(1)アからエまでに掲げる事項を速やかに労働者に周知すること。その際、リスクア

ウ　リスクアセスメントの結果

(ア)　特定した危険性又は有害性

(イ)　見積もったリスク

エ　実施するリスク低減措置の内容

セスメント等を実施した日付及び実施者についても情報提供することが望ましいこと。

(2)　指針の11(1)エの「リスク低減措置の内容」には、当該措置を実施した場合のリスクの見積り結果も含めて周知することが望ましいこと。

(2)　(1)の周知は、安衛則第34条の2の8第2項に基づく方法によること。

(3)　法第59条第1項に基づく雇入れ時教育及び同条第2項に基づく作業変更時教育においては、安衛則第35条第1項第1号、第2号及び第5号に掲げる事項として、(1)に掲げる事項を含めること。

なお、5の(1)に掲げるリスクアセスメント等の実施時期のうちアからウまでについては、法第59条第2項の「作業内容を変更したとき」に該当するものであること。

(4)　事業者は(1)に掲げる事項について記録を作成し、次にリスクアセスメントを行うまでの期間（リスクアセスメントを行った日から起算して3年以内に当該リスクアセスメント対象物についてリスクアセスメントを行ったときは、3年間）保存しなければならないこと。

(3)　指針の11(4)の記録については、安衛則第34条の2の8第1項の規定を満たしていれば、任意の様式による記録で差し支えないこと。なお、記録の一例として、別紙4があること。

12　その他

リスクアセスメント対象物以外のものであって、化学物質、化学物質を含有する製剤その他の物で労働者に危険又は健康障害を生ずるおそれのあるものについては、法第28条の2及び安衛則第577条の3に基づき、この指針に準じて取り組むよう努めること。

12　その他について

指針の12は、法第28条の2及び安衛則第577条の3に基づく化学物質のリスクアセスメント等を実施する際には、本指針に準じて適切に実施するよう努めるべきことを定めたものであること。

（参考）①「化学物質等による労働者の危険性又は健康障害を防止するため必要な措置に関する指針」（平成12年3月31日付け化学物質等による労働者の健康障害を防止するため必要な措置に関する指針公示第1号）は、「化学物質等による危険性又は有害性等の調査等に関する指針」（平成18年3月30日付けリスクアセスメント指針公示第2号）により廃止された。

② 上記リスクアセスメント指針公示第2号は、同名のリスクアセスメント指針公示第3号（平成27年9月18日付け）により廃止（全部改正）された。

③ 上記リスクアセスメント指針公示第3号は、「化学物質等による危険性又は有害性等の調査等に関する指針の一部を改正する指針」（令和5年4月27日付けリスクアセスメント指針公示第4号）により改正された。（適用日：令和6年4月1日）

リスクアセスメント対象物による有害性に係るリスク見積りについて

（平成27年９月18日付け基発0918第３号（最終改正：令和５年４月27日付け基発0427第３号）別紙３）

※別紙１、２及び４は略

1　定量的評価について

⑴　管理濃度が定められている物質については、作業環境測定により測定した当該物質の第一評価値を当該物質の管理濃度と比較する。

濃度基準値が設定されている物質については技術上の指針〈編注〉の２－１及び３から６までに示した方法により、数理モデルによる推計又は測定した当該物質の濃度を当該物質の濃度基準値と比較してリスク見積りを行う。〈編注：「化学物質による健康障害防止のための濃度の基準の適用等に関する技術上の指針」（令和５年４月27日付け技術上の指針公示第24号）〉

濃度基準値又は管理濃度が設定されておらず、ばく露限界の設定がなされている物質については、労働者がばく露される物質の濃度を測定又は推定し、ばく露限界と比較してリスク見積りを行う。測定による場合は、原則として、技術上の指針の２－１⑶及び２－２に定めるリスクアセスメントのための測定によることとし、８時間時間加重平均値を８時間時間加重平均のばく露限界（TWA）と比較し、15分間時間加重平均値を短時間ばく露限界値（STEL）と比較してリスク見積りを行うこと。

なお、定点測定の場合は、作業環境測定に準じて行うこととし、作業環境評価基準（昭和63年労働省告示第79号。以下「評価基準」という。）におけるA測定の第一評価値に相当する値を８時間時間加重平均のばく露限界（TWA）と比較し、評価基準におけるB測定の測定値に相当する値を短時間ばく露限界（STEL）と比較してリスク見積りを行うこと。

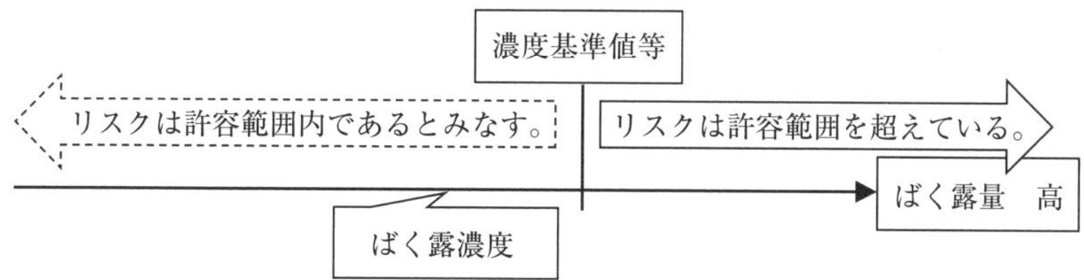

⑵　数理モデルを用いて、対象の業務に従事する労働者の周辺の空気中濃度を定量的に推定する方法も用いられている。

主な数理モデルの例

・換気を考慮しない数理モデルを用いた空気中濃度の推定

飽和蒸気圧モデルや完全蒸発モデルを用いた方法

・換気を考慮した数理モデルを用いた空気中濃度の推定

発生モデルや分散モデルを用いた方法

数理モデルを用いたリスクアセスメントツールとしては、厚生労働省が提供している簡易リスクアセスメントツールCREATE-SIMPLE（クリエイト・シンプル）（例4参照）、欧州化学物質生態毒性・毒性センターのリスクアセスメントツールECETOC-TRA（例5参照）などがある。

［例4：CREATE-SIMPLE（クリエイト・シンプル）の情報］

CREATE-SIMPLE（クリエイト・シンプル）は、あらゆる業種の化学物質取扱事業者に向けた簡易なリスクアセスメントツールで、化学物質の取扱条件（取扱量、含有率、換気条件、作業時間・頻度、保護具の有無等）から推定したばく露濃度とばく露限界等を比較する方法である。

https://anzeninfo.mhlw.go.jp/user/anzen/kag/ankgc07_3.htm

［例5：ECETOC-TRAの情報］

ECETOC-TRAは、欧州化学物質生態毒性・毒性センター（ECETOC）が、欧州におけるREACH規則に対応するスクリーニング評価を目的として、化学物質のばく露によるリスクの程度を定量化するために開発した数理モデルである。

ECETOCのホームページからEXCELファイルのマクロプログラムをダウンロードして入手する。（無償）

http://www.ecetoc.org/tra（英語）

必要な入力項目

・対象物質の同定
・物理化学的特性（蒸気圧など）
・シナリオ名
・作業形態
・プロセスカテゴリー（選択）
・物質の性状（固液の別）（選択）
・ダスト発生レベル（選択）
・作業時間（選択）
・換気条件（選択）
・製品中含有量（選択）
・呼吸用保護具と除去率（選択）
・手袋の使用と除去率（選択）

計算により推定ばく露濃度が算出されるので、これをばく露限界と比較することでリスクアセスメントを行う。

2　リスクアセスメント対象物による有害性に係る定性的リスク評価

定性的リスク評価の一例を例６として示す。

［例６：リスクアセスメント対象物による有害性に係るリスクの定性評価法の例］

(1)　リスクアセスメント対象物による有害性のレベル分け

リスクアセスメント対象物について、SDSのデータを用いて、GHS等を参考に有害性のレベルを付す。レベル分けは、有害性をＡからＥまでの５段階に分けた表のような例に基づき行う。

なお、この表はILOが公表しているコントロール・バンディング[1]に準拠しており、Ｓは皮膚又は眼への接触による有害性レベルであるので、(2)以降の見積り例では用いないが、参考として示したものである。

例えばGHS分類で急性毒性　区分３とされた化学物質は、この表に当てはめ、有害性レベルＣとなる。

有害性のレベル（HL：Hazard Level）	GHS 分類における健康有害性クラス及び区分
A	・皮膚刺激性　区分２ ・眼刺激性　区分２ ・吸引性呼吸器有害性　区分１ ・他のグループに割り当てられない粉体、蒸気
B	・急性毒性　区分４ ・特定標的臓器毒性（単回ばく露）　区分２
C	・急性毒性　区分３ ・皮膚腐食性　区分１（細区分１Ａ、１Ｂ、１Ｃ） ・眼刺激性　区分１ ・皮膚感作性　区分１ ・特定標的臓器毒性（単回ばく露）　区分１ ・特定標的臓器毒性（反復ばく露）　区分２
D	・急性毒性　区分１、２ ・発がん性　区分２ ・特定標的臓器毒性（反復ばく露）　区分１ ・生殖毒性　区分１、２
E	・生殖細胞変異原性　区分１、２ ・発がん性　区分１ ・呼吸器感作性　区分１
S（皮膚又は眼への接触）	・急性毒性（経皮）　区分１、２、３、４ ・皮膚腐食性 区分１（細区分１Ａ、１Ｂ、１Ｃ） ・皮膚刺激性 区分２ ・眼刺激性 区分１、２ ・皮膚感作性 区分１ ・特定標的臓器毒性（単回ばく露）（経皮）区分１、２ ・特定標的臓器毒性（反復ばく露）（経皮）区分１、２

※この表における「GHS 分類における健康有害性クラス及び区分」は、ILOがInternational Chemical Control Toolkitを公表した時点の内容に基づいている。

1　ILO（国際労働機関）の公表しているInternational Chemical Control Toolkit
http://www.ilo.org/legacy/english/protection/safework/ctrl_banding/toolkit/icct/（英語）

(2)　ばく露レベルの推定

作業環境レベルを推定し、それに作業時間等作業の状況を組み合わせ、ばく露レベルを推定する。アからウまでの３段階を経て作業環境レベルを推定する具体例を次に示す。

ア　作業環境レベル（ML）の推定

リスクアセスメント対象物の製造等の量、揮発性・飛散性の性状、作業場の換気の状況等に応じてポイントを付し、そのポイントを加減した合計数を表１に当てはめ作業環境レベルを推定する。労働者の衣服、手足、保護具に対象リスクアセスメント対象物による汚れが見られる場合には、１ポイントを加える修正を加え、次の式で総合ポイントを算定する。

Ａ（取扱量ポイント）＋Ｂ（揮発性・飛散性ポイント）－Ｃ（換気ポイント）＋Ｄ（修正ポイント）

ここで、ＡからＤのポイントの付け方は次のとおりである。

Ａ：製造等の量のポイント

３　大量（トン、kl単位で計る程度の量）

２　中量（kg、l単位で計る程度の量）

１　少量（g、ml単位で計る程度の量）

Ｂ：揮発性・飛散性のポイント

３　高揮発性（沸点50℃未満）、高飛散性（微細で軽い粉じんの発生する物）

２　中揮発性（沸点50－150℃）、中飛散性（結晶質、粒状、すぐに沈降する物）

１　低揮発性（沸点150℃超過）、低飛散性（小球状、薄片状、小塊状）

Ｃ：換気のポイント

４　遠隔操作・完全密閉

３　局所排気

２　全体換気・屋外作業

１　換気なし

Ｄ：修正ポイント

１　労働者の衣服、手足、保護具が、調査対象となっている化学物質等による汚れが見られる場合

０　労働者の衣服、手足、保護具が、調査対象となっている化学物質等による汚れが見られない場合

表1　作業環境レベルの区分（例）

作業環境レベル（ML）	a	b	c	d	e
A＋B－C＋D	6、5	4	3	2	1～（－2）

イ　作業時間・作業頻度のレベル（FL）の推定

労働者の当該作業場での当該リスクアセスメント対象物にばく露される年間作業時間を次の表2に当てはめ作業頻度を推定する。

表2　作業時間・作業頻度レベルの区分（例）

作業時間・作業頻度レベル（FL）	i	ii	iii	iv	v
年間作業時間	400時間超過	100～400時間	25～100時間	10～25時間	10時間未満

ウ　ばく露レベル（EL）の推定

アで推定した作業環境レベル（ML）及びイで推定した作業時間・作業頻度（FL）を次の表3に当てはめて、ばく露レベル（EL）を推定する。

表3　ばく露レベル（EL）の区分の決定（例）

(FL)＼(ML)	a	b	c	d	e
i	Ⅴ	Ⅴ	Ⅳ	Ⅳ	Ⅲ
ii	Ⅴ	Ⅳ	Ⅳ	Ⅲ	Ⅱ
iii	Ⅳ	Ⅳ	Ⅲ	Ⅲ	Ⅱ
iv	Ⅳ	Ⅲ	Ⅲ	Ⅱ	Ⅱ
v	Ⅲ	Ⅱ	Ⅱ	Ⅱ	Ⅰ

(3)　リスクの見積り

(1)で分類した有害性のレベル及び(2)で推定したばく露レベルを組合せ、リスクを見積もる。次に一例を示す。数字の値が大きいほどリスク低減措置の優先度が高いことを示す。

表4　リスクの見積り（例）

HL＼EL	Ⅴ	Ⅳ	Ⅲ	Ⅱ	Ⅰ
E	5	5	4	4	3
D	5	4	4	3	2
C	4	4	3	3	2
B	4	3	3	2	2
A	3	2	2	2	1

高 → 低

リスク低減の優先順位

付録4

機械の包括的な安全基準に関する指針

機械の包括的な安全基準に関する指針 平成19年７月31日付け基発第0731001号（別添）	「機械の包括的な安全基準に関する指針」の解説等について 平成19年７月31日付け基安安発第0731004号

第１　趣旨等

１　趣旨

機械による労働災害の一層の防止を図るには、機械を労働者に使用させる事業者において、その使用させる機械に関して、労働安全衛生法（昭和47年法律第57号。以下「法」という。）第28条の２第１項の規定に基づく危険性又は有害性等の調査及びその結果に基づく労働者の危険又は健康障害を防止するため必要な措置が適切かつ有効に実施されるようにする必要がある。

また、法第３条第２項において、機械その他の設備を設計し、製造し、若しくは輸入する者は、機械が使用されることによる労働災害の発生の防止に資するよう努めなければならないとされているところであり、機械の設計・製造段階においても危険性又は有害性等の調査及びその結果に基づく措置（以下「調査等」という。）が実施されること並びに機械を使用する段階において調査等を適切に実施するため必要な情報が適切に提供されることが重要である。

このため、機械の設計・製造段階及び使用段階において、機械の安全化を図るため、すべての機械に適用できる包括的な安全確保の方策に関する基準として本指針を定め、機械の製造等を行う者が実施に努めるべき事項を第２に、機械を労働者に使用させる事業者において法第28条の２の調査等が適切かつ有効に実施されるよう、「危険性又は有害性等の調査等に関する指針」（平成18年危険性又は有害性等の調査等に関する指針公示第１号。以下「調査等指針」という。）の１の「機械安全に関して厚生労働省労働基準局長の定める」詳細な指針を第３に示すものである。

１「第１の１　趣旨」について

「危険性又は有害性等の調査」は、平成18年３月10日付け基発第0310001号「危険性又は有害性等の調査等に関する指針について」（以下「調査等指針通達」という。）の記の１の(3)にあるとおり「リスクアセスメント（risk assessment）」とされているものであること。

2　適用

本指針は、機械による危険性又は有害性（機械の危険源をいい、以下単に「危険性又は有害性」という。）を対象とし、機械の設計、製造、改造等又は輸入（以下「製造等」という。）を行う者及び機械を労働者に使用させる事業者の実施事項を示す。

2 「第1の2　適用」について

(1)「危険性又は有害性」は、調査等指針通達の記の2の(2)にあるとおり、ISO（国際標準化機構）等において「危険源」、「ハザード(hazard)」等の用語で表現されているものであること。

(2) 機械を労働者に使用させる事業者が、機械の仕様（構造、寸法、可搬重量、定格、動作形態等）を変更した場合、複数の機械を組み合わせて統合システム化を行う場合、ガード又は保護装置の取り外し又は無効化を行う（設計時に予め意図されていたものを除く。）場合は、本質的安全設計方策の実施等機械の製造等を行う者が行う措置に準じた保護方策を行う必要があること。

3　用語の定義

本指針において、次の各号に掲げる用語の意義は、それぞれ当該各号に定めるところによる。

3 「第1の3　用語の定義」について

指針の第1の3の用語の定義は、JIS B9700-1（機械類の安全性－設計のための基本概念、一般原則－第1部：基本用語、方法論）における定義とも整合を図ったものであり、必要に応じ同JISを参考とすること。

(1) **機械**　連結された構成品又は部品の組合せで、そのうちの少なくとも1つは機械的な作動機構、制御部及び動力部を備えて動くものであって、特に材料の加工、処理、移動、梱包等の特定の用途に合うように統合されたものをいう。

(1)「機械」の定義における「制御部」には、オンオフのみの操作スイッチを含むものであること。「動力部」に用いられる動力源としては、電力、内燃機関、油圧、空気圧等があり、人力のみによって動かされるものは「機械」には該当しないこと。

(2) **保護方策**　機械のリスク（危険性又は有害性によって生ずるおそれのある負傷又は疾病の重篤度及び発生する可能性の度合をいう。以下同じ。）の低減（危険性又は有害性の除去を含む。以下同じ。）のための措置をいう。これには、本質的安全設計方策、安全防護、付加保護方策、使用上の情報の提供及び作業の実施体制の整備、作業手順の整備、労働者に対する教育訓練の実施等及び保護具の使用を含む。

(3) **本質的安全設計方策**　ガード又は保護装置（機械に取り付けることにより、単独で、又はガードと組み合わせて使用する光線式安全装置、両手操作制御装置等のリスクの低減のための装置をいう。）を使用しないで、機械の設計又は運転特性を変更することによる保護方策をいう。

(4) **安全防護**　ガード又は保護装置の使用による保護方策をいう。

(2) 「安全防護」の定義において、「ガード」には、例えば、囲い、柵、蓋、覆い等容易に取り外せないように取り付けた固定式ガード、扉のように開閉できるようにした可動式ガード、固定式ガードの一部を作業等の必要性に合わせて調節できるようにした調節式ガードがあること。

また、「保護装置」には、例えば、光線が遮断されることにより労働者の存在を検知する光線式安全装置、マット状のスイッチにより労働者がその上に乗ったことを検知する圧力検知マット、労働者の身体が接触したことを検知するバンパースイッチ、機械の起動操作を両手で行うことにより手が危険区域内にあるときは機械の操作ができないようにした両手操作制御装置、連続的に操作しているときのみ機械が作動するイネーブル装置等があること。

(5) **付加保護方策**　労働災害に至る緊急事態からの回避等のために行う保護方策（本質的安全設計方策、安全防護及び使用上の情報以外のものに限る。）をいう。

(6) **使用上の情報**　安全で、かつ正しい機械の使用を確実にするために、製造等を行う者が、標識、警告表示の貼付、信号装置又は警報装置の設置、取扱説明書等の交付等により提供する指示事項等の情報をいう。

(7) **残留リスク**　保護方策を講じた後に残るリスクをいう。

(8) **機械の意図する使用**　使用上の情報により示される、製造等を行う者が予定している機械の使用をいい、設定、教示、工程の切替え、運転、そうじ、保守点検等を含むものであること。

(3) 「機械の意図する使用」の定義における「運転」には、機械の起動、操作、加工物の搬入・搬出、一時的な停止等の機械の運転に関する作業が含まれること。

(9) **合理的に予見可能な誤使用**　製造等を行う者が意図していない機械の使用であって、容易に予見できる人間の挙動から行われるものをいう。

(4) 「合理的に予見可能な誤使用」が起こり得る場合としては次のようなものがあること。

ア　機械の使用中に、機能不良、事故又は故障が生じた時の人の反射的な行動があった場合

イ　集中力の欠如又は不注意から生じる（故意

第2　機械の製造等を行う者の実施事項

1　製造等を行う機械の調査等の実施

機械の製造等を行う者は、製造等を行う機械に係る危険性又は有害性等の調査（以下単に「調査」という。）及びその結果に基づく措置として、次に掲げる事項を実施するものとする。

(1)　機械の制限（使用上、空間上及び時間上の限度・範囲をいう。）に関する仕様の指定

(2)　機械に労働者が関わる作業等における危険性又は有害性の同定（機械による危険性又は有害性として例示されている事項の中から同じものを見い出して定めることをいう。）

(3)　(2)により同定された危険性又は有害性ごとのリスクの見積り及び適切なリスクの低減が達成されているかどうかの検討

(4)　保護方策の検討及び実施によるリスクの低減

(1)から(4)までの実施に当たっては、同定されたすべての危険性又は有害性に対して、別図に示すように反復的に実施するものとする。

2　実施時期

機械の製造等を行う者は、次の時期に調査等を行うものとする。

ア　機械の設計、製造、改造等を行うとき

イ　機械を輸入し譲渡又は貸与を行うとき

ウ　製造等を行った機械による労働災害が発生したとき

エ　新たな安全衛生に係る知見の集積等があったとき

の誤使用でない）誤った行動があった場合

ウ　作業中における「近道反応」、「省略行動」等の行動があった場合

エ　機械の運転を継続させようという動機から生じる不適切な行動があった場合

オ　機械の製造等を行う者が意図する使用目的、用途、使用方法を正しく知らない労働者がとりがちな行動があった場合

4　「第2　機械の製造等を行う者の実施事項」について

(1)　指針の第2の1の(2)の「危険性又は有害性の同定」とは、危険性又は有害性を特定することであり、JIS等において「危険源の同定」とされているものであること。

3　機械の制限に関する仕様の指定

機械の製造等を行う者は、次に掲げる機械の制限に関する仕様の指定を行うものとする。

ア　機械の意図する使用、合理的に予見可能な誤使用、労働者の経験、能力等の使用上の制限

イ　機械の動作、設置、保守点検等に必要とする範囲等の空間上の制限

ウ　機械、その構成品及び部品の寿命等の時間上の制限

4　危険性又は有害性の同定

機械の製造等を行う者は、次に掲げる機械に労働者が関わる作業等における危険性又は有害性を、別表第1に例示されている事項を参照する等して同定するものとする。

ア　機械の製造の作業（機械の輸入を行う場合を除く。）

イ　機械の意図する使用が行われる作業

ウ　運搬、設置、試運転等の機械の使用の開始に関する作業

エ　解体、廃棄等の機械の使用の停止に関する作業

オ　機械に故障、異常等が発生している状況における作業

(2)　指針の第2の4に掲げる「機械に労働者が関わる作業等」は、JIS B9700-1の5.3において「種々の運転モード及び種々の介入方法」と表現されているものであること。なお、危険性又は有害性の同定では、機械に関していかなる状況においても安全が確保されるよう、取り扱われるあらゆる場面、事態を想定しておくことが必要であり、同項に掲げる作業等以外にも危険が想定される状況があれば考慮する必要があること。

ア　指針の第2の4のアの「機械の製造の作業」において同定する危険性又は有害性については、当該製造等する機械又はその部品若しくは構成品に関する危険性又は有害性であり、当該機械を製造等する際に使用する機械等の危険性又は有害性は、ここでの対象ではないこと。なお、当該機械を製造等する際に使用する機械等の危険性又は有害性は、指針第3の対象となること。

イ　指針の第2の4のオの「機械に故障、異常等が発生している状況」には、機械の部品の劣化や破損、回路の短絡等による故障、電磁ノイズによる誤動作、ソフトウェアエラーによる誤動作等が含まれること。

カ　機械の合理的に予見可能な誤使用が行われる作業

キ　機械を使用する労働者以外の者（合理的に予見可能な者に限る。）が機械の危険性又は有害性に接近すること

5　リスクの見積り等

⑴　機械の製造等を行う者は、4で同定されたそれぞれの危険性又は有害性ごとに、発生するおそれのある負傷又は疾病の重篤度及びそれらの発生の可能性の度合いをそれぞれ考慮して、リスクを見積もり、適切なリスクの低減が達成されているかどうか検討するものとする。

⑵　リスクの見積りに当たっては、それぞれの危険性又は有害性により最も発生するおそれのある負傷又は疾病の重篤度によってリスクを見積もるものとするが、発生の可能性が低くても予見される最も重篤な負傷又は疾病も配慮するよう留意すること。

⑶　指針の第2の5の⑴及び6の⑴の「適切なリスクの低減が達成されている」とは、次のアからキまでのすべてが満たされていることであること。

ア　危険性又は有害性の同定の際に、機械に労働者が関わるすべての作業等が考慮されていること。この際、ある特定の作業のために設計された機械が、意図する作業以外の作業に使用される可能性を含めていること。

イ　機械の製造等を行う者は、指針の第2の6により、リスクの低減を実施していること。

ウ　危険性又は有害性が除去されていること、又は危険性又は有害性によるリスクが合理的に実現可能な最低のレベルにまで低減されていること。

エ　採用する保護方策により、新たに危険性又は有害性が生じていないこと、又は生じたとしてもリスクが合理的に実現可能な最低のレベルにまで低減されていること。

オ　残留リスクについて、譲渡の際に十分に通知され、かつ、警告されていること。

カ　保護方策の採用により、機械を操作する労働者の作業条件が悪化していないこと。

キ　採用した保護方策が、互いに干渉せず支障なく成り立つものとされ、かつ、機械の機能や使い易さを過度に低減せず意図する使用を妨げないものとされていること。

6　保護方策の検討及び実施

⑴　機械の製造等を行う者は、3から5までの結果に基づき、法令に定められた事項がある場合はそれを必ず実施するとともに、適切なリスクの低減が達成されていないと判断した危険性又

⑷　指針の第2の6の⑴の「優先順位」は、JIS B9700-1の5.4において「3ステップメソッド」と表現されているものであること。

は有害性について、次に掲げる優先順位により、機械に係る保護方策を検討し実施するものとする。

ア　別表第2に定める方法その他適切な方法により本質的安全設計方策を行うこと。

イ　別表第3に定める方法その他適切な方法による安全防護及び別表第4に定める方法その他適切な方法による付加保護方策を行うこと。

ウ　別表第5に定める方法その他適切な方法により、機械を譲渡又は貸与される者に対し、使用上の情報を提供すること。

(2)　(1)の検討に当たっては、本質的安全設計方策、安全防護又は付加保護方策を適切に適用すべきところを使用上の情報で代替してはならないものとする。

また、保護方策を行うときは、新たな危険性又は有害性の発生及びリスクの増加が生じないよう留意し、保護方策を行った結果これらが生じたときは、当該リスクの低減を行うものとする。

7　記録

機械の製造等を行う者は、実施した機械に係る調査等の結果について次の事項を記録し、保管するものとする。

仕様や構成品の変更等によって実際の機械の条件又は状況と記録の内容との間に相異が生じた場合は、速やかに記録を更新すること。

ア　同定した危険性又は有害性

イ　見積もったリスク

ウ　実施した保護方策及び残留リスク

(5)　指針の第2の7の「記録」については、機械を労働者に使用させる事業者から、機械に対する保護方策の追加を検討するため、又は使用上の情報の内容が不足している等の理由で当該機械に関して問い合わせがあった場合に適切な助言が行えるよう、当該機械について実施した危険性又は有害性等の調査等の結果について記録を作成し、保管しておくものであること。

第3　機械を労働者に使用させる事業者の実施事項

1　実施内容

機械を労働者に使用させる事業者は、調査等指針の3の実施内容により、機械に係る調査等を実施するものとする。

この場合において、調査等指針の3(1)は、「機械に労働者が関わる作業等における危険性又は有害性

5「第3　機械を労働者に使用させる事業者の実施事項」について

の同定」と読み替えて実施するものとする。

2　実施体制等

機械を労働者に使用させる事業者は、調査等指針の４の実施体制等により機械に係る調査等を実施するものとする。

この場合において、調査等指針の４(1)オは「生産・保全部門の技術者、機械の製造等を行う者等機械に係る専門的な知識を有する者を参画させること。」と読み替えて実施するものとする。

3　実施時期

機械を労働者に使用させる事業者は、調査等指針の５の実施時期の(1)のイからオまで及び(2)により機械に係る調査等を行うものとする。

(1)　指針の第３の３の実施時期について、既に設置されている機械であって、調査等が実施されていないものに対しては、調査等指針通達の記の５の(7)にあるとおり、計画的に調査等を実施することが望ましいこと。

4　対象の選定

機械を労働者に使用させる事業者は、調査等指針の６により機械に係る調査等の実施対象を選定するものとする。

5　情報の入手

機械を労働者に使用させる事業者は、機械に係る調査等の実施に当たり、調査等指針の７により情報を入手し、活用するものとする。

この場合において、調査等指針の７(1)イは「機械の製造等を行う者から提供される意図する使用、残留リスク等別表第５の１に掲げる使用上の情報」と読み替えて実施するものとする。

(2)　指針の第３の５の情報の入手について、機械の製造等を行う者から適切な使用上の情報が提供されるようにするために、必要に応じ、当該機械の使用を予定している設置場所、使用条件、加工材料の危険性又は有害性に関する情報等を、機械の製造等を行う者に予め提供することが望ましいこと。

6　危険性又は有害性の同定

機械を労働者に使用させる事業者は、使用上の情報を確認し、次に掲げる機械に労働者が関わる作業等における危険性又は有害性を、別表第１に例示されている事項を参照する等して同定するものとする。

ア　機械の意図する使用が行われる作業

イ　運搬、設置、試運転等の機械の使用の開始に

関する作業

ウ　解体、廃棄等の機械の使用の停止に関する作業

エ　機械に故障、異常等が発生している状況における作業

オ　機械の合理的に予見可能な誤使用が行われる作業

カ　機械を使用する労働者以外の者（合理的に予見可能な場合に限る。）が機械の危険性又は有害性に接近すること

7　リスクの見積り等

(1)　機械を労働者に使用させる事業者は、6で同定されたそれぞれの危険性又は有害性ごとに、調査等指針の9の(1)のアからウまでに掲げる方法等により、リスクを見積もり、適切なリスクの低減が達成されているかどうか及びリスクの低減の優先度を検討するものとする。

(2)　機械を労働者に使用させる事業者は、(1)のリスクの見積りに当たり、それぞれの危険性又は有害性により最も発生するおそれのある負傷又は疾病の重篤度によってリスクを見積もるものとするが、発生の可能性が低くても、予見される最も重篤な負傷又は疾病も配慮するよう留意するものとする。

(3)　指針の第3の7の(1)及び8の(1)の「適切なリスクの低減が達成されている」とは、上記5の(3)を準用するものであること。

8　保護方策の検討及び実施

(1)　機械を労働者に使用させる事業者は、使用上の情報及び7の結果に基づき、法令に定められた事項がある場合はそれを必ず実施するとともに、適切なリスクの低減が達成されていないと判断した危険性又は有害性について、次に掲げる優先順位により、機械に係る保護方策を検討し実施するものとする。

ア　別表第2に定める方法その他適切な方法による本質的安全設計方策のうち、機械への加工物の搬入・搬出又は加工の作業の自動化等可能なものを行うこと。

イ　別表第3に定める方法その他適切な方法に

(4)　指針の第3の8の保護方策の検討及び実施においては、次の点に留意する必要があること。

ア　残留リスクを低減するための保護方策として、使用上の情報において示された事項については、そのすべてを確実に実施すること。

イ　調査等を実施した結果、使用上の情報の内容に不足等があった場合には、機械の製造等を行う者に当該内容の不足等に関して情報提供すること。

よる安全防護及び別表第４に定める方法その他適切な方法による付加保護方策を行うこと。

ウ　ア及びイの保護方策を実施した後の残留リスクを労働者に伝えるための作業手順の整備、労働者教育の実施等を行うこと。

エ　必要な場合には個人用保護具を使用させること。

(2)　(1)の検討に当たっては、調査等指針の10の(2)及び(3)に留意するものとする。

また、保護方策を行う際は、新たな危険性又は有害性の発生及びリスクの増加が生じないよう留意し、保護方策を行った結果これらが生じたときは、当該リスクの低減を行うものとする。

9　記録

機械を労働者に使用させる事業者は、機械に係る調査等の結果について、調査等指針の11の(2)から(4)まで並びに実施した保護方策及び残留リスクについて記録し、使用上の情報とともに保管するものとする。

10　注文時の配慮事項等

機械を労働者に使用させる事業者は、別表第２から別表第５までに掲げる事項に配慮した機械を採用するものとし、必要に応じ、注文時の条件にこれら事項を含めるものとする。

また、使用開始後に明らかになった当該機械の安全に関する知見等を製造等を行う者に伝達するものとする。

別表第１　機械の危険性又は有害性

1　機械的な危険性又は有害性

6　「別表第１　機械の危険性又は有害性」について

指針の別表第１の１の「機械的な危険性又は有害性」に関して、より詳細な危険性又は有害性の例として、JIS B9700-1の4.2に押しつぶし、せん断、切傷又は切断、巻き込み、引き込み又は捕捉、衝撃、突き刺し又は突き通し、こすれ・擦りむき、高圧流体の噴出による人体への注入が示されていること。

2　電気的な危険性又は有害性

3　熱的な危険性又は有害性
4　騒音による危険性又は有害性
5　振動による危険性又は有害性
6　放射による危険性又は有害性
7　材料及び物質による危険性又は有害性
8　機械の設計時における人間工学原則の無視による危険性又は有害性
9　滑り、つまずき及び墜落の危険性又は有害性
10　危険性又は有害性の組合せ
11　機械が使用される環境に関連する危険性又は有害性

別表第2　本質的安全設計方策

1　労働者が触れるおそれのある箇所に鋭利な端部、角、突起物等がないようにすること。

2　労働者の身体の一部がはさまれることを防止するため、機械の形状、寸法等及び機械の駆動力等を次に定めるところによるものとすること。

(1)　はさまれるおそれのある部分については、身体の一部が進入できない程度に狭くするか、又ははさまれることがない程度に広くすること。

(2)　はさまれたときに、身体に被害が生じない程度に駆動力を小さくすること。

(3)　激突されたときに、身体に被害が生じない程度に運動エネルギーを小さくすること。

3　機械の運動部分が動作する領域に進入せず又は危険性又は有害性に接近せずに、当該領域の外又は危険性又は有害性から離れた位置で作業が行えるようにすること。例えば、機械への加工物の搬入（供給）・搬出（取出し）又は加工等の作業を自動化又は機械化すること。

7　「別表第2　本質的安全設計方策」について

(1)　指針の別表第2の1は、機械の表面や開口部の鋭利な端部等により、切傷を負うことや身体の一部又は着衣が引っ掛かり、負傷すること等を防止する措置を求めたもので、具体的な方法としては、鋭利な端部、鋭角部、粗い表面、突起部を設けない設計とすることのほか、バリを除去すること、端部を折り曲げること、角部に丸みを付けること、管の開口端部に蓋をつけること等があること。

(2)　指針の別表第2の2は、機械的な危険性又は有害性に配慮して、機械の形状、寸法、駆動力等の設計を行うことを求めたものであること。

本項の(1)の安全距離の例として、JIS B9707（機械類の安全性－危険区域に上肢が到達することを防止するための安全距離）、JIS B9708（機械類の安全性－危険区域に下肢が到達することを防止するための安全距離）、JIS B9711（機械類の安全性－人体部位が押しつぶされることを回避するための最小すきま）が示されていること。

(3)　指針の別表第2の3は、加工物の自動供給装置、製品の自動取出し装置、送りスライド、ジグ等を用いて、機械の使用中に危険性又は有害性に接近する必要をなくすこと又は頻度を低減することを求めたものであること。その実施に当たっては、以下の点に留意することが必要で

あること。

ア　加工物の搬入・搬出作業等の自動化のための装置を付加する場合には、装置の動作の不具合を修正する場合等を含むすべての作業に対して調査等を実施し、当該装置と機械部分又は加工物との間でのはさまれ等の危険性又は有害性が新たに生じないようにする必要があること。

イ　機械を労働者に使用させる事業者が、加工物の搬入・搬出作業等の自動化のために、産業用ロボットやハンドリング装置等を機械に組み合わせてシステム化を行う場合、当該事業者は、機械の製造等を行う者が行う本質的安全設計方策の実施等の措置に準じた措置を行う必要があること。

4　機械の損壊等を防止するため、機械の強度等については、次に定めるところによること。

⑴　適切な強度計算等により、機械各部に生じる応力を制限すること。

⑵　安全弁等の過負荷防止機構により、機械各部に生じる応力を制限すること。

⑶　機械に生じる腐食、経年劣化、摩耗等を考慮して材料を選択すること。

⑷　指針の別表第2の4は、材料の強度等に関する規格値や適切な計算方法等に基づいて機械を設計することにより、機械の破損・破壊等の可能性を最小化することを求めたものであり、考慮すべき要素としては、本項に掲げたもののほか、応力変動がある部分の疲労強度、回転要素の静的及び動的バランス、材料の特性(かたさ、延性、ぜい性、均一性等）があること。

5　機械の転倒等を防止するため、機械自体の運動エネルギー、外部からの力等を考慮し安定性を確保すること。

⑸　指針の別表第2の5は、機械の運動自体で生じる力、操作により加わる力、地震、風等による力等により機械が転倒することを防止する措置を求めたものであり、質量分布や運動部分のモーメント等を考慮して安定性の高い形状とすること、張出部を設けて安定性を確保すること等の方法があること。

なお、設計段階での措置だけでは安定性が十分に確保できない場合には、アンカーボルト、運動制限装置、負荷制限装置、転倒限界に近づいたことを警告する警報等の措置を講じる必要があること。

6　感電を防止するため、機械の電気設備には、直接接触及び間接接触に対する感電保護手段を採用すること。

⑹　指針の別表第2の6は、感電のリスクを低減するために、設計段階から直接接触及び間接接触による感電から保護するための措置を求めたものであること。

「直接接触」とは、充電部に直接接触することをいい、直接接触に対する感電保護としては、手が届かない位置に充電部を配置すること、破壊せずには除去できない絶縁物で充電部を完全に覆うこと等があること。

また、「間接接触」とは、短絡等の故障のために充電状態となった導電性部分に接触することをいい、間接接触に対する感電保護としては、二重絶縁構造又は強化絶縁構造の機器を使用すること、導電性部分を保護ボンディング回路に接続したうえで絶縁不良等が発生したときに電源を自動断路する機器を備えること等があること。

なお、より詳細な感電保護の方法の例及びこれらに対する技術的要求事項がJIS B9960-1（機械類の安全性－機械の電気装置－第１部：一般要求事項）の６に示されており、感電保護を講じる際には当該事項も参考となること。

7　騒音、振動、過度の熱の発生がない方法又はこれらを発生源で低減する方法を採用すること。

(7) 指針の別表第２の７は、機械の騒音、振動等の発生の回避又は低減を求めたものであり、例えば、騒音の発生を避けるために内燃機関や空圧機器に代えて電気機器を用いること、機械的切断に代えて水による切断とすること、振動低減のために質量の配分、運動の振動数又は振幅の変更を行うこと等があること。

8　電離放射線、レーザー光線等（以下「放射線等」という。）の放射出力を機械が機能を果たす最低レベルに制限すること。

(8) 指針の別表第２の８は、機械で放射線等を使用する場合においては、放射出力を必要最小限のレベルに抑制することを求めたものであること。放射線等によるリスクを低減するためにこのほか、例えば、危険性の高い放射線等を使用しないこと、放射線等の放射時間を短くすること、放射線等が標的に対して集中し、外部に拡散しないように放射源を設計すること、機械の操作を遠隔操作とすること等の方法が考えられること。

また、レーザー光線については、レーザー光路を労働者の眼の高さを避けて設定すること等の方策が「レーザー光線による障害防止対策要綱」（昭和61年１月27日付け基発第39号「レーザー光線による障害の防止対策について」の別紙）に示されていること。

9　火災又は爆発のおそれのある物質は使用せず又は少量の使用にとどめること。また、可燃性のガス、液体等による火災又は爆発のおそれのあるときは、機械の過熱を防止すること、爆発の可能性のある濃度となることを防止すること、防爆構造電気機械器具を使用すること等の措置を講じること。

(9)　指針の別表第2の9は、機械で使用する材料、塗料、触媒、切削油、燃料等により機械が着火源となって火災又は爆発が発生するリスクを低減することを求めたものであり、使用する材料を難燃性のものとすること、機械の各部の温度上昇を制限すること、可燃性ガス等が爆発範囲の濃度にならないようにすること、機械の構成品に本質安全防爆構造の電気機械器具を使用すること等の方法があること。

10　有害性のない又は少ない物質を使用すること。

(10)　指針の別表第2の10は、機械で使用する材料、塗料、触媒、切削油、燃料等の物質を有害性のない又は少ないものとすることにより、中毒、眼疾患、皮膚疾患等の健康障害のリスクを低減することを求めたものであること。

機械で使用する化学物質等の危険性又は有害性に対する措置については、平成18年3月30日付け指針公示第2号「化学物質等による危険性又は有害性等の調査等に関する指針」を参考とすること。

11　労働者の身体的負担の軽減、誤操作等の発生の抑止等を図るため、人間工学に基づく配慮を次に定めるところにより行うこと。

(1)　労働者の身体の大きさ等に応じて機械を調整できるようにし、作業姿勢及び作業動作を労働者に大きな負担のないものとすること。

(2)　機械の作動の周期及び作業の頻度については、労働者に大きな負担を与えないものとすること。

(3)　通常の作業環境の照度では十分でないときは、照明設備を設けることにより作業に必要な照度を確保すること。

(11)　指針の別表第2の11は、機械の設計に当たって人間工学に基づく原則や知識を活用することにより、労働者の身体的負荷と精神的負荷を軽減すること及び照度不足による誤認等から誤操作が発生することを防止することを求めたものであること。

本項に掲げるもののほか次のような例があり、また、JIS B9700-2の4.8にも例が示されていること。

ア　作業の妨げとなる点滅光、閃光等がないようにすること。

イ　機械から騒音、振動、温熱等を可能な限り除去すること。

ウ　作業位置から見て、危険な箇所が十分認識できるようにすること。

12　制御システムの不適切な設計等による危害を防止するため、制御システムについては次に定めるところによるものとすること。

(12)　指針の別表第2の12は、誤起動、誤動作等の発生を考慮せずに制御システムを設計すること等により危害が生じることを防止することを求めたものであること。本項に掲げた事項のほかに、制御システムの本質的安全設計方策の適用の例がJIS B9700-2の4.11に示されていること。

制御システムのフェールセーフ化の手法については、「工作機械等の制御機構のフェールセーフ化に関するガイドラインの策定について」(平成10年7月28日付け基発第464号、以下「フェールセーフ化ガイドライン」という。)に示されているので、本項の実施に当たっては当該ガイドラインを活用することが望ましいこと。

また、予期しない起動を引き起こす原因の例がJIS B9700-1の3.29に示されていること。

(1) 起動は、制御信号のエネルギーの低い状態から高い状態への移行によること。また、停止は、制御信号のエネルギーの高い状態から低い状態への移行によること。

ア 指針の別表第2の12の(1)は、例えば、起動が電圧又は流体圧力の印加又は増加によって行われ、停止が電圧又は流体圧力の除去又は低減によって行われるものとすることを求めたものであること。

なお、「停止」について、駆動源が電力である場合、「停止」には次の3つの方式(停止のカテゴリー)があることがJIS B9960-1の9.2.2に示されており、調査等の結果に基づいて、適切な停止のカテゴリーを選択する必要があること。

① カテゴリー0:電源を直接遮断することによる停止

② カテゴリー1:機械が停止するために電力を供給し、の後停止した時に電源を遮断する制御停止

③ カテゴリー2:機械に電力を供給したままにする制御停止

これらのうち、カテゴリー2の停止は、例えば、プログラムにより静止の維持が命令されている状態や他の機械や装置からの信号待ちの状態が該当するものであり、電力を供給したままであることから、機械の運動部分が静止していても、運転を停止しているとはいえないことに留意する必要があること。

(2) 内部動力源の起動又は外部動力源からの動力

イ 指針の別表第2の12の(2)は、例えば、エン

供給の開始によって運転を開始しないこと。

ジンの始動と同時に機械が運動を開始してしまうこと、外部電源への接続と同時に機械が運動を開始してしまうこと等を防止する措置を求めたものであること。

(3) 機械の動力源からの動力供給の中断又は保護装置の作動等によって停止したときは、当該機械は、運転可能な状態に復帰した後においても再起動の操作をしなければ運転を開始しないこと。

ウ　指針の別表第２の12の(3)は、例えば、停電による電力供給の中断等のエネルギー供給に異常が発生した場合又は保護装置の作動、加工物の位置ずれ、搬出物の引っかかり等によって機械が停止した場合に、正常に回復すると同時に機械が運転を開始すると、異常処理等の作業を行っていた労働者が被災するおそれがあることから、このような場合に自動的に運転を開始しないようにすることを求めたものであること。

(4) プログラム可能な制御装置にあっては、故意又は過失によるプログラムの変更が容易にできないこと。

エ　指針の別表第２の12の(4)の「プログラムの変更が容易にできない」ようにする方法には、再プログラムが不可能なメモリに書き込んだソフトウェアを使用すること、パスワードを設定してソフトウェアへのアクセスを制限すること等の方法があること。

(5) 電磁ノイズ等の電磁妨害による機械の誤動作の防止及び他の機械の誤動作を引き起こすおそれのある不要な電磁エネルギーの放射の防止のための措置が講じられていること。

オ　指針の別表第２の12の(5)の電磁妨害の影響を低減する方策の例がJIS B9960-1の4.4.2に示されていること。

13　安全上重要な機構や制御システムの故障等による危害を防止するため、当該機構や制御システムの部品及び構成品には信頼性の高いものを使用するとともに、当該機構や制御システムの設計において、非対称故障モードの構成品の使用、構成品の冗長化、自動監視の使用等の方策を考慮すること。

(13) 指針の別表第２の13は、安全上重要な機構や制御システムの故障の確率を最小化することを求め、そのための方策を示したものであること。

ア「非対称故障モードの構成品」とは、複数の故障モードがある部品や回路において、特定の故障モードの発生確率が他より極端に高くなるような特性で、部品や回路にこの特性を持たせることにより、安全側に（一般的には機械が停止する側に）故障する確率を高くするようにした構成品であること。

イ「冗長化」とは、複数の回路を並列的に設けることにより、一部に故障が生じても機能を維持する構造としたものであること。ただし、自動監視又は点検間隔の短い定期的な点検により故障を可能な限り検出できるようにする必要があること。また、冗長化には、設計、技術、原理等の異なる複数の系を設けて、同一原因による故障を避けるようにする異種冗長化構成があること。

ウ 「自動監視」とは、装置に自己診断機能を持たせ、故障や異常を定期的かつ自動的に確認し、故障等があれば機械を停止させる等の安全機能が作動するようにするものであること。

エ 適切な部品及び構成品を選択する際の指標としてJIS B9705-1（機械類の安全性－制御システムの安全関連部－第１部：設計のための一般原則）に「安全制御のカテゴリー」が、制御システムの安全機能のリスク低減性能を解析する際の指標としてJIS C0508（電気・電子・プログラマブル電子安全関連系の機能安全）に「安全度水準」が示されていること。

14 誤操作による危害を防止するため、操作装置等については、次に定める措置を講じること。

⒁ 指針の別表第２の14は、誤操作による危害の発生を防止するため、操作装置等に係る留意事項をまとめたものであり、人間工学的な配慮、操作回路の適切な設計、操作部分の適切な配置等の措置があること。

(1) 操作部分等については、次に定めるものとすること。

ア 指針の別表第２の14の(1)について、本号で掲げた事項のほか、操作装置（手動制御器）において配慮すべき事項が、JIS B9700-2の4.8.7、4.8.8、4.11.8及びJIS B9960-1の10.1.2に示されていること。

ア 起動、停止、運転制御モードの選択等が容易にできること。

イ 明瞭に識別可能であり、誤認のおそれがある場合等必要に応じて適切な表示が付されていること。

イ 指針の別表第２の14の(1)のイについて、視覚、聴覚及び触覚シグナルの色、記号及び技術的要求事項がJIS B9706-1（機械類の安全性－表示、マーキング及び作動－第１部：視覚、聴覚及び触覚シグナルの要求事項）に示されていること。

ウ 操作の方向とそれによる機械の運動部分の動作の方向とが一致していること。

ウ 指針の別表第２の14の(1)のウに関連する技術的要求事項がJIS B6011（工作機械－操作方向）に示されていること。

エ 操作の量及び操作の抵抗力が、操作により実行される動作の量に対応していること。

オ　危険性又は有害性となる機械の運動部分については、意図的な操作を行わない限り操作できないこと。

カ　操作部分を操作しているときのみ機械の運動部分が動作する機能を有する操作装置については、操作部分から手を放すこと等により操作をやめたときは、機械の運動部分が停止するとともに、当該操作部分が直ちに中立位置に戻ること。

キ　キーボードで行う操作のように操作部分と動作との間に一対一の対応がない操作については、実行される動作がディスプレイ等に明確に表示され、必要に応じ、動作が実行される前に操作を解除できること。

ク　保護手袋又は保護靴等の個人用保護具の使用が必要な場合又はその使用が予見可能な場合には、その使用による操作上の制約が考慮されていること。

ケ　非常停止装置等の操作部分は、操作の際に予想される負荷に耐える強度を有すること。

コ　操作が適正に行われるために必要な表示装置が操作位置から明確に視認できる位置に設けられていること。

エ　指針の別表第2の14の(1)のコに関連する技術的要求事項がJIS B9706-3（機械類の安全性－表示、マーキング及び作動－第3部：アクチュエータの配置及び操作に対する要求事項）に示されていること。

サ　迅速かつ確実で、安全に操作できる位置に配置されていること。

シ　安全防護を行うべき領域（以下「安全防護領域」という。）内に設けることが必要な非常停止装置、教示ペンダント等の操作装置を除き、当該領域の外に設けられていること。

オ　指針の別表第2の14の(1)のシの「安全防護を行うべき領域」とは、別表第3の2で定める領域のことであること。

(2)　起動装置については、次に定めるところによるものとすること。

ア　起動装置を意図的に操作したときに限り、機械の起動が可能であること。

カ　指針の別表第2の14の(2)のアは、誤って身体の一部がレバー等に触れる等、起動させようという意図がないのに機械が起動してしまうことによるリスクを低減しようとするもので、押しボタンを押しながら起動レバーを動かさないと機械が起動しないようにすること等を求めたものであること。

イ　複数の起動装置を有する機械で、複数の労働者が作業に従事したときにいずれかの起動装置の操作により他の労働者に危害が生ずるおそれのあるものについては、１つの起動装置の操作により起動する部分を限定すること等当該危害を防止するための措置が講じられていること。

ウ　安全防護領域に労働者が進入していないことを視認できる位置に設けられていること。視認性が不足する場合には、死角を減らすよう機械の形状を工夫する又は鏡等の間接的に当該領域を視認する手段を設ける等の措置が講じられていること。

キ　指針の別表第２の14の(2)のウは、機械の安全防護領域内に他の作業者がいるにもかかわらず、機械の運転を開始して機械にはさまれる等のリスクを低減するための措置を求めたものであること。

(3)　機械の運転制御モードについては、次に定めるところによるものとすること。

ア　保護方策又は作業手順の異なる複数の運転制御モードで使用される機械については、個々の運転制御モードの位置で固定でき、キースイッチ、パスワード等によって意図しない切換えを防止できるモード切替え装置を備えていること。

イ　設定、教示、工程の切替え、そうじ、保守点検等のために、ガードを取り外し、又は保護装置を解除して機械を運転するときに使用するモードには、次のすべての機能を備えていること。

(ア)　選択したモード以外の運転モードが作動しないこと。

ク　指針の別表第２の14の(3)のイの(ア)から(ウ)のうち、いずれかの機能を備えない場合又は他の保護方策を実施した場合は、当該機能を備えなかったことに起因するリスク及びその低減方策について使用上の情報として提供することが必要であること。

また、設定、教示、工程の切替え、そうじ又は保守点検等の作業に対する制御モードに関する技術的要求事項がJIS B9700-2の4.11.9に示されていること。

(イ)　危険性又は有害性となる運動部分は、イネーブル装置、ホールド・ツゥ・ラン制御装置又は両手操作制御装置の操作を続けることによってのみ動作できること。

ケ　指針の別表第２の14の(3)のイ(イ)の「イネーブル装置」とは、連続的に操作するとき、機械が機能することを許可するための補足的な手動操作装置のことで、その技術的要求事項がJIS B9960-1の9.2.5.8に示されていること。

「ホールド・ツゥ・ラン制御装置」とは、

(ウ)　動作を連続して行う必要がある場合、危険性又は有害性となる運動部分の動作は、低速度動作、低駆動力動作、寸動動作又は段階的操作による動作とされていること。

(4)　通常の停止のための装置については、次に定めるところによるものとすること。

ア　停止命令は、運転命令より優先されること。

イ　複数の機械を組み合わせ、これらを連動して運転する機械にあっては、いずれかの機械を停止させたときに、運転を継続するとリスクの増加を生じるおそれのある他の機械も同時に停止する構造であること。

ウ　各操作部分に機械の一部又は全部を停止させるためのスイッチが設けられていること。

15　保守点検作業における危害を防止するため次の措置を行うこと。

(1)　機械の部品及び構成品のうち、安全上適切な周期での点検が必要なもの、作業内容に応じて交換しなければならないもの又は摩耗若しくは劣化しやすいものについては、安全かつ容易に保守点検作業が行えるようにすること。

(2)　保守点検作業は、次に定める優先順位により行うことができるようにすること。

ア　ガードの取外し、保護装置の解除及び安全防護領域への進入をせずに行えるようにすること。

イ　ガードの取外し若しくは保護装置の解除又は安全防護領域への進入を行う必要があるときは、機械を停止させた状態で行えるようにすること。

ウ　機械を停止させた状態で行うことができないときは、14の(3)イに定める措置を講じるこ

手動制御器を作動させている間に限り危険な機械機能の起動開始指令を出し、かつ、維持する制御装置のことで、JIS B9960−1の9. 2. 5. 6に示されていること。

両手操作制御装置に関する技術的要求事項については、JIS B9960−1の9. 2. 5. 7に示されていること。

(15)　指針の別表第２の15は、保守点検作業におけるリスクを低減するための措置を示しているものであり、保守点検作業には、当該部品及び構成品の入手、保管、廃棄等の関連作業が含まれること。

また、機械の製造等を行う者は、保守点検作業の方法及び手順を使用上の情報として提供することが必要であること。

と。

別表第３　安全防護の方法

1　安全防護は、安全防護領域について、固定式ガード、インターロック付き可動式ガード等のガード又は光線式安全装置、両手操作制御装置等の保護装置を設けることにより行うこと。

2　安全防護領域は次に定める領域を考慮して定めること。

(1)　機械的な危険性又は有害性となる運動部分が動作する最大の領域（以下「最大動作領域」という。）

(2)　機械的な危険性又は有害性について、労働者の身体の一部が最大動作領域に進入する場合には、進入する身体の部位に応じ、はさまれ等の危険が生じることを防止するために必要な空間を確保するための領域

(3)　設置するガードの形状又は保護装置の種類に応じ、当該ガード又は保護装置が有効に機能するために必要な距離を確保するための領域

8　「別表第３　安全防護の方法」について

(1)　指針の別表第３の１の安全防護は、別表第２の本質的安全設計方策によっては合理的に除去できない又はリスクを低減できない危険性又は有害性に対して、リスクの低減のために実施するものであること。

なお、非常停止装置は別表第４の付加保護方策のひとつであって、「両手操作制御装置等」の「等」には含まれないこと。

(2)　指針の別表第３の２は、安全防護領域の設定方法について定めたものであること。

ア　指針の別表第３の２の(2)の「はさまれ等の危険が生じることを防止するために必要な空間」とは、安全防護領域内に労働者又はその身体の一部が入る場合に、ガードと機械の運動部分にはさまれることがないようにするため又は労働者が待避するために必要な幅を確保するための空間をいうこと。

人体部位が押しつぶされることを回避するための最小すきまの例がJIS B9711（機械類の安全性－人体部位が押しつぶされることを回避するための最小すきま）に示されていること。

イ　指針の別表第３の２の(3)の「ガード又は保護装置が有効に機能するために必要な距離」とは、例えば、格子状のガードであればその格子の間から身体の一部を入れた場合に格子の幅等に応じて身体の一部が内部に進入し得る距離以上の距離を、光線式安全装置であれば身体の一部が光線を遮断してから機械が停止するまでの時間に進入し得る距離及び光軸の間隔に応じて光軸を遮断することなく身体の一部が進入し得る距離以上の距離を、両手操作制御装置であれば手がスイッチを離れて

から機械が停止するまでの時間において危険区域に手が進入し得る距離以上の距離をいうものであり、JIS等において「安全距離」とされるものであること。

また、危険区域に上肢が到達することを防止するための安全距離の例がJIS B9707に、危険区域に下肢が到達することを防止するための安全距離の例がJIS B9708に、手・腕等の接近速度に基づく保護装置の設置位置決定方法の例がJIS B9715（機械類の安全性－人体部位の接近速度に基づく保護設備の位置決め）に示されていること。

(4) その他、危険性又は有害性に暴露されるような機械周辺の領域

3　ガード又は保護装置の設置は、機械に労働者が関わる作業に応じ、次に定めるところにより行うこと。

(3) 指針の別表第3の3は、危険性又は有害性に応じたガード又は保護装置の性能、設置の方法等について示したものであること。

ア　指針の別表第3の3の(1)及び(2)は機械的な危険性又は有害性に対する安全防護について示したものであること。

(1) 動力伝導部分に安全防護を行う場合は、固定式ガード又はインターロック付き可動式ガードを設けること。

(ア) 指針の別表第3の3の(1)は、ベルト伝動装置やシャフト伝動装置等の動力伝達部分により生じる危険性又は有害性について安全防護を実施する場合は、固定式ガード又はインターロック付き可動式ガードのいずれかを設けることを求めたものであること。

(2) 動力伝導部分以外の運動部分に安全防護を行う場合は、次に定めるところによること。

(イ) 指針の別表第3の3の(2)は、機械の正常な運転において、労働者が安全防護領域へ進入する必要性に応じて適切なガード又は保護装置の種類を示したものであること。

なお、ガード又は保護装置の選択に関して参考とすべき事項がJIS B9700-2の5.2に示されていること。

ア　機械の正常な運転において、安全防護領域に進入する必要がない場合は、当該安全防護領域の全周囲を固定式ガード、インターロック付き可動式ガード等のガード又は光線式安全装置、圧力検知マット等の身体の一部の進入を検知して機械を停止させる保護装置で囲

(ウ) 指針の別表第3の3の(2)のアは、機械の正常な運転において、労働者が安全防護領域に入る必要がない場合は、安全防護領域のすべてを囲うようにガード又は保護装置を設置することを求めたものであり、この際、固定式ガードを優先して採用すること

むこと。

が望ましいこと。

イ　機械の正常な運転において、安全防護領域に進入する必要があり、かつ、危険性又は有害性となる運動部分の動作を停止させることにより安全防護を行う場合は、次に定めるところにより行うこと。

(ア)　安全防護領域の周囲のうち労働者の身体の一部が進入するために必要な開口部以外には、固定式ガード、インターロック付き可動式ガード等のガード又は光線式安全装置、圧力検知マット等の身体の一部の進入を検知して機械を停止させる保護装置を設けること。

(エ)　指針の別表第３の３の(2)のイ(ア)の「労働者の身体の一部が進入するために必要な開口部」とは、例えば、材料の供給、加工後の製品の取り出しのために労働者が手を進入させる部分等があること。

(イ)　開口部には、インターロック付き可動式ガード、自己閉鎖式ガード等のガード又は光線式安全装置、両手操作制御装置等の保護装置を設けること。

(オ)　指針の別表第３の３の(2)のイ(イ)を実施するに当たり、例えば、機械を操作する労働者以外の者が安全防護領域に進入するおそれがある機械において両手操作制御装置と光線式安全装置を組合せて使用する等、危険性又は有害性等の調査の結果に基づいて、適宜、ガード及び保護装置を組み合せて使用することが必要であること。

(ウ)　開口部を通って労働者が安全防護領域に全身を進入させることが可能であるときは、当該安全防護領域内の労働者を検知する装置等を設けること。

(カ)　指針の別表第３の３の(2)のイ(ウ)は、開口部に可動式ガード等のガード又は光線式安全装置、圧力検知マット等の身体の一部の進入を検知して機械を停止させる保護装置を設けた場合であって、労働者が安全防護領域内に全身を入れることが可能なときは、労働者が進入した状態で他の者が機械を起動したときに保護装置が機能しないこととなることから、安全防護領域内の労働者の存在を検知する装置を設け、労働者がいる場合には機械を起動できないようにインターロック機構を設けること等の措置を講じることを求めたものであること。

なお、「安全防護領域内の労働者を検知する装置等」は、領域内直接監視用レーザスキャナや領域内直接監視用マットスイッチ等安全防護領域内を直接監視する工学的手段を指すが、現在の技術水準に鑑みれば、すべての機械に対して、これらの直接監視手段を付設することが必ずしも合理的に実現可能でない場合もあり、「安全防護領域内の労働者を検知する装置等」の「等」には、ロックアウトによる進入管理や死角領域に対するミラーの設置といった間接的な監視方策も含むものであること。

ウ　機械の正常な運転において、安全防護領域に進入する必要があり、かつ、危険性又は有害性となる運動部分の動作を停止させることにより安全防護を行うことが作業遂行上適切でない場合は、調整式ガード（全体が調整できるか、又は調整可能な部分を組み込んだガードをいう。）等の当該運動部分の露出を最小限とする手段を設けること。

(キ)　指針の別表第３の３の(2)のイ及びウを実施するに当たり、設置したガード又は保護装置が作業遂行を著しく妨げ、又は機械を操作する労働者に過度な負担を与えるものである場合、当該ガードの取り外しや保護装置の無効化が行われるおそれが高まることから、労働者が開口部から進入する又は開口部に接近する頻度等を考慮して、作業内容に応じた適切なものを選択することが重要であること。

(3)　油、空気等の流体を使用する場合において、ホース内の高圧の流体の噴出等による危害が生ずるおそれのあるときは、ホースの損傷を受けるおそれのある部分にガードを設けること。

イ　指針の別表第３の３の(3)は、機械の油圧及び空圧設備における高圧流体の噴出、高圧ホースの跳ね等によるリスクの低減を求めたものであり、高圧流体が通るホース等が外力により損傷することがないようカバーを設けること、圧力が許容値を超えないよう制限弁を設けること、噴出のおそれのある部分にガードを設けること、機械の運転が停止されたとき自動的にアキュムレータが減圧されるようにすること等の措置があること。

(4)　感電のおそれのあるときは、充電部分に囲い又は絶縁覆いを設けること。

囲いは、キー若しくは工具を用いなければ又は充電部分を断路しなければ開けることができないものとすること。

ウ　指針の別表第３の３の(4)のうち、機械の充電部分で労働者が接触し又は接近することにより感電の危険を生ずるおそれのあるものについては、感電を防止するための囲い又は絶縁覆いを設けなければならないこと。

なお、感電保護の方法の例がJIS B9960-1の６に示されていること。

(5)　機械の高温又は低温の部分への接触による危害が生ずるおそれのあるときは、当該高温又は低温の部分にガードを設けること。

エ　指針の別表第３の３の(5)は、高温又は低温の部分に労働者が接触し又は接近することにより火傷等を負うリスクを低減するために、当該部分にガードを設けること、断熱材を取り付けること等の措置を求めたものであること。

(6) 騒音又は振動による危害が生ずるおそれのあるときは、音響吸収性の遮蔽板、消音器、弾力性のあるシート等を使用すること等により発生する騒音又は振動を低減すること。

オ 指針の別表第3の3の(6)は、防振技術や制振技術を機械に適用することにより騒音又は振動をできる限り低減することを求めたものであること。

なお、騒音については、騒音性難聴等の健康障害をもたらすレベル以下であったとしても、警報が聞こえないといった事態を招くおそれもあり、可能な限り抑制することが望ましいこと。

(7) 放射線等による危害が生ずるおそれのあるときは、放射線等が発生する部分を遮蔽すること、外部に漏洩する放射線等の量を低減すること等の措置を講じること。

カ 指針の別表第3の3の(7)は、放射線等にばく露されることによる健康障害を防止するために、機械の外部に放射又は漏洩する放射線等の量を可能な限り低減することを求めたものであること。「外部に漏洩する放射線等の量を低減すること等」の「等」には、例えば、遮へい体が開放された場合には放射源からの放射が直ちに停止するようインターロックを構成すること、放射源と労働者とのばく露防止に必要な距離を確保することがあること。

(8) 有害物質及び粉じん（以下「有害物質等」という。）による危害が生ずるおそれのあるときは、有害物質等の発散源を密閉すること、発散する有害物質等を排気すること等当該有害物質等へのばく露低減化の措置を講じること。

キ 指針の別表第3の3の(8)は、機械において取り扱われる有害物質等による健康障害を防止するための措置を求めたものであること。

(9) 機械から加工物等が落下又は放出されるおそれのあるときは、当該加工物等を封じ込め又は捕捉する措置を講じること。

ク 指針の別表第3の3の(9)は、加工中の材料、加工後の製品、金属屑等の排出物又は工具の破片が、通常の作業工程において、あるいは位置不良、破損等により落下、飛来等することによるリスクの低減を求めたものであり、飛散防止のためのガードを設けること等の措置があること。

4 ガードについては、次によること。

(1) ガードは、次に定めるところによるものとすること。

ア 労働者が触れるおそれのある箇所に鋭利な端部、角、突起物等がないこと。

イ 十分な強度を有し、かつ、容易に腐食、劣化等しない材料を使用すること。

(4) 指針の別表第3の4は、各種ガードの構造上の要件を示したものであること。ガードの形状、大きさ、配置、色等を決定するに当たっては、機械の正常な運転の作業のほか、設定、教示、工程の切替え、そうじ、保守点検、異常に対する措置等の作業において、当該作業の遂行を妨げず、かつ、当該作業を行う労働者に大きな負

ウ　開閉の繰返し等に耐えられるようヒンジ部、スライド部等の可動部品及びそれらの取付部は、十分な強度を有し、緩み止め又は脱落防止措置が施されていること。

エ　溶接等により取り付けるか又は工具を使用しなければ取外しできないようボルト等で固定されていること。

担を与えないものとするよう留意することが重要であること。

(2)　ガードに製品の通過等のための開口部を設ける場合は、次に定めるところによるものとすること。

ア　開口部は最小限の大きさとすること。

イ　開口部を通って労働者の身体の一部が最大動作領域に達するおそれがあるときは、トンネルガード等の構造物を設けることによって当該労働者の身体の一部が最大動作領域に達することを防止し、又は3(2)イ(イ)若しくは(ウ)に定めるところによること。

ア　指針の別表第3の4の(2)は、機械の正常な運転の作業の必要上、安全防護領域に進入するために設けられた開口部に対するリスクの低減とは異なり、加工材料の搬入や加工後の製品の搬出のために設けられた開口部において、製品の位置ずれ等の不具合が起きたときに反射的に労働者が手を入れて修正しようとする場合に対するリスクの低減を想定したものであること。

指針の別表第3の4の(2)のイの「開口部を通って労働者の身体の一部が最大動作領域に達する」ことを防止する措置を講じるに当たり、危険区域に上肢が到達することを防止するための安全距離の例がJIS B9707に、危険区域に下肢が到達することを防止するための安全距離の例がJIS B9708に示されていること。

(3)　可動式ガードについては、次に定めるところによるものとすること。

イ　指針の別表第3の4の(3)の可動式ガードについて、作業能率を上げる等のため可動式ガードのリミットスイッチ部にテープを巻いて固定したり、電磁スイッチ部に磁石を付けたりすること等により安全機能が無効化されることがあることに留意する必要があること。

可動式ガードが開いたことを検知する目的で設置されるスイッチのうち、機械接点式のものについては、接点部分の溶着による作動不良を防ぐため、当該可動式ガードの構成品に直接接触して又は当該可動式ガードの動作に機械的に連動して強制的に接点が切り離される構造を有するものとすること。

また、光電式、磁気式、半導体式等の機械接点式以外のスイッチについては、故障等により当該可動式ガードが完全に閉じていないときに危険性又は有害性である運動部分を誤って動作可能な状態とするおそれがあることから、調査等の結果に基づいて、例えば、当該可動式ガードのインターロック機構に要求される安全制御のカテゴリー（JIS B9705-1）に対応した機器を採用する必要があること。

ア　可動式ガードが完全に閉じていないときは、危険性又は有害性となる運動部分を動作させることができないこと。

イ　可動式ガードを閉じたときに、危険性又は有害性となる運動部分が自動的に動作を開始しないこと。

ウ　指針の別表第3の4の(3)のイは、可動式ガードを閉めたときに不意に機械の運動部分が動作することを防止する措置を求めたものであること。ただし、「可動式ガード」の特別な形式として、ガードが所定の位置（閉じた位置）に到達したら他の起動制御器を用いることなく機械を自動的に起動させる機能を持たせた可動式ガード（以下「制御式ガード」という。）には、本号は適用されないこと。機械又は作業の性質に応じ、制御式ガードを保護方策として採用する場合には、本号が適用できないことにより生じるリスクを低減する必要があること。特に、ガードが開いたときに開口部を通って労働者が安全防護領域内に全身を入れることが可能な可動式ガードは、制御式ガードとしてはならないこと。

ウ　ロック機構（危険性又は有害性となる運動部分の動作中はガードが開かないように固定する機構をいう。以下同じ。）のない可動式ガードは、当該可動ガードを開けたときに危険性又は有害性となる運動部分が直ちに動作を停止すること。

エ　ロック機構付きの可動式ガードは、危険性又は有害性となる運動部分が完全に動作を停止した後でなければガードを開けることができないこと。

エ　指針の別表第3の4の(3)のエの「ロック機構付きの可動式ガード」において、開口部を通って安全防護領域内に労働者の全身が入ることができるときは、当該領域内に閉じ込められた労働者が脱出できるよう、ガードの内側から操作することが可能な手動ロック解除ハンドル等のロック解除できる手段を設ける

オ　危険性又は有害性となる運動部分の動作を停止する操作が行われた後一定時間を経過しなければガードを開くことができない構造とした可動式ガードにおいては、当該一定時間が当該運動部分の動作が停止するまでに要する時間より長く設定されていること。

カ　ロック機構等を容易に無効とすることができないこと。

(4)　調整式ガードは、特殊な工具等を使用することなく調整でき、かつ、特定の運転中は安全防護領域を覆うか又は当該安全防護領域を可能な限り囲うことができるものとすること。

ことが望ましいこと。

5　保護装置については、次に定めるところによるものとすること。

(1)　使用の条件に応じた十分な強度及び耐久性を有すること。

(2)　信頼性が高いこと。

(3)　容易に無効とすることができないこと。

(4)　取外すことなしに、工具の交換、そうじ、給油及び調整等の作業が行えるよう設けられること。

(5)　指針の別表第3の5は、保護装置に共通的な構造上の要件を定めたものであること。

なお、保護装置のうち、電気的検知保護設備に関する技術的要求事項がJIS B9704-1（機械類の安全性－電気的検知保護設備－第1部：一般要求事項及び試験）に、光線式安全装置に関する技術的要求事項がJIS B9704-2（機械類の安全性－電気的検知保護設備－第2部：能動的光電保護装置を使う設備に対する要求事項）に、レーザスキャナに関する技術的要求事項がJIS B9704-3（機械類の安全性－電気的検知保護設備－第3部：拡散反射形能動的光電保護装置に対する要求事項）に示されていること。

6　機械に蓄積されたエネルギー、位置エネルギー、機械の故障若しくは誤動作又は誤操作等により機械の運動部分の動作を停止させた状態が維持できないとリスクの増加を生じるおそれのあるときは、当該運動部分の停止状態を確実に保持できる機械的拘束装置を備えること。

(6)　指針の別表第3の6は、特に設定、教示、そうじ、修理等のために機械の運動部分の動作領域に進入又は接近して作業を行うときに、機械が不意に動作することにより危険が生じるおそれがあるときは、運動部分の動作を確実に停止させるよう機械的拘束装置を設けることを求めたものであること。

7　固定式ガードを除くガード及び保護装置の制御システムについては、次に定めるところによるものとすること。

(1)　別表第2の12及び13に定めるところによること。

(2)　労働者の安全が確認されている場合に限り機

(7)　指針の別表第3の7の「ガード及び保護装置の制御システム」とは、機械の制御システムのうち、安全機能に関連する部分をいい、JIS B 9705-1において「制御システムの安全関連部」とされているものであること。

また、指針の別表第3の7の(2)に掲げたシス

械の運転が可能となるものであること。

(3) 危険性又は有害性等の調査の結果に基づき、当該制御システムに要求されるリスクの低減の効果に応じて、適切な設計方策及び構成品が使用されていること。

別表第４　付加保護方策の方法

1　非常停止の機能を付加すること。非常停止装置については、次に定めるところによるものとすること。

(1) 明瞭に視認でき、かつ、直ちに操作可能な位置に必要な個数設けられていること。

(2) 操作されたときに、機械のすべての運転モードで他の機能よりも優先して実行され、リスクの増加を生じることなく、かつ、可能な限り速やかに機械を停止できること。また、必要に応じ、保護装置等を始動するか又は始動を可能とすること。

(3) 解除されるまで停止命令を維持すること。

(4) 定められた解除操作が行われたときに限り、解除が可能であること。

(5) 解除されても、それにより直ちに再起動することがないこと。

2　機械へのはさまれ・巻き込まれ等により拘束された労働者の脱出又は救助のための措置を可能とすること。

3　機械の動力源を遮断するための措置及び機械に蓄積又は残留したエネルギーを除去するための措置を可能とすること。動力源の遮断については、次に定めるところによるものとすること。

(1) すべての動力源を遮断できること。

(2) 動力源の遮断装置は、明確に識別できること。

テムの構造は、フェールセーフ化ガイドラインにおいて、「安全確認システム」とされているものであること。

なお、指針の別表第３の７の(3)について、適切な部品及び構成品を選択する際の指標として「安全制御のカテゴリー」（JIS B9705-1）が、制御システムの安全機能のリスク低減性能を解析する際の指標として「安全度水準」（JIS C 0508）が示されていること。

9「別表第４　付加保護方策の方法」について

(1) 指針の別表第４の１は、緊急の事態が生じたときに、機械の操作者又は共同作業者等が機械を停止させ、労働災害の発生又は被害の拡大を防止することができるようにするものであること。

指針の別表第４の１のアの明瞭に視認できるものとしては、スイッチの取り付け部の背景を黄色とし、スイッチの操作部を赤色としたものがあること。

なお、非常停止装置の設計に関する詳細事項が、JIS B9703（機械類の安全性－非常停止－設計原則）の4.4及びJIS B9960-1の9.2.5.4.2に示されていること。

(2) 指針の別表第４の２の「労働者の脱出又は救助のための措置」には、非常停止後に機械の特定の要素を手で動かせるようにすること、はさまれた被災者を開放するために反転動作ができるようにすること、被災者等が救助を求めるための伝達手段を設けること等があること。

(3) 指針の別表第４の３は、機械の動力源を遮断して保守点検作業を行う際に、誤って他の労働者等が動力を入れることによる危険を防止するための措置等を求めたものであること。

なお、指針の別表第４の３の(4)の措置について、機械に蓄積又は残留したエネルギーを除去

(3) 動力源の遮断装置の位置から作業を行う労働者が視認できないもの等必要な場合は、遮断装置は動力源を遮断した状態で施錠できること。

することが安全上不適切である又は不可能である場合には、必要に応じ、当該エネルギーによるリスクの低減のために保護方策を実施し、残留リスクについて使用上の情報として提供することが必要であること。

(4) 動力源の遮断後においても機械にエネルギーが蓄積又は残留するものにおいては、当該エネルギーを労働者に危害が生ずることなく除去できること。

4　機械の運搬等における危害の防止のため、つり上げのためのフック等の附属用具を設けること等の措置を講じること。

(4) 指針の別表第4の4は、重量のある機械において、運搬中の落下等に対するリスクの低減を求めたものであり、機械を安定的につりあげることができるようフック、リング等を設けること、フォークリフトで持ち上げるためのフォークの案内溝を設けること等の措置があること。

5　墜落、滑り、つまずき等の防止については、次によること。

(5) 指針の別表第4の5は、高所における作業が必要な機械における高所からの墜落を防止するための措置及び大型の機械に設置された作業床、通路、階段、はしご等において滑りやつまづきによる転倒や転落を防止するための措置を求めたものであること。

(1) 高所での作業等墜落等のおそれのあるときは、作業床を設け、かつ、当該作業床の端に手すりを設けること。

ア　指針の別表第4の5の(1)の「作業等」とは、指針第2の4のアからキに示す機械に労働者が関わる作業のことをいうこと。

(2) 移動時に転落等のおそれのあるときは、安全な通路及び階段を設けること。

イ　指針の別表第4の5の(2)の「安全な」とは、少なくとも、移動に適切な幅を有し、通路面から高さ1.8メートル以内に障害物が置かれておらず、かつ、当該通路等に滑り防止対策及び墜落防止対策が講じてあることをいうこと。

(3) 作業床における滑り、つまずき等のおそれのあるときは、床面を滑りにくいもの等とすること。

ウ　指針の別表第4の5の(3)の「床面を滑りにくいもの等」とは、床面を滑りにくい材料とすることのほか、不要な段差や凹凸をなくすこと等の措置があること。

別表第5　使用上の情報の内容及び提供方法

1　使用上の情報の内容には、次に定める事項その他機械を安全に使用するために通知又は警告すべ

10「別表第5　使用上の情報の内容及び提供方法」について

(1) 指針の別表第5の1は、使用上の情報の内容について示したものであること。

き事項を含めること。

(1) 製造等を行う者の名称及び住所

(2) 型式又は製造番号等の機械を特定するための情報

(3) 機械の仕様及び構造に関する情報

(4) 機械の使用等に関する情報

ア 意図する使用の目的及び方法（機械の保守点検等に関する情報を含む。）

ア 指針の別表第５の１に掲げる事項のうち、次に掲げるものについては、機械本体に直接印刷し、又は銘板等を貼付することにより表示することが必要であること。

(ア) 製造等を行う者の名称及び住所

(イ) 型式又は製造番号等の機械を特定するための情報

(ウ) 寸法、重量、動力源の定格等の機械の主たる仕様

イ 指針の別表第５の１の(3)の「機械の仕様及び構造に関する情報」には、次のようなものがあること。

(ア) 機械及び附属品、使用工具、機械の取付具に関する詳細な情報

① 寸法、質量、重心位置、最大荷重等の設計仕様

② 機械の構造や機構を示す図表

③ 動作範囲、最大速度、駆動力等の運動部分に関する情報

④ 定格電力、定格圧力等の動力源に関する情報

(イ) 機械から生じる騒音、振動、放射線、電磁ノイズ、ガス、蒸気、粉じん等に関するデータ（測定方法を付記すること）。

(ウ) 電気設備に関する情報

① 感電又は電気火災を引き起こす可能性

② 電力回路の故障や電源の変動が及ぼす影響

③ 内部に蓄積又は残留する電気的エネルギー

(エ) 法令により規制を受けている機械については、適合していることを証明する書面（検定合格証等）

(オ) 調査等を実施するに当たって参照した規格や基準

ウ 指針の別表第５の１の(4)のアの「意図する使用の目的及び方法」には、次のようなものがあること。

(ア)　機械の使用目的、用途、使用方法、機能（機械の設計・製造段階で製造等を行う者が仕様として定めるもの）

(イ)　機械の正しい操作・使用方法

(ウ)　手動操作装置に関する情報（操作方法の説明、配置図等）

(エ)　設定、調整、運転準備等の方法、手順及び条件

(オ)　特定の技術知識又は特別な技量を要し、機械の運転に熟練した者だけで行われるべき保守点検作業に関する指示事項

(カ)　特別の技量を有しない者によって行うことが許される保守点検作業に関する指示事項

(キ)　停止（特に非常停止）のモード、手段及び手順

イ　運搬、設置、試運転等の使用の開始に関する情報

エ　指針の別表第5の1の(4)のイの「運搬、設置、試運転等の使用の開始に関する情報」には、次のようなものがあること。

(ア)　保管方法、保管条件

(イ)　運搬・取扱いに関する指示事項又は禁止事項（例えば、吊り上げ設備使用時の吊り位置を示した図面等）

(ウ)　組立て及び取付けの条件

(エ)　固定又は据付けに関する条件（振動減衰の方法や水平度等）

(オ)　使用及び保守点検作業に必要な空間

(カ)　動力源への接続に関する事項（特に、電気的過負荷に対する保護に関する事項）

(キ)　環境条件(温度、湿度、振動、電磁波等)

ウ　解体、廃棄等の使用の停止に関する情報

エ　機械の故障、異常等に関する情報（修理等の後の再起動に関する情報を含む。）

オ　指針の別表第5の1の(4)のエの「機械の故障、異常等に関する情報」には、次のようなものがあること。

(ア)　想定される故障、異常等の種類及び部位

(イ)　修理や異常処理（特に不具合の発見）を適切に遂行するための図面及び図表

(ウ)　修理後や異常処理後の再起動に関する事項

	(エ) 使用できる消火設備 (オ) 有害物質の漏洩や放出の可能性についての警告、並びにそのような事態に対処する手段又は方法
オ　合理的に予見可能な誤使用及び禁止する使用方法	カ　指針の別表第５の１の(4)のオの「合理的に予見可能な誤使用」は、機械の製造等を行う者が、機械の設計、製造段階で実施した調査等において想定、考慮した「誤使用」をいうこと。機械を労働者に使用させる事業者においては、実際に機械を使用する作業の内容に則し、機械を使用する現場で実施する調査等において、明示された「合理的に予見可能な誤使用」のすべてについて検討するとともに、その内容に不足がある場合（経験等から他の誤使用が予見できる場合）には、追加の保護方策を確実に実施するとともに、機械の製造等を行う者に当該内容の不足に関する情報を提供することが必要であること。
(5)　安全防護及び付加保護方策に関する情報	キ　指針の別表第５の１の(5)は、機械の製造等を行う者が設置したガード、保護装置及び付加保護方策を明示することにより、これを適切に使用させるとともに、機械を使用する事業場において、誤ってこれらの保護方策を無効化したり、安全機能を低下させないようにするためのものであること。
ア　目的（対象となる危険性又は有害性）	ク　指針の別表第５の１の(5)のアの「目的」については、当該ガード、保護装置及び付加保護方策によるリスク低減の対象である危険性又は有害性を示すこと。
イ　設置位置	ケ　指針の別表第５の１の(5)のイの「設置位置」に関して、検知保護装置については、検出可能範囲も併せて示すこと。
ウ　安全機能及びその構成	コ　指針の別表第５の１の(5)のウの「安全機能及びその構成」の内容には、次の事項が含まれること。 (ア) 安全機能の原理、機構、動作の概略を示す図表 (イ) 点検が必要なものについては、その方法、頻度

(ウ)　機械の制御システムのうち、安全機能に関連する部分の構成を示す図表（シーケンス回路図やブロック図、使用した構成品の部品表等）

(エ)　安全機能に関連するソフトウェアの処理の流れを示す図表（例えば、フローチャート、状態遷移図等）

(6)　機械の残留リスク等に関する情報

ア　製造等を行う者による保護方策で除去又は低減できなかったリスク

イ　特定の用途又は特定の付属品の使用によって生じるおそれのあるリスク

サ　指針の別表第５の１の(6)のイの「特定の用途又は特定の付属品の使用によって生じるおそれのあるリスク」には、当該リスクの低減に必要な保護方策に関する情報も含むこと。

ウ　機械を使用する事業者が実施すべき安全防護、付加保護方策、労働者教育、個人用保護具の使用等の保護方策の内容

シ　指針の別表第５の１の(6)のウについて、機械を使用する現場で実施した調査等の結果やこれまでの経験から、当該保護方策の内容に不足があると思われる場合には、追加の保護方策を実施するとともに、機械を製造する者に当該内容の不足に関する情報を提供すること。

エ　意図する使用において取り扱われ又は放出される化学物質の化学物質等安全データシート

2　使用上の情報の提供の方法は、次に定める方法その他適切な方法とすること。

(1)　標識、警告表示等の貼付を、次に定めるところによるものとすること。

ア　危害が発生するおそれのある箇所の近傍の機械の内部、側面、上部等の適切な場所に貼り付けられていること。

イ　機械の寿命を通じて明瞭に判読可能であること。

ウ　容易にはく離しないこと。

エ　標識又は警告表示は、次に定めるところによるものとすること。

(ア)　危害の種類及び内容が説明されていること。

(イ)　禁止事項又は行うべき事項が指示されて

(2)　指針の別表第５の２の使用上の情報の提供の方法については、次のようなものがあること。

ア　指針の別表第５の２の(1)の「標識、警告表示等」の「等」には、機械本体に直接印刷して又は銘板等の貼付により提供される情報があること。「標識、警告表示等」については、機械を使用する労働者の知識、経験、生活習慣、言語等の条件に関係なく、すべての労働者が当該標識、警告表示等の内容を理解できるものとするよう努める必要があること。この観点から、理解しやすい標識（絵文字）を文章による警告よりも優先して使用することが望ましいものであること。標識（絵文字）の例がJIS B9706-1の７にあること。

警告文は、日本語で表記し、要求があれば

いること。

(ウ) 明確かつ直ちに理解できるものであること。

(エ) 再提供することが可能であること。

機械を使用する労働者が理解できる言語も表記すること。

(2) 警報装置を、次に定めるところによるものとすること。

ア 聴覚信号又は視覚信号による警報が必要に応じ使用されていること。

イ 機械の内部、側面、上部等の適切な場所に設置されていること。

ウ 機械の起動、速度超過等重要な警告を発するために使用する警報装置は、次に定めるところによるものとすること。

(ア) 危険事象を予測して、危険事象が発生する前に発せられること。

(イ) 曖昧でないこと。

(ウ) 確実に感知又は認識でき、かつ、他のすべての信号と識別できること。

(エ) 感覚の慣れが生じにくい警告とすること。

(オ) 信号を発する箇所は、点検が容易なものとすること。

イ 指針の別表第5の2の(2)の「警報装置」には、警笛、サイレン、ブザー、点滅灯、回転灯等があり、これら「警報装置」を使用するに当たっては、次の事項にも留意する必要があること。

(ア) 機械の起動や速度超過等の重要な警告を発する場合には、関係者が確実に認識できるように警告を工夫する必要があること。

(イ) 頻繁な警報の発報（特に誤報）は、警報装置を無効化させる動機となるおそれがあることに留意すること。

(ウ) 点検が必要な警報装置については、点検方法や点検周期等の情報を提供すること。

(3) 取扱説明書等の文書の交付を、次に定めるところによるものとすること。

ア 機械本体の納入時又はそれ以前の適切な時期に提供されること。

イ 機械が廃棄されるときまで判読が可能な耐久性のあるものとすること。

ウ 可能な限り簡潔で、理解しやすい表現で記述されていること。

エ 再提供することが可能であること。

ウ 指針の別表第5の2の(3)の「取扱説明書等の文書」は、日本語で作成し、可能であれば、英語をはじめとする外国語が併記されるのが望ましいものであること。また、機械を労働者に使用させる事業者は、必要に応じて、機械の製造等を行う者に対して機械を使用する労働者の条件を予め提供し、併記される外国語に関して機械の製造等を行う者と協議する必要があること。

「取扱説明書等の文書」を作成する際に留意すべき事項がJIS B9700-2の6.5.2に示されていること。

なお、機械を労働者に使用させる事業者が、作業標準等の作業に係る禁止・注意事項を記載した書類を作成する場合においても、「取扱説明書等の文書」に準じ、ここに掲げた事項に留意して作成することが必要であること。

11　その他

局長通達の別図において、機械を労働者に使用させる事業者から機械の製造等を行う者への矢印「注文時の条件等の提示、使用後に得た知見等の伝達」は、機械を労働者に使用させる事業者が、機械の製造等を行う者に対し、新規に機械を注文する場合又は機械の改造等を依頼する場合等において、設置場所、使用条件、加工材料の危険性及び有害性、危険性又は有害性等の調査及びリスクの低減に関連する情報を予め提供すること、使用上の情報の不足がある場合等において調査等の実施を要求すること、さらに、使用開始後の労働災害の発生等当該機械の安全に関する知見等を提供すること等を表していること。

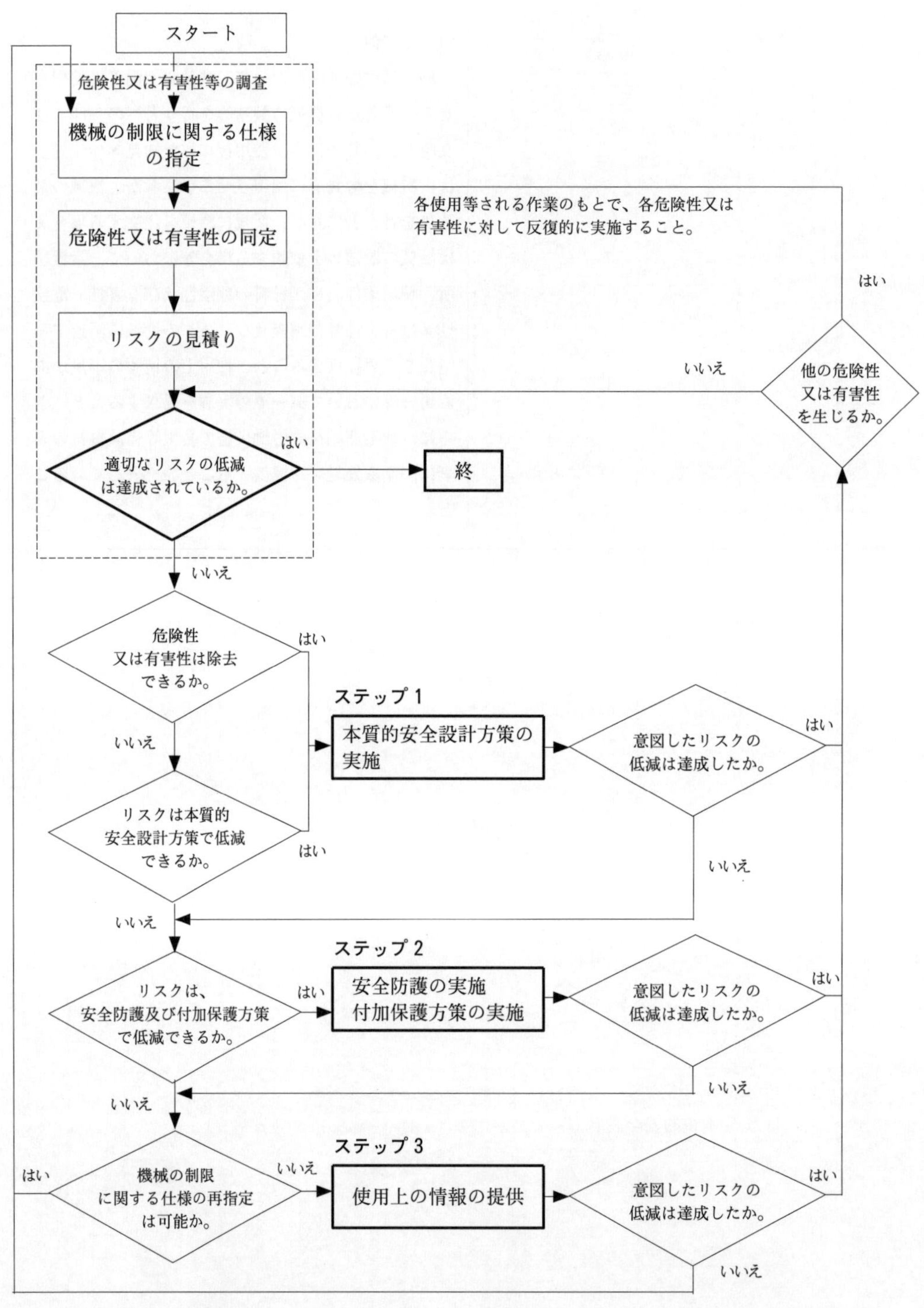

別図（指針　第2の1関係。機械の製造等を行う者による危険性又は有害性等の調査及びリスクの低減の手順。）

機械の安全化の手順

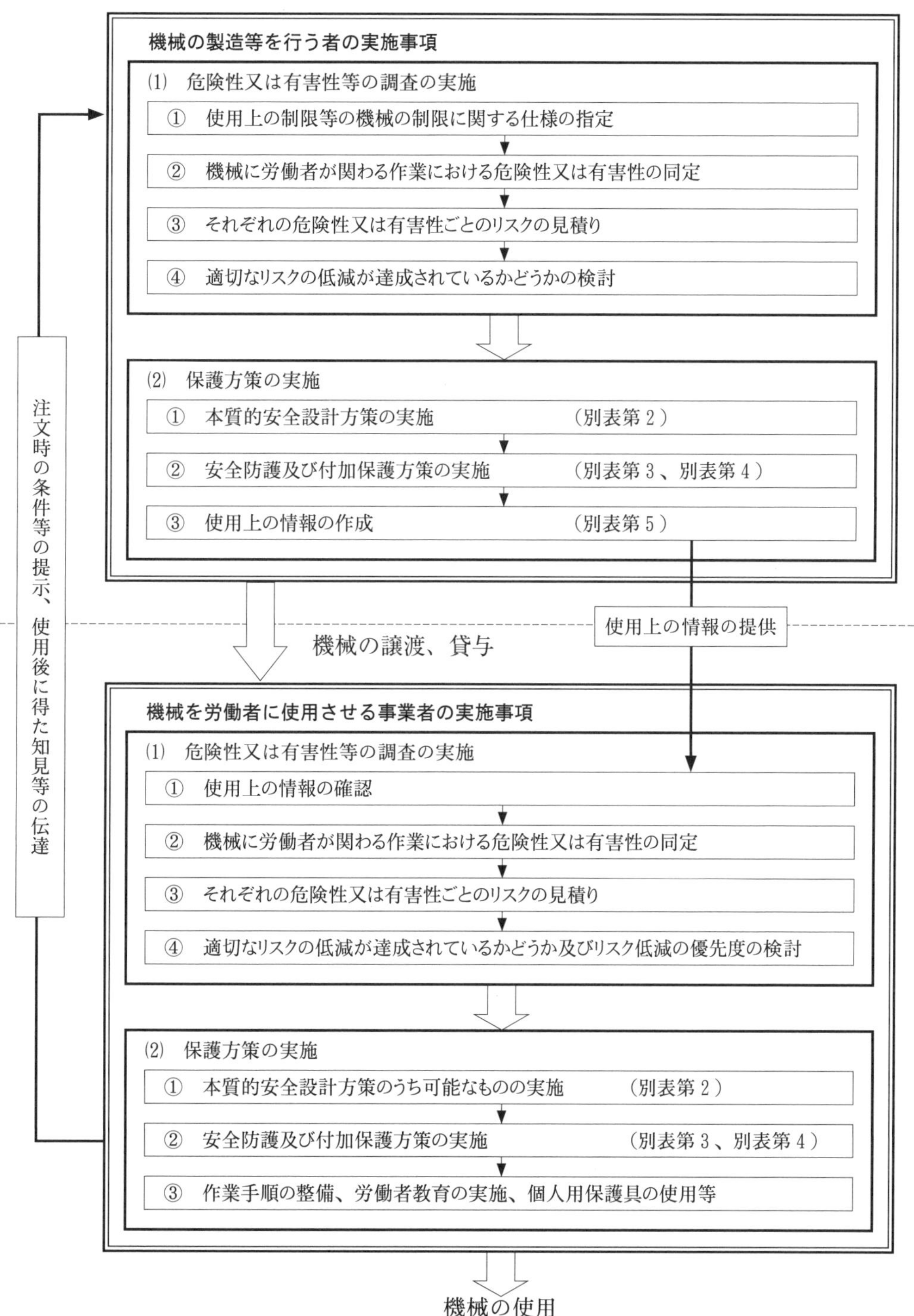

機械の製造等を行う者の実施事項
(1) 危険性又は有害性等の調査の実施
① 使用上の制限等の機械の制限に関する仕様の指定
② 機械に労働者が関わる作業における危険性又は有害性の同定
③ それぞれの危険性又は有害性ごとのリスクの見積り
④ 適切なリスクの低減が達成されているかどうかの検討
(2) 保護方策の実施
① 本質的安全設計方策の実施　（別表第２）
② 安全防護及び付加保護方策の実施　（別表第３、別表第４）
③ 使用上の情報の作成　（別表第５）
注文時の条件等の提示、使用後に得た知見等の伝達
使用上の情報の提供
機械の譲渡、貸与
機械を労働者に使用させる事業者の実施事項
(1) 危険性又は有害性等の調査の実施
① 使用上の情報の確認
② 機械に労働者が関わる作業における危険性又は有害性の同定
③ それぞれの危険性又は有害性ごとのリスクの見積り
④ 適切なリスクの低減が達成されているかどうか及びリスク低減の優先度の検討
(2) 保護方策の実施
① 本質的安全設計方策のうち可能なものの実施　（別表第２）
② 安全防護及び付加保護方策の実施　（別表第３、別表第４）
③ 作業手順の整備、労働者教育の実施、個人用保護具の使用等
機械の使用

（※「機械の包括的な安全基準に関する指針」の改正について
（平成19年７月31日付け基発第0731001号通達）記の２別図）

付録5

リスクアセスメント担当者(製造業等)研修実施要領

（労働省通達「平成12年９月14日付け基発第577号」の別添３）

1　目的

製造業等に属する業種の事業場において、労働安全衛生マネジメントシステムの構築にあたり危険又は有害要因の特定に用いるリスクアセスメントの実務を担当する者(以下「リスクアセスメント担当者（製造業等)」という。）に対し、リスクアセスメントの実務に必要な知識等を付与することにより、労働安全衛生マネジメントシステムの普及を促進することを目的とする。

2　実施者

労働災害防止団体、その他労働災害の防止のため活動を行う団体等とする。

3　対象者

リスクアセスメント担当者（製造業等）とする。

4　研修カリキュラム

研修カリキュラムは、別紙「リスクアセスメント担当者（製造業等）研修カリキュラム」のとおりとし、その表の左欄に掲げる科目に応じ、それぞれ、同表中欄に掲げる範囲について同表右欄に掲げる時間以上行うものとする。

5　研修の講師

研修カリキュラムの科目について十分な知識、経験を有する者とする。

6　修了の証明等

研修の実施者は、研修の修了者に対してその修了を証する書面を交付する等の方法により、所定の研修を受けたことを証明するとともに、研修修了者名簿を作成し保管するものとする。

別紙　リスクアセスメント担当者（製造業等）研修カリキュラム

科　目	範　囲	時　間
1　労働安全衛生マネジメントシステムにおけるリスクアセスメントの目的と意義	(1)　労働安全衛生マネジメントシステムの概要 (2)　リスクアセスメントの目的 (3)　リスクアセスメントの考え方	1時間30分
2　リスクアセスメントの手法	(1)　リスクアセスメントの手順 (2)　リスクアセスメントの方法 (3)　リスクの低減対策	3時間
3　リスクアセスメント手法の演習		1時間30分

厚生労働省指針に対応した労働安全衛生マネジメントシステム
リスクアセスメント担当者の実務

平成13年９月20日　第１版第１刷発行
平成18年７月31日　第２版第１刷発行
平成19年９月18日　第３版第１刷発行
平成24年１月31日　第４版第１刷発行
平成28年７月28日　第５版第１刷発行
平成31年２月28日　第６版第１刷発行
令和２年４月10日　第７版第１刷発行
令和６年３月22日　第８版第１刷発行

編　　者　中央労働災害防止協会
発 行 者　平　山　　剛
発 行 所　中央労働災害防止協会
〒108-0023
東京都港区芝浦3-17-12 吾妻ビル9階
電　話　販売　03（3452）6401
　　　　編集　03（3452）6209
イラスト　嘉戸享二
印刷・製本　サングラフィック株式会社

落丁・乱丁本はお取り替えいたします

ISBN 978-4-8059-2140-1 C3060
中災防ホームページ　https://www.jisha.or.jp/